Kollisionen im internationalen Datenverkehr

Europäische Hochschulschriften Recht

European University Studies in Law

Publications Universitaires Européennes de Droit

Band/Volume 6187

Maren Pollmann

Kollisionen im internationalen Datenverkehr

Zur Vereinbarkeit der extraterritorialen Regelungen der EU-Datenschutz-Grundverordnung mit ausgewählten US-amerikanischen Herausgabeansprüchen

PETER LANG

Bibliografische Information der Deutschen Nationalbibliothek
Die Deutsche Nationalbibliothek verzeichnet diese Publikation in der Deutschen Nationalbibliografie; detaillierte bibliografische Daten sind im Internet über http://dnb.d-nb.de abrufbar.

Zugl.: Bremen, Univ., Diss., 2019.

Gedruckt auf alterungsbeständigem, säurefreiem Papier.
Druck und Bindung: CPI books GmbH, Leck

D 46
ISSN 0531-7312
ISBN 978-3-631-82640-9 (Print)
E-ISBN 978-3-631-83081-9 (E-PDF)
E-ISBN 978-3-631-83082-6 (EPUB)
E-ISBN 978-3-631-83102-1 (MOBI)
DOI 10.3726/b17343

Diese Publikation wurde begutachtet.

www.peterlang.com

Vorwort

Die vorliegende Arbeit wurde im Oktober 2019 von der Universität Bremen unter dem Titel „Die Konfliktträchtigkeit extraterritorialer Regelungen am Beispiel des europäischen Datenschutzrechts“ zur Prüfung angenommen. Das Kolloquium hat im Dezember 2019 stattgefunden. Vor der Drucklegung wurden insbesondere Teil 2 C sowie Teil 3 C III und V überarbeitet. Aktualisierungen wurden ebenfalls vereinzelt nachgetragen.

Herzlich bedanken möchte ich mich an dieser Stelle bei meinem Doktorvater Herrn Prof. Dr. Benedikt Buchner, LL.M. (UCLA), der mich während der gesamten Bearbeitungszeit mit wertvollen Anregungen unterstützt hat und stets für mich ansprechbar war. Ebenfalls bedanken möchte ich mich bei Herrn Prof. Dr. Wolfgang Däubler für die zügige Erstellung des Zweitgutachtens sowie weiterer Diskussionsanregungen.

Ein ganz besonderer Dank gilt außerdem Dr. Daisy Hullmeine, Dr. Simon Schwichtenberg und Hilke Fietz für ihre Diskussionsbereitschaft, ihre Hilfe beim Korrekturlesen sowie ihren ständigen Glauben an mich, wodurch sie einen beachtlichen Beitrag zum Gelingen dieser Arbeit geleistet haben.

Für seinen unentwegten Zuspruch und seine Geduld bin ich darüber hinaus Kevin Leonard Schneider zu tiefem Dank verpflichtet.

Der allergrößte Dank aber gebührt meiner Familie für ihre bedingungslose Unterstützung auf allen Stationen meines bisherigen Lebensweges, ohne die die Erstellung dieser Arbeit nicht möglich gewesen wäre. Ihr möchte ich diese Arbeit widmen.

Maren Pollmann

Inhaltsverzeichnis

Abkürzungsverzeichnis

a. A.	andere Ansicht
Abs.	Absatz
AdV	Archiv des Völkerrechts
ADV	Auftragsdatenverarbeitung / Auftragsverarbeitung
AEUV	Vertrag über die Arbeitsweise der Europäischen Union vom 13.12.2007, Inkrafttreten am 01.12.2009
AGB	Allgemeine Geschäftsbedingungen
Am. J. Comp. L.	The American Journal of Comparative Law
AöR	Archiv des öffentlichen Rechts
Ariz. J. Int'l & Comp. L.	Arizona Journal of International and Comparative Law
Art.	Artikel
Aufl.	Auflage
B.C.L.Rev.	Bosten College Law Review
B.U. Int'l L.J.	Boston University International Law JournalBJ
BDSG	Bundesdatenschutzgesetz
BJIL	Berkeley Journal of International Law
Brit. Y.B. Int'l L.	British Yearbook of International Law
BVerfGE	Bundesverfassungsgerichtsentscheidung
bzw.	beziehungsweise
CCZ	Coporate Compliance Zeitschrift
CLMR	Common Market Law Review
CLOUD-Act	Clarifying Lawful Overseas Use of Data Act
CLSR	Computer Law & Security Review
Colum. L. Rev.	Columbia Law Review
CR	Computer und Recht
CRi	Computer Law Review International
DSB	Datenschutz-Berater

DSGVO	Verordnung (EU) 2016/679 des Europäischen Parlaments und des Rates vom 27. April 2016 zum Schutz natürlicher Personen bei der Verarbeitung personenbezogener Daten, zum freien Datenverkehr und zur Aufhebung der Richtlinie 95/46/EG (Datenschutz-Grundverordnung)
DSRL	Richtlinie 95/46/EG des Europäischen Parlaments und des Rates vom 24. Oktober 1995 zum Schutz natürlicher Personen bei der Verarbeitung personenbezogener Daten und zum freien Datenverkehr (Europäische Datenschutz-Richtlinie)
DuD	Datenschutz und Datensicherheit
Duke J. Comp. & Int'l L.	Duke Journal of Comparative & International Law
DVBl	Deutsches Verwaltungsblatt
ebd.	ebendiese(r)
EDPL	European Data Protection Law Review
EG	Erwägungsgrund
EGMR	Europäischer Gerichtshof für Menschenrechte
EGV	Vertrag zur Gründung der Europäischen Gemeinschaft vom 02.10.1997 (EG-Vertrag)
ELJ	European Law Journal
EMRK	Europäische Menschenrechtskonvention
EuGH	Europäischer Gerichtshof
EuR	Europarecht
EuZW	Europäische Zeitschrift für Wirtschaftsrecht
EVÜ	Übereinkommen über das auf vertragliche Schuldverhältnisse anzuwendende Recht vom 19.06.1980 (Europäisches Schuldvertragsübereinkommen)
EWS	Europäisches Wirtschafts- und Steuerrecht
f./ff.	folgende
FACTA	Foreign Account Tax Compliance Act
GASP	Gemeinsame Außen- und Sicherheitspolitik
GPR	Zeitschrift für das Privatrecht der Europäischen Union

GRCh	Charta der Grundrechte der Europäischen Union
GRUR	Gewerblicher Rechtsschutz uhasnd Urheberrecht
Hastings Const. L.Q.	Hastings Constitutional Law Quarterly
Hb.	Handbuch
HBÜ	Übereinkommen über die Beweisaufnahme im Ausland in Zivil- oder Handelssachen vom 18. März 1970
HLR	Harvard Law Review
Hrsg.	Herausgeber
Hum. Right Law Rev.	Human Rights Law Review
i. S. d	im Sinne des/der
i. V. m.	in Verbindung mit
I.C.L.Q.	International & Comparative Law Quarterly
IDPL	International Data Privacy Law Review
IGH	Internationaler Gerichtshof
Int'l J.L. & Info. Tech.	International Journal of Law and Information Technology
IPR	Internationales Privatrecht
IPRax	Praxis des Internationalen Privat- und Verfahrensrechts
IRS	Internal Revenue Service
IStR	Internationales Steuerrecht
JICLT	Journal of International Commercial Law and Technology
JITPL	The John Marshall Journal of Information Technology & Privacy Law
jurisPR-DSR	juris PraxisReport Datenschutzrecht
JuS	Juristische Schulung
JZ	Juristenzeitung
K&R	Kommunikation und Recht
La. L. Rev.	Louisiana Law Review
lit.	littera
m. w. N.	mit weiteren Nachweisen

Mich. St. Int'l L. Rev.	Michigan State International Law Review
MMR	Multimedia und Recht
MTTLR	Michigan Telecommunications and Technology Law Review
NJOZ	Neue juristische Online-Zeitschrift
NJW	Neue juristische Wochenschrift
Nr.	Nummer
NStZ	Neue Zeitschrift für Strafrecht
NULR	Northwestern University Law Review
NVwZ	Neue Zeitschrift für Verwaltungsrecht
OECD	Organisation for Economic Co-operation and Development; Organisation für wirtschaftliche Zusammenarbeit und Entwicklung
RabelsZ	Rabels Zeitschrift für ausländisches und internationales Privatrecht
RCS	Rich Communication Services
RdC	Recueil de Cours
RDV	Recht der Datenverarbeitung
RIW	Recht der internationalen Wirtschaft
Rn.	Randnummer
S.	Seite / Satz
s. a.	siehe auch
Santa Clara Int'l L.	Santa Clara International Law
Slg.	Sammlung
sog.	sogenannte/-r/-n
Stan. J. Int'l L.	Stanford Journal of International Law
SWIFT	Society for Worldwide Interbank Financial Telecommunication
Tul. J. Tech. & Intell. Prop.	Tulane Journal of Technology and Intellectual Property
u. a.	unter anderem
u. U.	unter Umständen
U.S.C.	The Code of Laws of the United States of America

Vand. J. Ent. & Tech. L.	Vanderbilt Journal of Entertainment & Technology Law
Vand. L. Rev.	Vanderbilt Law Review
Vgl.	vergleiche
VO	Verordnung
VuR	Verbraucher und Recht
WP	working paper
Yale L. J.	The Yale Law Journal
z. B.	zum Beispiel
z. T.	zum Teil
ZaöRV	Zeitschrift für ausländisches öffentliches Recht und Völkerrecht
ZD	Zeitschrift für Datenschutz
ZUM	Zeitschrift für Urheber- und Medienrecht
ZVglRWiss	Zeitschrift für vergleichende Rechtswissenschaft

Einleitung

A. Gegenstand der Untersuchung

Die Europäische Union (EU) muss sich bereits seit einiger Zeit dem Vorwurf einer ausufernden Rechtsetzung stellen. Diesen Eindruck erweckte der Gesetzgeber unter anderem mit Regelungen im Bereich des Umweltschutzes, des Kartellrechts sowie auch im Bereich des Datenschutzes[1] mit der EU-Datenschutz-Richtlinie (DSRL)[2]. Das Inkrafttreten der EU-Datenschutz-Grundverordnung (DSGVO)[3] im Jahr 2016 nährte diese Diskussion weiter, was zu einem Großteil der Debatte um die datenschutzrechtliche Verantwortung von US-amerikanischen Internetdienstleistern wie Google und Facebook geschuldet war. Diesbezügliche Regelungsdefizite trugen wesentlich zu einer Überarbeitung der Vorschriften über den Anwendungsbereich des europäischen Datenschutzrechts bei. Um dem Regime der DSGVO unterworfen zu sein, genügt es für drittstaatliche Unternehmen nun bereits, dass diese ihre Waren oder Dienstleistungen in der EU anbieten oder ein Verhalten in der EU beobachten. Dem europäischen Gesetzgeber wird vorgeworfen, sich durch die Reichweite der neuen Datenschutzregelungen übergriffig zu verhalten.

Mit ähnlichen Vorwürfen muss sich seit langer Zeit auch die US-amerikanische Rechtsordnung auseinandersetzen. Die Kritik am US-amerikanischen Gesetzgeber entlud sich dabei insbesondere in den 1970er und 1980er Jahren an den US-amerikanischen Wettbewerbsregeln und entfachte sich in den letzten Jahren erneut in Bezug auf gesetzliche Bestimmungen, die Unternehmen außerhalb der USA zur Herausgabe von Daten verpflichten.[4] Sofern hiervon personenbezogene Daten von Bürgern in der EU betroffen sind, verursachen die Herausgabepflichten eine unvermeidbare Kollision mit den europäischen Datenschutzregelungen. Dabei sehen beide Rechtsordnungen Mittel und Wege

---

1 Vgl. *Ryngaert*, Jurisdiction in International Law, 2. Aufl., 2015, S. 94 f.; *Bradford*, NULR, 107 (2012), 1; *Sandrock*, ZVglRWiss 2016, 1 (2 f.).

2 Richtlinie 95/46/EG des Europäischen Parlaments und des Rates vom 24. Oktober 1995 zum Schutz natürlicher Personen bei der Verarbeitung personenbezogener Daten und zum freien Datenverkehr.

3 Verordnung (EU) 2016/679 des Europäischen Parlaments und des Rates vom 27. April 2016 zum Schutz natürlicher Personen bei der Verarbeitung personenbezogener Daten, zum freien Datenverkehr und zur Aufhebung der Richtlinie 95/46/EG.

4 Vgl. *Shaw*, International Law, 7. Aufl., 2017, S. 515 ff.

vor, die jeweils andere zurückzudrängen beziehungsweise unbeachtet zu lassen; einen Interessensausgleich verfolgen die bestehenden Regelungen nicht.

Dass die jeweiligen nationalen Regelungsansprüche nicht immer zwingend gegensätzlich verlaufen müssen, sondern sich durchaus Synergien entwickeln können, zeigt das Beispiel der Kooperation zwischen der EU und den USA bei der gemeinsamen Durchsetzung des Kartellrechts.[5] Schwieriger gestaltet sich die internationale Zusammenarbeit aber dann, wenn die Parteien zwar an einer Kooperation interessiert sind, bei der Umsetzung jedoch unterschiedliche Interessenlagen kollidieren. Besonders deutlich äußert sich dies, wenn sich die Zusammenarbeit auf die Übermittlung personenbezogener Daten beziehen soll.

B. Internationale Kooperation bei der Übermittlung personenbezogener Daten

Zahlreiche bi- und multilaterale Abkommen regeln die grenzüberschreitende Übermittlung bestimmter Kategorien personenbezogener Daten. Notwendig werden diese aufgrund der Tatsache, dass sich viele Phänomene nicht rein national regulieren lassen. Neben der Terrorismusbekämpfung sehen Staaten unter anderem auch im Rahmen der Steuerfluchtbekämpfung die Vorteile einer kooperativen Vorgehensweise. In beiden Bereichen wird der Austausch personenbezogener Daten regelmäßig als ein entscheidendes Instrument für eine effektive Aufgabenerfüllung erachtet. So sehen entsprechende Abkommen unter anderem die Übermittlung von Fluggastdaten, Zahlungsverkehrsdaten und Steuerdaten vor. In solchen Verhandlungen werden datenschutzrechtliche Vorgaben mitunter in den Hintergrund gerückt. Sofern jedoch keine Beanstandung durch den Europäischen Gerichtshof (EuGH) stattfindet, bleiben die Übereinkommen dennoch trotz ihrer datenschutzrechtlichen Mängel in Kraft.

I. Fluggastdaten

Den Anstoß für ein System internationaler Abkommen zu Übermittlung von Fluggastdaten (*Passenger Name Records*) gaben die Terroranschläge vom 11. September 2001 auf das World Trade Center in New York. Auch hier sahen sich Unternehmen – nämlich zuvorderst die US-amerikanischen Fluggesellschaften – einem Rechtskonflikt ausgesetzt. Einerseits waren sie aufgrund ihrer

---

5 Agreement between the European Communities and the Government of the United States of America on the application of positive comity principles in the enforcement of their competition laws vom 4.6.1998, OJ L173, 18/06/1998, S. 28.

Heimatrechtsordnung zur Übermittlung von Fluggastdaten an US-Behörden verpflichtet, andererseits war ihnen dieses Verhalten nach europäischem Datenschutzrecht untersagt.[6] Zur Lösung dieser Konfliktsituation einigte sich die Europäische Kommission mit den USA im Jahr 2004 auf ein Abkommen, welches die Übermittlung von Fluggastdaten in die USA erlaubte.[7] Der US-amerikanische Grenzschutz erhielt so Zugriff auf die Fluggastdaten der Reservierungssysteme, welche die Fluggesellschaften im Hoheitsheitgebiet der EU betrieben. Nach einer Übermittlung an die US-amerikanischen Behörden war für den Schutz der Daten allein das US-amerikanische Recht maßgeblich.[8] Da das Abkommen aufgrund von kompetenzrechtlichen Mängeln im Jahr 2006 vom EuGH für nichtig erklärt wurde, kam es zu neuen Verhandlungen und anschließend zur Verabschiedung von Folgeabkommen.[9] Der EuGH ging in seiner Entscheidung nicht auf materiellrechtliche Elemente der Übereinkunft ein und griff somit auch keine der bestehenden datenschutzrechtlichen Bedenken auf, die eine Umgehung der europäischen Vorgaben kritisierten.[10] Die Nachfolgeabkommen aus den Jahren 2007 und 2011 unterscheiden sich inhaltlich nur geringfügig von der Ursprungsversion. Abkommen zur

---

6 *Baumann*, Datenschutzkonflikte zwischen der EU und den USA, 2016, S. 319 ff.; *Wendt/Rasche*, ZD-Aktuell 2016, 5205.

7 Abkommen zwischen der EG und den Vereinigten Staaten von Amerika über die Verarbeitung von Fluggastdatensätzen und deren Übermittlung durch die Fluggesellschaften an das Bureau of Customs and Border Protection des United States Department of Homeland Security, ABl. EU 2004 L 183/ 84 sowie Entscheidung 2004/535/EG der Kommission v. 14. Mai 2004 über die Angemessenheit des Schutzes der personenbezogenen Daten, die in den Passenger Name Records enthalten sind, welche dem United States Bureau of Customs and Border Protection übermittelt werden, ABl. EU 2004 L 235/11.

8 *Fiedler*, Die Einführung eines europäischen Fluggastdatensystems, 2016, S. 42.

9 Abkommen zwischen der Europäischen Union und den Vereinigten Staaten von Amerika über die Verarbeitung von Fluggastdatensätzen (Passenger Name Records – PNR) und deren Übermittlung durch die Fluggesellschaften an das United States Departement of Homeland Security, ABl. EU 2007 L 204/18 und Abkommen zwischen den Vereinigten Staaten von Amerika und der Europäischen Union über die Verwendung von Fluggastdatensätzen und deren Übermittlung an das United States Department of Homeland Security, ABl. EU 2012 L 215/5.

10 *Fiedler*, Die Einführung eines europäischen Fluggastdatensystems, 2016, S. 42.

Übermittlung von Fluggastdaten schloss die EU darüber hinaus mit Kanada[11] und Australien[12].

Diese Abkommen stehen datenschutzrechtlich in der Kritik. Ausschlaggebend dafür sind insbesondere die anlasslose Übermittlung aller Fluggastdaten sowie eine unzureichend ausgestaltete Zweckbindung. Aber auch Defizite in Bezug auf die Überprüfung sowie die Betroffenenrechte werden kritisiert.[13] In einem Gutachten im Zuge der Neuverhandlung eines Nachfolgeabkommens mit Kanada äußerte der EuGH erstmals auch datenschutzrechtliche Bedenken und sieht in dem geplanten Abkommen einen Verstoß gegen die Europäische Grundrechtecharta.[14] Diese Einschätzung fügt sich in die Rechtsprechung des EuGH zur Vorratsdatenspeicherung ein und kam dementsprechend kaum überraschend.[15] Die starke Betonung des Grundrechtsschutzes dürfte es den Verhandlungspartnern zukünftig erschweren, neue Abkommen zur Übermittlung von Fluggastdaten zu schließen. Zudem ist fraglich, ob die bestehenden Abkommen mit den USA und Australien weiterhin Bestand haben werden. Um divergierende Inhalte der einzelnen Abkommen künftig zu vermeiden, verfolgt die Kommission zwar ein sektorübergreifendes Konzept zur Übermittlung von Fluggastdatensätzen,[16] welches datenschutzrechtliche Grundprinzipien beinhaltet, die bei den Verhandlungen mit Drittländern berücksichtigt werden sollen. Angesichts der jeweils stark ausgeprägten Sicherheitsinteressen auf der einen und dem hohen Stellenwert des Datenschutzrechts auf der anderen Seite, scheint die Situation jedoch zu verfahren, um einen für alle Parteien zufriedenstellenden Ausgleich zu finden.

II. Bankdaten

Ebenso dem Zweck der internationalen Terrorismusbekämpfung dient das Abkommen zwischen der EU und den USA über die Verarbeitung und den

11 Abkommen zwischen der Europäischen Gemeinschaft und der Regierung Kanadas über die Verarbeitung von erweiterten Fluggastdaten und Fluggastdatensätzen, ABl. EU 2006 L 82/15.

12 Abkommen zwischen der Europäischen Union und Australien über die Verarbeitung von Fluggastdatensätzen (Passenger Name Records – PNR) und deren Übermittlung durch die Fluggesellschaften an den Australian Customs and Border Protection Service, ABl. EU 2012 Nr. L 186/4.

13 *Simitis*, NJW 2006, 2011 (2013); *Art.-29-Datenschutzgruppe*, Stellungnahme 6/2002 zur Übermittlung von Informationen aus Passagierlisten und anderen Daten von Fluggesellschaften an die Vereinigten Staaten, 2002, WP 66, S. 9.

14 *EuGH*, Gutachten vom 26.7.2017 – Gutachten (Avis) 1/15, ZD 2018, 23.

15 *EuGH*, Urt. v. 8.4.2014 – C-293/12 u. C-594/12, *Digital Rights Ireland*, ECLI:EU:C:2014:238; *Priebe*, EuZW 2017, 762 (762).

16 Konzept für die Übermittlung von Fluggastdatensätzen (PNR) an Drittländer, KOM(2010)492 endgültig, 21.09.2010.

Austausch von Zahlungsverkehrsdaten (SWIFT-Abkommen).[17] Dem Abkommen vorausgegangen war die massenhafte Übermittlung personenbezogener Daten an eine Behörde des U.-S.-amerikanischen Finanzministeriums durch den in Belgien ansässigen Finanzdienstleister SWIFT[18]. Da sich die Übermittlung nicht auf einen Erlaubnistatbestand der DSRL stützen konnte,[19] gleichwohl aber das Ziel der Terrorismusbekämpfung als wichtig erachtet wurde, handelten die Parteien im Jahr 2010 ein völkerrechtliches Abkommen aus, das den Datenaustausch legitimierte.[20] US-amerikanische Terrorfahnder sind danach - auch ohne einen konkreten Verdacht - berechtigt, auf die Zahlungsverkehrsdaten sowie Namen und Adressen derjenigen europäischen Bankkunden zuzugreifen, die eine Transaktion ins Ausland vornehmen.[21] Allerdings konnte auch dieses Abkommen der Kritik nicht standhalten und musste bereits ein Jahr nach Inkrafttreteten durch ein neuverhandeltes Übereinkommen abgelöst werden. Der etwas abgeschwächten zweiten Version ist es allerdings auch nicht gelungen, datenschutzrechtliche Bedenken auszuräumen. So entsprechen weiterhin weder die Rechtsschutzmöglichkeiten der betroffenen Personen noch die Kontrollmöglichkeiten der europäischen Polizeibehörde Europol den Anforderungen des EuGH an eine wirksame Umsetzung des Schutzes personenbezogener Daten.[22]

Auch dieses Beispiel verdeutlicht, dass das hohe Sicherheitsinteresse der USA sich derzeit nicht mit dem grundrechtlichen Stellenwert des Datenschutzrechts in der europäischen Rechtsordnung vereinbaren lässt. Datenschutzrechtliche Grundprinzipien finden weder im Fluggastdaten-Abkommen noch im

---

17 Abkommen zwischen der Europäischen Union und den Vereinigten Staaten von Amerika über die Verarbeitung von Zahlungsverkehrsdaten und deren Übermittlung aus der Europäischen Union an die Vereinigten Staaten von Amerika für die Zwecke des Programms zum Aufspüren der Finanzierung des Terrorismus ABl. EU Nr. L 195/1 v. 27.7.2010.

18 Society for Worldwide Interbank Financial Telecommunication.

19 Für eine detaillierte Auseinandersetzung mit der Zulässigkeit der Übermittlung nach der DSRL siehe *Art.-29-Datenschutzgruppe*, Stellungnahme 10/2006 zur Verarbeitung von personenbezogenen Daten durch die *Society for Worldwide Interbank Financial Telcommunication (SWIFT)*, 2006, S. 25 ff.

20 *Kühling/Buchner/Schröder*, DS-GVO, Art. 48 Rn. 3.

21 *Tretter* in: *Bielefeldt/Deile/Hamm u. a.*, Nothing to hide - nothing to fear?, 2011, S. 34 (47).

22 *Böhm/Cole*, ZD 2014, 553 (557); vgl. Entschließung des Europäischen Parlaments zur Aussetzung des TFTP-Abkommens infolge der Überwachungsmaßnahmen der NSA vom 21.10.2013, 2013/2831(RSP).

SWIFT-Abkommen eine angemessene Berücksichtigung, sodass letztendlich der EuGH in Einklang mit seiner Rechtsprechung in Bezug auf Regelungen über eine Datenspeicherung auf Vorrat irgendwann gezwungen sein wird, beide Abkommen für unrechtmäßig zu erklären.[23]

III. Steuerdaten

Neben der staatenübergreifenden Terrorismusbekämpfung liefert auch das Steuerrecht Potenzial für eine grenzüberschreitende Kooperation. So erklärten bislang insgesamt 113 Staaten ihre Bereitschaft, die USA bei der Durchsetzung des Foreign Account Tax Compliance Act (FATCA)[24] – ein Gesetz zur Förderung der Steuerehrlichkeit von US-Steuerpflichtigen – durch die Übermittlung von Steuerdaten zu unterstützen. Die Finanzinstitute der einzelnen Staaten verpflichten sich dabei, Steuerdaten von US-Bürgern an den Internal Revenue Service (IRS), die Bundessteuerbehörde der USA, zu melden. Die Übermittlung findet durch die Finanzinstitute direkt, also nicht über die nationalen Steuerbehörden statt, wie es beispielsweise bestehende Doppelbesteuerungsabkommen vorsehen. Hinsichtlich der Bestimmungen zum Schutz personenbezogener Daten ist zumindest im FACTA-Abkommen zwischen der Bundesrepublik Deutschland und den USA ein „Minimalkonsens“[25] erreicht worden. Insbesondere die Einhaltung des datenschutzrechtlichen Grundprinzips der Zweckbindung auf drittstaatlicher Seite ist nur schwer zu kontrollieren. Darüber hinaus betonen sowohl das Bundesverfassungsgericht als auch der EuGH regelmäßig die Bedeutung einer Benachrichtigung der betroffenen Personen, da diese nur so in der Lage sei, ihre Rechte wahrzunehmen.[26] Ob die Abkommen zum internationalen Austausch von Finanzdaten[27] den Voraussetzungen der Datenschutz-Grundverordnung zum Schutz der Steuerdaten entsprechen, darf daher bezweifelt werden.[28]

---

23 Zu den Parallelen zwischen beiden Abkommen siehe *Tamm*, VuR 2010, 215 (216 ff.).

24 Sec. 1471–1474 des Internal Revenue Code.

25 *Heil/Greve*, ZD 2013, 481 (487).

26 *BVerfG*, Urteil v. 27.02.2008 – 1 BvR 370/07, 1 BvR 595/07, *Online-Durchsuchung*, NJW 2008, 822 Rn. 332; *EuGH*, Urt. v. 1.10.2015 – C-230/14, *Weltimmo*, ECLI:EU:C:2015:639 Rn. 33, 38.

27 Häufig findet sich dafür der Begriff des Automatic Exchange of Financial Account Information (AEOI).

28 Vgl. *Hamacher*, IStR 2016, 171 (171, 177); grundsätzliche völkerrechtliche Bedenken äußert *Sandrock*, ZVglRWiss 2016, 1 (5).

C. Notwendigkeit einer völkerrechtlichen Einigung auf Verweisungsnormen

Die angeführten Beispiele internationaler Abkommen über den Austausch personenbezogener Daten zeigen, dass das Datenschutzrecht im Rahmen bi- oder mulitilateraler Verhandlungen noch nicht den Stellenwert einnimmt, den es innerhalb der europäischen Rechtsordnung genießt. Dennoch spielt der grenzüberschreitende Informationsaustausch auf vielen Ebenen eine entscheidende Rolle und ist daher zwingend Gegenstand zahlreicher internationaler Abkommen. Bei den Verhandlungen liegt die besondere Herausforderung dabei nicht nur in der Einigung auf das anzusetzende Datenschutzniveau, sondern darüber hinaus in der Schaffung eines angemessenen Interessensausgleichs. Der Schutz personenbezogener Daten stellt sich in der Praxis völkerrechtlicher Verhandlungen häufig als sekundäres Interesse dar, sodass es mitunter an dessen hinreichender Einbeziehung in die Abwägung mangelt. Insbesondere Verpflichtungen, personenbezogene Daten anlasslos zu erheben und zu speichern, führen dabei immer wieder zu datenschutzwidrigen Vereinbarungen.

Die aufgeführten Beispiele machen deutlich, wie schwierig es ist, den hohen datenschutzrechtlichen Standard in der EU auch in völkerrechtlichen Übereinkünften aufrecht zu erhalten. Auch wenn bi- und multilaterale Abkommen zur allgemeinen Regulierung globaler Datenflüsse grundsätzlich eine vielversprechende Lösung justizieller Konflikte darstellen, so erscheint dieser Weg derzeit noch utopisch[29] – zumal schon Abkommen, die eine Datenübermittlung in einzelnen Sektoren betreffen, Schutzdefizite aufweisen.

Die einzige Alternative, die den einzelnen Staaten bzw. Staatengemeinschaften zur Verfügung steht, ist eine Ausweitung ihrer eigenen Rechtsordnung durch die Schaffung extraterritorialer Normen. Es gilt dabei, den Anwendungsbereich der eigenen Vorschriften so weit auszudehnen, dass dieser aus nationaler Sicht globale Sachverhalte lösen kann, ohne an den eigenen Staatsgrenzen Halt machen zu müssen. Die Feststellung, dass dieses Verhalten auf internationaler Ebene Konflikte herbeiführt, erübrigt sich. Da derzeit weder das Völkerrecht noch das nationale Recht eine Konfliktlösung für zwischenstaatliche Datenübermittlungen bereithält, bedarf es folglich eines rechtlichen Instruments, welches als eine Art Lückenschluss die nationale mit der völkerrechtlichen Ebene verbindet.

Die vorliegende Arbeit beschäftigt sich mit der Suche nach einer rechtlichen Handhabe für diejenigen Konfliktsituationen, die durch extraterritoriale

29 Vgl. *Voskamp*, Transnationaler Datenschutz, 2015, S. 54.

Datenherausgabeansprüche auf der einen Seite und extraterritoriale Datenschutzvorschriften auf der anderen Seite entstehen. Obgleich der räumliche Geltungsanspruch europäischer Datenschutzregeln und dessen Konflikte mit der US-amerikanischen Rechtsordnung durchaus in der wissenschaftlichen Literatur thematisiert werden,[30] fokussieren sich vorgeschlagene Lösungsansätze in der Regel auf eine der Rechtsordnungen und entscheiden den Widerspruch pauschal zugunsten einer der beiden Rechtsordnungen. Der hier vertretene Ansatz beruht demgegenüber auf der Schaffung von internationalen Verweisungsnormen, welche im Falle eines Rechtskonflikts anhand objektiver Anknüpfungspunkte eine der konfligierenden Rechtsordnungen zur Anwendung gelangen lassen. Auf diese Weise soll die vorliegende Arbeit über die reine Feststellung und Begründung hinausgehen, warum die territoriale Ausdehnung einer Rechtsordnung völkerrechtlich (un-)zulässig ist, indem kollisionsrechtliche Lösungen für die dadurch entstehenden Konflikte bereitet werden.

Dazu ist zunächst eine genaue Untersuchung des räumlichen Anwendungsbereichs der europäischen Datenschutzregeln auf ihre Vereinbarkeit mit völkerrechtlichen Vorgaben erforderlich. Anschließend zeigt eine Auswahl US-amerikanischer Herausgabeansprüche die Konfliktträchtigkeit solcher Gesetze auf, die sich über das Hoheitsgebiet des rechtsetzenden Staates erstrecken. Aktuelle Entwicklungen der europäischen sowie US-amerikanischen Rechtsordnung machen deutlich, dass sich die Gesetzgeber auf beiden Seiten des Atlantiks mit der Thematik befassen. Da sie aktuell allerdings keine gemeinsame Konfliktlösung betreiben, befinden sich vor allem die verpflichteten Unternehmen weiterhin in einem Dilemma. Die Entscheidung, welcher Rechtsordnung sie Folge leisten, hängt regelmäßig ausschließlich von den drohenden Sanktionen ab.[31] Dass ein Konflikt zwischen zwei Rechtsordnungen auf dem Rücken global agierender Unternehmen ausgetragen wird und diese in jedem Fall von dem einem oder anderen Staat sanktioniert werden, ist in Zeiten zunehmender internationaler Verflechtung nicht mehr hinnehmbar. Aus diesem Grund wird zukünftig kein Weg daran vorbeiführen, zwischenstaatliche Lösungen zu finden.[32]

30 Beispielhaft sei verwiesen auf *Uecker*, Extraterritoriale Regelungshoheit im Datenschutzrecht, 2017; *Svantesson*, Extraterritoriality in Data Privacy Law, 2013; *Svantesson/Kloza* (Hrsg.), Trans-Atlantic Data Privacy Relations as a Challenge for Democracy, 2017; *Kuner*, IDPL 2015, 235; *Poullet*, JICLT 2007, 141.

31 Vgl. dazu *Pauly/Dieckhoff*, CCZ 2017, 270 (271 f.).

32 Im Kern auch *Sandrock*, ZVglRWiss 2016, 1 (92).

Teil 1: Völkerrechtliche Grundlagen extraterritorialer Rechtsetzung

Die räumliche Ausdehnung der Gesetzgebung über die eigenen Staatsgrenzen hinaus tangiert zweifelsohne völkerrechtliche Belange. So birgt ein derartiges Vorgehen vor allem die Gefahr, fremde Souveränitätsrechte zu verletzen. Jede extraterritoriale regulative Erstreckung muss sich daher zuvorderst an völkerrechtlichen Maßstäben messen lassen.

A. Extraterritoriale Jurisdiktion

Ob die Ausdehnung eines nationalen Regelungsregimes völkerrechtlich zulässig ist, hängt stets von der Jurisdiktion des regelsetzenden Staates ab. Der Begriff der Jurisdiktion ist eng verknüpft mit dem der territorialen Souveränität.[33] Während Letzterer als Element der Staatsgewalt unter anderem die nach außen gerichtete Selbstständigkeit eines Staates sowie seine Unabhängigkeit von anderen Staaten innerhalb der völkerrechtlichen Grenzen umfasst, beschreibt der Begriff der Jurisdiktion die konkrete Ausübung von Hoheitsgewalt durch den einzelnen Staat aufgrund seiner Souveränität.[34] Diese besteht in der Vornahme von Hoheitsakten in der Form von Gesetzgebung und -durchsetzung. Während Jurisdiktion im deutschen Sprachgebrauch oftmals nur synonym für die Gerichtsbarkeit eines Staates verwendet wird, unterscheidet der englische Sprachraum zwischen einer *jurisdiction to prescribe* und einer *jurisdiction to enforce*.[35] Diese beiden Ausprägungen müssen sich nicht decken.[36] Deutlich wird dies insbesondere dann, wenn

---

33 *Heijer/ Lawson* in: *Langford*, Global justice, state duties, 2013, S. 153 (155); *Ryngaert*, Jurisdiction in International Law, 2. Aufl., 2015, S. 5.

34 *Crawford*, Brownlie's principles of public international law, 8. Aufl., 2012, S. 456; *Oxman*, Jurisdiction of States – MPEPIL, http://opil.ouplaw.com/view/10.1093/law:epil/9780199231690/law-9780199231690-e1436?rskey=hCtWrV&result=1&q=&prd=OPIL (Stand: 02.03.2019).; *Volz*, Extraterritoriale Terrorismusbekämpfung, 2007, S. 40; *Heijer/ Lawson* in: *Langford*, Global justice, state duties, 2013, S. 153 (155).

35 *Meng*, Extraterritoriale Jurisdiktion im öffentlichen Wirtschaftsrecht, 1994, S. 2 f. mit Verweis auf Restatement (Second) of the Foreign Relations Law (1965) § 406 sowie American Law Institute, Restatement of Law, Third, The Foreign Relations Law of the United States (1987) § 401 (b).

36 *Meng*, Extraterritoriale Jurisdiktion im öffentlichen Wirtschaftsrecht, 1994, S. 10; *Ohler*, Die Kollisionsordnung des Allgemeinen Verwaltungsrechts, I/1, 2005, S. 144 f.

ein Staat versucht, seine Interessen außerhalb seines Staatsgebiets zu vertreten, indem er Angelegenheiten regelt, die einen wie auch immer gearteten Bezug zu einem anderen Staat aufweisen.[37] Die konkrete räumliche Erstreckung legt die Regelung in diesem Fall einerseits in ihrem Geltungsbereich und andererseits in ihrem Durchsetzungsbereich fest.[38] Der Geltungsbereich bestimmt sich dabei aus der Belegenheit der Tatbestände, an die die Regelung anknüpft, sowie aus dem Bereich, in dem die Rechtsfolgen eintreten sollen.[39] Diese Elemente werden durch die Norm selbst bestimmt. Dahingegen ist der Durchsetzungsbereich eines Gesetzes an die staatliche Hoheitsgewalt geknüpft.[40] Er beschreibt den Bereich, in dem das Gebot der Norm von der Rechtsordnung durchgesetzt werden kann.[41] Die Gebietshoheit eines Staates stellt grundsätzlich die Grenze seines zulässigen staatlichen Handelns dar. Somit endet der räumliche Durchsetzungsbereich nationaler Gesetze an den Staatsgrenzen des Gesetzgebers.[42] Im europäischen Datenschutzrecht wird dies insbesondere in Art. 55 Abs. 1 DSGVO deutlich. Dieser überträgt den Aufsichtsbehörden die Ausübung ihrer Befugnisse „im Hoheitsgebiet ihres eigenen Mitgliedstaats".[43] Da die Wirksamkeit einer Norm grundsätzlich nicht von ihrer Durchsetzbarkeit in einem konkreten Fall abhängt, ist eine getrennte Betrachtung angezeigt.[44]

Trotz der grundsätzlichen Orientierung an seinem Hoheitsgebiet kann ein Staat bei Vorliegen einer völkerrechtlichen Ermächtigungsgrundlage in Form

---

37 *Ryngaert,* Jurisdiction in International Law, 2. Aufl., 2015, S. 5 mit Bezug auf Mann, The Doctrine of Jurisdiction in Interanatioanal law, S. 23.

38 Insofern terminologische Anlehnung an *Menzel,* Internationales Öffentliches Recht, 2011, S. 155 f.; verbreitet – aber z. T. gegensätzlich verwendet – findet sich das Begriffspaar Anwendungsbereich und Geltungsbereich, siehe z. B. *Bar/Mankowski,* Internationales Privatrecht, I Allgemeine Lehren, 2. Aufl., 2003, § 4 Rn. 68; z.T. finden sich auch andere Begriffe wie z. B. Gebotsbereich und Sanktionsbereich, vgl. *Merten,* in: FS Schiedermair, 2001, S. 331, (332); *Verdross/Simma,* Universelles Völkerrecht, 3. Aufl., 1984, § 1019.

39 *Meng,* Extraterritoriale Jurisdiktion im öffentlichen Wirtschaftsrecht, 1994, S. 10.

40 *Meng,* Extraterritoriale Jurisdiktion im öffentlichen Wirtschaftsrecht, 1994, S. 10 f.

41 *Menzel,* Internationales Öffentliches Recht, 2011, S. 156.

42 *Epping* in: *Ipsen,* Völkerrecht, 2018, § 7 Rn. 69; *Stein/Buttlar/Kotzur,* Völkerrecht, 14. Aufl., 2017, § 35 Rn. 601; *Meng,* Extraterritoriale Jurisdiktion im öffentlichen Wirtschaftsrecht, 1994, S. 74 f.

43 Kürzlich durch den EuGH bekräftigt: *EuGH,* Urt. v. 1.10.2015 – C-230/14, *Weltimmo,* ECLI:EU:C:2015:639 Rn. 56.

44 *Kastler,* Föderaler Rechtsschutz, 2017, S. 156 f.; *Papp,* Extraterritoriale Schutzpflichten, 2013, S. 250.

von Gewohnheitsrecht oder eines zwischenstaatlichen Vertrags auch auf fremdem Staatsgebiet handeln.[45] Er wird sodann außerhalb seines Territoriums – also extraterritorial – tätig. Die Ermächtigungsgrundlage kann ihn dabei sowohl zur Rechtsetzung als auch zur Rechtdurchsetzung berechtigen.[46] Diese Form der extraterritorialen Jurisdiktion ist aufgrund der erforderlichen Zustimmung des Staates, auf dessen Staatsgebiet die Gebietshoheit ausgeübt wird, in der Regel unproblematisch und soll daher an dieser Stelle nicht näher thematisiert werden.

Ein weites Verständnis des Begriffs der extraterritorialen Jurisdiktion umfasst darüber hinaus die Fälle, in denen eine nationale Rechtsnorm Sachverhalte mit Auslandsberührung reguliert, ihr sachlicher Regelungsbereich also über das eigene Staatsgebiet hinausgeht und auf diese Weise eine extraterritoriale Wirkung entfaltet (*extraterritorial prescriptive jurisdiction*).[47] Der Staat erstreckt also den Geltungsbereich der Norm über das eigene Hoheitsgebiet hinaus.[48]

Dem Begriff der Extraterritorialität kommt dabei nach diesem Verständnis lediglich eine beschreibende Bedeutung zu, eine Bewertung enthält er nicht.[49] So darf eine extraterritoriale Rechtsanwendung auch nicht mit einer unrechtmäßig ausufernden Rechtsanwendung gleichgesetzt werden, obgleich es zu Letzterer insbesondere bei Internetsachverhalten häufig aufgrund einer grenzüberschreitenden Anwendung nationaler Regelungen kommt.[50] Grund hierfür ist der Umstand, dass einige Staaten eine extensive Auslegung ihres Kollisionsrechts verfolgen, um auf diese Weise den Schutz von Verbrauchern und Wirtschaft zu vergrößern. Da sich Internetsachverhalte in der Regel abseits nationalstaatlicher Grenzen abspielen, sind sie besonders anfällig für eine sehr weite Ausdehnung nationaler Vorschriften, sodass sich ein Online-Datenverarbeitungsprozess in

---

45 *Schweisfurth*, Völkerrecht, 2006, 9. Kapitel Rn. 173; *Meng*, Extraterritoriale Jurisdiktion im öffentlichen Wirtschaftsrecht, 1994, S. 73.

46 *Meng*, Extraterritoriale Jurisdiktion im öffentlichen Wirtschaftsrecht, 1994, S. 73.

47 *Stein/Buttlar/Kotzur*, Völkerrecht, 14. Aufl., 2017, § 35 Rn. 601; *Meng*, Extraterritoriale Jurisdiktion im öffentlichen Wirtschaftsrecht, 1994, S. 74; International Law Commission (ILC), Report on the Work of Its Fifty-Eighth session, UN Doc. A/61/10, Annex E, para. 2; *Kuner*, IDPL 2015, 235 (238); a. A. *Poullet*, JICLT 2007, 141 (148), der zwischen einer "extraterritoriality in scope" und einer "extraterritoriality in effect" differenziert.

48 *Menzel*, Internationales Öffentliches Recht, 2011, S. 156.

49 *Barack*, The Application of the Competition Rules, 1981, S. 2; *Dlouhy*, Extraterritoriale Anwendung des Kartellrechts, 2003, S. 33; *Menzel*, Internationales Öffentliches Recht, 2011, S. 159; *Svantesson*, IDPL, 5 (2015), 226 (227); *Kuner*, IDPL 2015, 235 (239); a. A. *Scott*, CLMR, 51 (2014), 1343 (1345); Salomon/Tostensen/Vandenhole, Casting the Net Wider: Human Rights, Development and New Duty-Bearers, S. 3 f.

50 *Kuner*, IDPL 2015, 235 (239).

der Folge unter Umständen mehreren einzelstaatlichen und eventuell sogar sich widersprechenden Regelungen ausgesetzt sieht.[51]

I. Zulässigkeit der extraterritoral jurisdiction to prescribe

Die Zulässigkeit einer extraterritorialen Ausdehnung nationaler Vorschriften bemisst sich am Grundsatz der souveränen Staatengleichheit, welcher die eigene staatliche Jurisdiktion begründet sowie die des fremden Staates begrenzt.[52] Nach diesem Grundsatz ist ein Staat befugt, Gesetze zu erlassen, die auch außerhalb des eigenen Staatsgebiets wirken, sofern er die Gebietshoheit der fremden Staaten sowie das Prinzip der Verhältnismäßigkeit respektiert. Die betroffenen fremden Staaten dürfen Eingriffe auf ihrem Territorium unterbinden, um somit die Durchsetzung extraterritorialer Regelungen auf ihrem Gebiet zu verhindern.[53]

Ob die Befugnis einer *extraterritorial prescriptive jurisdiction* auf einer völkerrechtlich anerkannten Freiheit beruht, nach welcher Staaten die räumliche Regelungsweite ihrer Hoheitsgewalt selbst bestimmen können, oder ob dazu eine völkerrechtliche Grundlage existieren muss, ist seit jeher heftig umstritten.[54]

Eine Antwort sieht ein Großteil der völkerrechtlichen Literatur in der *Lotus*-Entscheidung des Internationalen Gerichtshofes (IGH) aus dem Jahr 1927,[55] welche den Staaten einen grundsätzlichen Ermessensspielraum einräumt, über die räumliche Ausdehnung ihrer Rechtsordnung selbst zu entscheiden.[56] Das Völkerrecht selbst verbiete es nicht, Regelungen für Personen oder Handlungen außerhalb des eigenen Territoriums zu treffen, auch wenn die Gebietshoheit die grundsätzliche Orientierung für die nationale Gesetzgebung darstelle.[57] Es liege dann im eigenen Ermessen der Staaten zu entscheiden, inwiefern Personen,

---

51 *Czerniawski* in: *Svantesson/Kloza*, Trans-Atlantic Data Privacy Relations as a Challenge for Democracy, 2017, S. 221 (233).

52 *Papp,* Extraterritoriale Schutzpflichten, 2013, S. 229, 231, 233.

53 *Herdegen,* Internationales Wirtschaftsrecht, 10., überarb. und erw. Aufl., 2014, § 3 Rn. 71; *Huck*, NJOZ 2015, 993.

54 Dazu auch *Bertele,* Souveränität und Verfahrensrecht, 1998, S. 54 ff.; *Volz,* Extraterritoriale Terrorismusbekämpfung, 2007, S. 48 f.; für rechtsgeschichtliche Hinweise siehe *Mann,* Further studies in international law, 1990, S. 11; *Sandrock,* ZVglRWiss 2016, 1.

55 *IGH,* Urt. v. PCIJ Reports, Series A, No 10, *SS Lotus* 1927, 1 (19).

56 *Dahm/Delbrück/Wolfrum,* Völkerrecht, Band I/1, 2. Aufl., 1989, S. 319; *Crawford,* Brownlie's principles of public international law, 8. Aufl., 2012, S. 458.

57 *IGH,* Urt. v. PCIJ Reports, Series A, No 10, *SS Lotus* 1927, 1 (19); *Stein/Buttlar/Kotzur,* Völkerrecht, 14. Aufl., 2017, § 35 Rn. 604 f.

Handlungen oder Sachen von dem in Frage stehenden Gesetzgebungsakt betroffen seien.[58]

Die *Lotus*-Entscheidung stützt sich auf die staatliche Souveränität, die es den Staaten erlaubt, im Rahmen der *jurisdiction to prescribe* frei zu handeln, sofern sie hierdurch nicht in die Souveränität anderer Staaten eingreifen.[59] Der IGH spricht sich damit gegen ein Verständnis des Völkerrechts als Koordinationsrecht aus, nach welchem dieses die Grenzen hoheitlichen staatlichen Handelns positiv festsetzen muss. Nach der vertretenen Sichtweise setzt das Völkerrecht lediglich die Grenzen der staatlichen Legislativtätigkeit – in Form der allgemein anerkannten Jurisdiktionsprinzipien.[60]

Allerdings fordert die herrschende Meinung trotz dieses „laissez faire-Prinzips“[61] eine zulässige Anknüpfung, welche die gesetzgeberische Ausdehnung in einen anderen Staat rechtfertigt und damit den völkerrechtlichen Prinzipien der Souveränität und Gleichberechtigung aller Staaten entspricht.[62] Diese Forderung beruht unter anderem auf den Besonderheiten des *Lotus*-Falls. Gegenstand der Entscheidung war der Zusammenstoß eines französischen und eines türkischen Schiffes, bei dem acht türkische Besatzungsmitglieder starben. Der Vorfall ereignete sich auf hoher See, also in einem staatsfreien Raum. Das Gericht hatte somit nicht über die Zulässigkeit der Anwendung einer nationalen Norm auf fremdem Staatsgebiet zu entscheiden. Im Zentrum der Entscheidung stand hingegen die Frage, welches nationale Recht auf einen Vorfall außerhalb staatlicher Gebiete Anwendung findet und nach welchen Kriterien dieses zu bestimmen ist. Für die Frage nach der Zulässigkeit nationaler Rechtsnormen mit extraterritorialer Wirkung ist ein Heranziehen des Urteils daher nicht unbedenklich.[63] Es erscheint

---

58 *IGH,* Urt. v. PCIJ Reports, Series A, No 10, *SS Lotus* 1927, 1 (19).

59 *Mann,* Further studies in international law, 1990, S. 12 ; *Sandrock,* ZVglRWiss 2016, 1 (23); so auch *Rudolf,* Berichte der Deutschen Gesellschaft für Völkerrecht Tübingen 1987, 7 (17). Zu den einzelnen Anknüpfungsprinzipien siehe B III 3 a.

60 *Schweisfurth,* Völkerrecht, 2006, 9. Kapitel Rn. 177 f.

61 *Reinisch,* in: FS ZfRV, 2013, S. 171 (174).

62 *Stein/Buttlar/Kotzur,* Völkerrecht, 14. Aufl., 2017, § 35 Rn. 606; *Dahm/Delbrück/Wolfrum,* Völkerrecht, Band I/1, 2. Aufl., 1989, § 47, S. 320 f.; *Ryngaert,* Jurisdiction in International Law, 2. Aufl., 2015, S. 43; *Emmenegger,* Ariz. J. Int'l & Comp. L. 2016, 631 (644); siehe auch § 403 (2) Restatement (Third) of the Foreign Relations Law of the United States 1987; *Ziegenhain,* Extraterritoriale Rechtsanwendung und die Bedeutung des Genuine-Link-Erfordernisses, 92, 1992, S. 143; *Meng,* Extraterritoriale Jurisdiktion im öffentlichen Wirtschaftsrecht, 1994, S. 541 ff.

63 So auch *Menzel,* Internationales Öffentliches Recht, 2011, S. 225; *Dolzer* in: Gesellschaft für Rechtspolitik, Bitburger Gespräche, 2003, S. 71 (79 f.).

zumindest voreilig, allein auf Grundlage dieser Entscheidung zu dem Ergebnis zu kommen, das Völkerrecht sehe eine grundsätzliche Freiheit zur Ausübung der staatlichen Jurisdiktion vor.[64] Hiergegen spricht bereits, dass der IGH den Staaten zwar einen weiten (jedoch einschränkbaren) Ermessensspielraum bei ihrer Jurisdiktionsausübung zugesteht, Freiheit diesbezüglich aber nur dann, wenn das Völkerrecht keine Einschränkungen vorsieht.[65] Der Gerichtshof bezog sich dabei explizit auf den zum Entscheidungszeitpunkt gegenwärtigen Stand im Völkerrecht. Es bedarf folglich zunächst der Prüfung, ob das Völkerrecht seit der *Lotus*-Entscheidung ein Verbot der extraterritorialen Jurisdiktionsausübung hervorgebracht hat.

Ein solches Verbot könnte sich gemäß Art. 38 Abs. 1 IGH-Statut aus internationalen Verträgen, internationalem Gewohnheitsrecht oder allgemeinen Rechtsgrundsätzen ergeben. Zwischenstaatliche Verträge, welche explizit die räumliche Regelungsweite nationaler Vorschriften betreffen, wurden bislang nicht geschlossen. Ganz im Gegenteil: Die Streitigkeiten über die Rechtsmäßigkeit extraterritorialer Hoheitsakte nehmen zu. Als Reaktion darauf ist in erster Linie eine Abwehrhaltung durch den Erlass von Blockadegesetzen festzustellen.[66]

Auch das völkerrechtliche Gewohnheitsrecht kennt keine ausdrückliche Beschränkung der *prescriptive jurisdiction*.[67] Hierzu hat Generalanwältin Kokott in der Rechtssache *Air Transport* klargestellt, dass es das völkerrechtliche Gewohnheitsrecht nicht verbiete, einen Sachverhalt durch zwei oder mehr Staaten zu regulieren.[68] Die Begrenzung erfolge dann anhand der Gebietshoheit

---

64 So aber *Meng*, Extraterritoriale Jurisdiktion im öffentlichen Wirtschaftsrecht, 1994, S. 483.

65 PCIJ Series A 10 (1927), 1 (19), Frankreich gegen Türkei; von einer Vermutung für die vorrechtliche Freiheit spricht daher auch *Bertele*, Souveränität und Verfahrensrecht, 1998, S. 62.

66 Siehe z. B. VO (EG) Nr. 2271/96 des Rates vom 22. November 1996 zum Schutz vor den Auswirkungen der extraterritorialen Anwendung von einem Drittland erlassener Rechtsakte sowie von darauf beruhenden oder sich daraus ergebenden Maßnahmen; siehe diesbezüglich auch Teil 3, C, IV.

67 *Rudolf*, Berichte der Deutschen Gesellschaft für Völkerrecht Tübingen 1987, 7 (17 ff.); *Meessen*, Völkerrechtliche Grundsätze des internationalen Kartellrechts, 1975, S. 18; *Ohler*, Die Kollisionsordnung des Allgemeinen Verwaltungsrechts, I/1, 2005, S. 73; *Menzel*, Internationales Öffentliches Recht, 2011, S. 223; a. A. *Crawford*, Brownlie's principles of public international law, 8. Aufl., 2012, S. 456; *Maier* in: *Meessen*, Extraterritorial Jurisdiction in Theory and Practice, 1996, S. 64 (83).

68 Generalanwältin Kokott, Rechtssache C-366/10, The Air Transport Association of America and Others, Rn. 158.

anderer Staaten.[69] Auch der Europäische Gerichtshof für Menschenrechte (EGMR) hat in seiner *Bankovic*-Entscheidung festgestellt, dass grundsätzlich die souveränen Territorialrechte der anderen betroffenen Staaten für die Begrenzung der Ausübung von Hoheitsgewalt maßgebend sind.[70] Das Völkerrecht folgt somit dem „Prinzip der Pluralität staatlicher Zuständigkeitsbereiche“[71], also dem Gedanken, dass die verschiedenen Rechtsordnungen miteinander konkurrieren, sich jedoch auch überlappen können.[72]

Eine Beschränkung des weiten Ermessens innerhalb der Legislativgewalt der Nationalstaaten muss sich folglich aus dem Prinzip der souveränen Staatengleichheit ergeben, welches sowohl in Art. 2 Ziff. 1 der UN-Charta Niederschlag gefunden hat als auch als Teil des Völkergewohnheitsrechts anerkannt ist.[73] Auf dieses Prinzip stützen sich insbesondere schwächere Staaten, wenn sie von einer extraterritorialen Rechtsetzung eines fremden Staates betroffen sind und fordern in diesem Zusammenhang eine hinreichend enge Verbindung zwischen dem Regelungsgegenstand und dem rechtsetzenden Staat.[74] Gewiss muss sich das Völkerrecht – wie auch jedes nationale Recht – damit auseinandersetzen, dass eine reine Berufung auf das Staatsgebiet in Zeiten globaler Vernetzung zu Konflikten führen kann. Von einer grundsätzlichen[75] Freiheit, die räumliche Weite der eigenen Rechtsetzungsgewalt selbst zu bestimmen, profitieren allerdings vor allem solche Staaten, die aufgrund ihrer weltpolitischen Stellung expansive Vorschriften tatsächlich auch durchsetzen können.[76] Die Verpflichtung, die

---

69 Generalanwältin Kokott, Rechtssache C-366/10, The Air Transport Association of America and Others, Rn. 158.

70 *EGMR*, Entscheidung v. 12.12.2001, *Bankovic and Others v. Belgium and 16 Other Contracting States*, ECLI:CE:ECHR:2001:1212DEC005220799 (414).

71 *Ohler*, Die Kollisionsordnung des Allgemeinen Verwaltungsrechts, I/1, 2005, S. 105.

72 Vgl. *Mann*, RdC, 111 (1964 I), 9 (10).

73 *Hobe*, Einführung in das Völkerrecht, 10. Aufl., 2014, S. 293.

74 So auch Fitzmaurice, Separate Opinion, *IGH*, Urteil v. 05.02.1970, *Barcelona Traction*, ICJ Rep. 1970, 3 (103 f.); *BVerfG*, Beschluss v. 22.03.1983 – 2 BvR 475/78, BVerfGE, 63, 343 = NJW 1983, 2757 (2761); *Herdegen*, Internationales Wirtschaftsrecht, 10., überarb. und erw. Aufl., 2014, § 3 Rn. 42 ff; allgemein zu der souveränen Staatengleichheit als Grenze der extraterritorialen Jurisdiktion: *Papp*, Extraterritoriale Schutzpflichten, 2013, S. 231; *Meng*, Extraterritoriale Jurisdiktion im öffentlichen Wirtschaftsrecht, 1994, S. 28; *Ziegenhain*, Extraterritoriale Rechtsanwendung und die Bedeutung des Genuine-Link-Erfordernisses, 92, 1992, S. 4.

75 „Grundsätzlich“ meint in diesem Zusammenhang „vorrechtlich“, d.h. nicht unmittelbar aus dem Völkerrecht ableitbar, vgl. dazu *Bertele*, Souveränität und Verfahrensrecht, 1998, S. 59 f.

76 *Reinisch*, in: FS ZfRV, 2013, S. 171 (177).

Souveränität anderer Staaten zu respektieren, beinhaltet darüber hinaus auch die Legitimationsbedürftigkeit jeglichen Zuwiderhandelns.[77] Insofern bildet das Souveränitätsprinzip in seiner Ausprägung als Nichteinmischungsgebot eine Einschränkung des „Lotus-Prinzips"[78].

II. Grenzen der extraterritorialen Jurisdiktionsausübung

1. Zulässige Anknüpfung als Beschränkung des weiten Ermessens

Ein Verstoß gegen das Nichteinmischungsgebot durch eine extraterritoriale Regelung ist legitim, wenn zwischen dem regelsetzenden Staat und dem geregelten Sachverhalt ein Nähebezug existiert, an welchen die Norm anknüpft.[79] Es bedarf folglich einer Anknüpfung, die eine bestimmte Beziehung zu dem ausländischen Sachverhalt herstellt.[80] Dieses Kriterium ist erfüllt, wenn der Gesetzgeber den Gesetzgebungsakt an eines oder mehrere der anerkannten Prinzipien[81] anknüpft, welche entweder mittelbar (Staatsangehörigkeit, Auswirkung im Hoheitsgebiet) oder unmittelbar (Standort liegt im Hoheitsgebiet) mit dem Staatsgebiet in Verbindung stehen. Das Völkerrecht legt insofern nur einen Mindeststandard fest und verfolgt hiermit – anders als das Internationale Privatrecht (IPR) – nicht das Ziel, die für einen bestimmten Sachverhalt am besten geeignete Rechtsordnung zu ermitteln.[82]

Im Bereich des Datenschutzrechts sind insbesondere das Territorialitätsprinzip, das Personalitätsprinzip sowie das Auswirkungsprinzip von Bedeutung.

---

77 *Gasteyer* in: *Dieners/Dietzel/Gasteyer*, Liber Amicorum Dolf Weber, 2016, S. 89 (91); *Reinisch*, in: FS ZfRV, 2013, S. 171 (181).

78 *Von Bogdandy/Rau*, The Lotus, Max Planck Encyclopedia of Public International Law (mpepil.com), November 2017.

79 *Menzel*, Internationales Öffentliches Recht, 2011, S. 225 f.

80 Entwickelt durch *Mann*, RdC, 111 (1964 I), 9 (43 ff.); vgl. auch *Meng*, Extraterritoriale Jurisdiktion im öffentlichen Wirtschaftsrecht, 1994, S. 10; *Merten*, in: FS Schiedermair, 2001, S. 331; *MüKo/Lehmann*, BGB, Internationales Finanzmarktrecht, Rn. 115 ff; *Rudolf*, Berichte der Deutschen Gesellschaft für Völkerrecht Tübingen 1987, 7 (22).

81 Für eine Übersicht der verschiedenen Anknüpfungskriterien: *Rauscher*, Internationales Privatrecht, 2012, Rn. 189 ff.

82 Siehe *Meessen*, Völkerrechtliche Grundsätze des internationalen Kartellrechts, 1975, S. 106.

a. Territorialitätsprinzip

Das Territorialitätsprinzip beschränkt die staatliche Rechtsetzung auf das eigene Staatsgebiet mit den darin belegenen Sachen oder Personen.[83] Liegt der Anknüpfungsgegenstand einer rechtlichen Regelung auf fremdem Territorium, ist diese aus Sicht des Territorialitätsprinzips unzulässig. Eine strenge Anwendung des Territorialitätsprinzips macht somit eine extraterritoriale Rechtsetzung unmöglich. Zudem impliziert seine strikte Anwendung eine Negierung internationaler Sachverhaltsverflechtungen,[84] deren Lösungen man sich damit verschließt. Eine solche Haltung ist angesichts der weltweiten Interdependenz der Staaten nicht haltbar und entspricht nicht dem tendenziell steigenenden staatlichen Interesse, auch Auslandssachverhalte zu regulieren.[85] Obgleich Staaten gerade auch im digitalen Kontext auf eine territoriale Anknüpfung allein wegen der relativen Beständigkeit der Staatsgrenzen zurückgreifen, stellt das Territorialitätsprinzip nicht das einzig zulässige Prinzip dar und wird regelmäßig mit anderen Anknüpfungsprinzipien kombiniert.

Auch im Datenschutzrecht stützt der Gesetzgeber die Einbeziehung von datenverarbeitenden Stellen, die ihren Sitz in einem Drittland haben, teilweise auf territoriale Kriterien. Das Territorialitätsprinzip fand sich beispielsweise in Art. 4 Abs. 1 lit. c DSRL, wonach auch diejenigen datenverarbeitenden Stellen vom Anwendungsbereich der Richtlinie erfasst waren, welche zwar keine Niederlassung in der EU betrieben, aber zum Zwecke der Datenverarbeitung auf Mittel zurückgriffen, die in der EU belegen sind. Entscheidend war folglich, dass der Prozess der Verarbeitung ganz oder teilweise im Territorium eines EU-Mitgliedstaates ablief.

Die zunehmende internationale Verflechtung stellt die Geeignetheit des Territorialitätsprinzips vermehrt in Frage. Zweifel in Bezug auf seine Funktion als Ausgangspunkt aller staatlichen Jurisdiktion gründen sich vor allem auf der vermeintlich staatenunabhängigen Datenstruktur des Internets. Während territoriale Souveränität ursprünglich die Macht des Staates beinhaltete, jeglichen Zu- oder Abgang des Staatsgebietes kontrollieren zu können, entziehen sich moderne Technologien heute dieser Form der staatlichen Kontrolle. Deutlich

---

83 *Stein/Buttlar/Kotzur*, Völkerrecht, 14. Aufl., 2017, § 33 Rn. 611; *Meng*, ZaöRV 1984, 675 (691); *Pichler*, Internationale Zuständigkeit im Zeitalter globaler Vernetzung, 2008, Rn. 155.

84 *Pichler*, Internationale Zuständigkeit im Zeitalter globaler Vernetzung, 2008, Rn. 148.

85 vgl. *Bertele*, Souveränität und Verfahrensrecht, 1998, S. 75; *Jennings*, Brit. Y.B. Int'l L., 33 (1957), 146 (150).

wird diese Entwicklung am Beispiel Cloud Computing. Daten werden mithilfe der Cloud-Strukturen seltener lokal gespeichert, sondern vermehrt auf inländische und ausländische Server ausgelagert.[86] Sie werden dabei ununterbrochen transferiert und passieren Staatsgrenzen, ohne dass dies für den Einzelnen unbedingt nachvollziehbar ist. Eine Verfolgung einzelner Daten und damit die Zuordnung einer online stattfindenden Handlung zu einem einzelnen Staat ist daher heutzutage fast unmöglich.[87]

Aus diesem Grund erachten viele das Territorialitätsprinzip als Anknüpfungspunkt im Datenschutzrecht als überholt und nicht zukunftsfähig.[88] Obgleich inzwischen über die Grenzen der EU hinaus datenschutzrechtliche Übereinkommen existieren, ist ein globales Datenschutzrecht nicht mehr als eine Zukunftsvision. Rechtskollisionen bedingt durch unterschiedliche Datenschutzverständnisse und vermehrte Übermittlung in andere Jurisdiktionen sind damit weiterhin unvermeidbar.[89] Auch wenn die Anknüpfung an ein Hoheitsgebiet für Datenverarbeitungsprozesse allein betrachtet ungeeignet zu sein scheint, wird man sich auch zukünftig nicht vollends vom Territorialitätsprinzip verabschieden können. Dies zeigen auch die Anwendungsregeln der DSGVO,[90] obgleich der Gesetzgeber darin weitere Anknüpfungskriterien aufnimmt und das Territorialitätsprinzip daher eine deutlich geringere Rolle spielt.

Das Völkerrecht steht der Möglichkeit einer extraterritorialen Anwendung grundsätzlich offen gegenüber und beschränkt eine solche lediglich dadurch, dass es eine sinnvolle Anknüpfung durch den regelsetzenden Staat voraussetzt. Insbesondere die grundrechtliche Basis erlaubt es zudem, eine Erstreckung auf die Ausübung staatlicher Schutzpflichten zu stützen und auf diese Weise einen hinreichenden Bezug herzustellen. Die EU profitiert insoweit von der Aufnahme der Europäischen Grundrechtecharta in das Primärrecht durch den Vertrag von Lissabon und die damit einhergehende Verbindlichkeit derselben. So erhielt sie eine weitere unionsrechtliche Legitimationsgrundlage für eine weite Auslegung des Datenschutzsekundärrechts. Mit dem geplanten Beitritt zur Europäischen

---

86 *Chang* in: *Cheung/Weber*, Privacy and Legal Issues in Cloud Computing, 2016, S. 26 (35 f.).

87 *Kuner*, Int'l J.L. & Info. Tech., 18 (2010), 176 (188).

88 *Kobrin*, Review of International Studies, 30 (2004), 111 (112); *Hert/Czerniawski*, IDPL 2016, 230 (230 f.); *Buxbaum, Hannah, L.*, Am. J. Comp. L., 57 (2009), 631 (633); a. A. *Svantesson*, Extraterritoriality in Data Privacy Law, 2013, S. 173; *Walter*, JZ 2015, 685 (693).

89 *Hert/Czerniawski*, IDPL 2016, 230, (231).

90 *Walter*, JZ 2015, 685 (692); *Taylor*, EDPL 2017, 195 (207); siehe dazu oben unter B. I. 3.

Menschenrechtskonvention (EMRK)[91] könnte sie diese zukünftig noch weiter vertiefen.

b. Auswirkungsprinzip

In einigen Fällen kann ein Staat berechtigt sein, seine Regelungshoheit auch daran zu knüpfen, dass sich ein Verhalten auf sein Hoheitsgebiet auswirkt. Die staatliche Regelungshoheit besteht dabei unabhängig von der Staatsangehörigkeit der Parteien sowie von dem Vornahmeort der Handlung. Streng genommen handelt es sich beim Auswirkungsprinzip nicht um ein eigenes Prinzip, sondern um eine weite Auslegung des Territorialprinzips.[92] Obgleich seine Zulässigkeit teilweise noch umstritten ist,[93] findet das Auswirkungsprinzip insbesondere im internationalen Wettbewerbsrecht Anerkennung.[94] Die Legitimität der Regelungsbefugnis stützt sich dabei erneut auf die Gebietshoheit des regelnden Staates, welcher nur durch eine Regulierung von Handlungen auf ausländischem Gebiet, die sich im Inland auswirken, seiner umfassenden Verantwortung gegenüber den Personen, Sachen und Handlungen auf seinem Gebiet nachkommen könne.[95] An die Intensität der anzuknüpfenden Auswirkung sind allerdings gewisse Anforderungen zu stellen, da ein minimaler Effekt auf dem eigenen Territorium sicher keine sinnvolle Anknüpfung darstellt.[96] Gerade im

---

91 Art. 6 Abs. 2 EUV; siehe zum bisherigen Ablauf des Beitrittsprozesses *Streinz/Streinz/Michl*, Art. 6 EUV, Art. 6 EUV Rn. 16 ff.

92 *Stein/Buttlar/Kotzur*, Völkerrecht, 14. Aufl., 2017, § 33 Rn. 611; *Herdegen*, Internationales Wirtschaftsrecht, 10., überarb. und erw. Aufl., 2014, § 3 Rn. 61; *Englisch/Krüger*, IStR 2013, 513 (515); *Emmenegger*, Ariz. J. Int'l & Comp. L. 2016, 631 (647 f.); zum Streit über das Verhältnis zwischen Auswirkungsprinzip und Territorialitätsprinzip siehe *Dlouhy*, Extraterritoriale Anwendung des Kartellrechts, 2003, S. 36 ff.

93 Auch der EuGH verhält sich bei der Anerkennung des Auswirkungsprinzips zurückhaltend, s. *Immenga/Mestmäcker/Rehbinder*, EU-Wettbewerbsrecht, A. Internationaler Anwendungsbereich Rn. 7; deutlicher hingegen das Gericht der EU in *EuG*, Urt. v. 25.03.1999 - T-102/96, *Gencor Ltd. v Commission*, ECLI:EU:T:1999:65, Rn. 89 ff.; *EuG*, Urt. v. 12.6.2014 - T-286/09, *Intel*, ECLI:EU:T:2014:547, Rn. 233, 244, welches sich ausdrücklich zum Auswirkungsprinzip bekennt.

94 Den Ursprung des Auswirkungsprinzips bildet die Entscheidung *US v. Aluminium Co. of America*, US Court of Appeals for the Second Circuit, 148 F.2d 416 (2nd Cir. 1945); *Rudolf*, Berichte der Deutschen Gesellschaft für Völkerrecht Tübingen 1987, 7 (23 f.); *Dlouhy*, Extraterritoriale Anwendung des Kartellrechts, 2003, S. 36.

95 *Stein/Buttlar/Kotzur*, Völkerrecht, 14. Aufl., 2017, § 33 Rn. 613.

96 So auch *Dlouhy*, Extraterritoriale Anwendung des Kartellrechts, 2003, S. 37.

internationalen Wirtschaftsrecht kann sich ein Verhalten ohne Weiteres global auswirken und so die Regelungszuständigkeit mehrerer Staaten auslösen.[97]

Der europäische Gesetzgeber greift in der DSGVO mit dem Marktortprinzip gemäß Art. 3 Abs. 2 DSGVO auf das Auswirkungsprinzip zurück. Drittstaatliche Datenverarbeiter fallen danach dann unter die DSGVO, wenn sich ihre Markttätigkeit auf dem Gebiet der EU abspielt. Dies wird bei entsprechender Ausrichtung des Waren- oder Dienstleistungsgebotes angenommen.[98]

c. *Personalitätsprinzip*

Das Personalitätsprinzip hingegen legt den Fokus der Anknüpfung auf die eigenen Staatsangehörigen. Unterschieden wird zwischen dem aktiven und dem passiven Personalitätsprinzip. Mithilfe des aktiven Personalitätsprinzips übt ein Staat die Gewalt über seine Staatsangehörigen auch dann aus, wenn sich diese im Ausland befinden.[99] Eine Anknüpfung nach dem passiven Personalitätsprinzip bezieht sich auf die Betroffenheit der eigenen Staatsbürger im Ausland.[100] Dieses Prinzip eignet sich daher, um nationale Regelungen auf ausländische Staatsbürger zu erstrecken, welche zum Beispiel Straftaten gegen inländische Staatsangehörige verüben.[101] Legitimiert wird die Anwendung des passiven Personalitätsprinzips mit staatlichen Schutzverpflichtungen gegenüber den inländischen Staatsangehörigen.[102]

In den Entwürfen der DSGVO wurde in der Vorschrift zum räumlichen Anwendungsbereich (indirekt) auf das passive Personalitätsprinzip zurückgegriffen.[103] Ausländische datenverarbeitende Stellen sollten den Regelungen der DSGVO unterfallen, sofern sie ihre Waren oder Dienstleistungen in der EU ansässigen Personen anbieten oder deren Verhalten in der EU beobachten. Diese Formulierung stellte auf den Wohnsitz der Personen ab, ihr tatsächlicher Aufenthaltsort blieb dabei unberücksichtigt. Der Wohnsitz ist insbesondere im anglo-amerikanischen Rechtsraum ein Anknüpfungskriterium, das eine enge

---

97 Siehe *Ryngaert,* Jurisdiction in International Law, 2. Aufl., 2015, S. 142.

98 Ausführlich dazu in Teil 2, A III 2 a.

99 *Verdross/Simma,* Universelles Völkerrecht, 3. Aufl., 1984, § 1184.

100 *Verdross/Simma,* Universelles Völkerrecht, 3. Aufl., 1984, § 1184; *Crawford,* Brownlie's principles of public international law, 8. Aufl., 2012, S. 461.

101 *Stein/Buttlar/Kotzur,* Völkerrecht, 14. Aufl., 2017, § 35 Rn. 616 ff.

102 *Stein/Buttlar/Kotzur,* Völkerrecht, 14. Aufl., 2017, § 35 Rn. 621.

103 *Svantesson*, Stan. J. Int'l L., 50 (2014), 53 (85) bezeichnet den Rückgriff als Permutation des Personalitätsprinzips, da nicht an die Staatsangehörigkeit, sondern an den Wohnsitz angeknüpft wird.

persönliche Verbindung zwischen der Person und dem regelsetzenden Staat widerspiegelt, während in Kontinentaleuropa dafür vorzugsweise auf die Staatsangehörigkeit zurückgegriffen wird.[104]

Nach diesen Entwürfen wäre europäisches Datenschutzrecht auch in Fällen anwendbar, in denen einer Person mit Wohnsitz in der EU bei einem Aufenthalt im außereuropäischen Ausland Waren oder Dienstleistungen angeboten werden. Die Wohnsitz-Anknüpfung konnte sich wegen ihrer weitreichenden Erstreckung nicht durchsetzen, sodass diese Form des passiven Personalitätsprinzips für die Anknüpfung der DSGVO ausschied. Die Trilogparteien entfernten die Anknüpfung an den Wohnsitz im finalen Text der DSGVO, sodass die Verordnung für eine Anwendung auf ausländische Datenverarbeiter nun lediglich voraussetzt, dass sich die betroffene Person „in der Union befinde[t]".

Ebenso wie eine strenge Anwendung des Territorialitätsprinzips ist auch das Personalitätsprinzip als alleiniges Anknüpfungskriterium völkerrechtlich nicht anerkannt, weil es unter anderem zu einer unzulässigen Einmischung in die Angelegenheiten eines fremden Staates führen kann.[105] Vor allem im ordnungsrechtlichen Bereich kann eine reine Anknüpfung an die Staatsangehörigkeit bei grenzüberschreitenden Sachverhalten widersinnige Folgen haben.[106]

d. Horizontale Grundrechtswirkung

Eine zulässige Anknüpfung liegt auch dann vor, wenn die in Frage stehende Norm Ausdruck der horizontalen Wirkung eines Grundrechts ist. Eine solche kann auf drei Ebenen stattfinden, wobei sich die einzelnen Ebenen auch überlappen können:[107] Das betreffende Grundrecht kann einerseits Privatpersonen unmittelbar verpflichten oder andererseits eine mittelbare Verpflichtung in der Auslegung von privatrechtlichen Vorschriften begründen. Darüber hinaus kann Privatsubjekten die Verpflichtung aus einem Grundrecht auch über Sekundärrechtsinstrumente auferlegt werden, sofern den Staat bzw. die internationale Organisation eine Schutzpflicht trifft.[108]

---

104 *Bamberger/Roth/Heiderhoff*, BeckOK BGB, Art. 9 HUP Rn. 1.

105 *Bertele*, Souveränität und Verfahrensrecht, 1998, S. 77.

106 Beispielhaft verweist *Bertele* (ebd) auf ein Rechtsfahrgebot für Deutsche in Großbritannien.

107 *Frantziou*, ELJ 2015, 657 (662).

108 *Frantziou*, ELJ 2015, 657 (662); der Begriff Schutzpflicht findet sich vor allem in der deutschen Grundrechtsdogmatik, auf internationaler Ebene wird i.d.R. von positiven Pflichten bzw. positive obligations gesprochen; eine detaillierte Abgrenzung der

Der EuGH erkannte bereits früh die Möglichkeit von Primärrechtsnormen an, unter bestimmten Bedingungen eine unmittelbare Wirkung gegenüber Privatpersonen zu entfalten.[109] Diese Wirkung ist jedoch in der Regel EU-Bürgern vorbehalten,[110] sodass das Prinzip nicht dazu geeignet ist, den räumlichen Wirkungsbereich der EU-Datenschutzregelungen auszuweiten. Relevanter erscheint in diesem Kontext eine mögliche staatliche Schutzpflicht zum Erlass von unmittelbar wirkenden sekundärrechtlichen Normen.

Die staatliche Verpflichtung, ein Grundrecht auch im Verhältnis zwischen zwei Bürgern wirken zu lassen und auch nichtstaatliche Einwirkungen auf das Grundrecht abzuwehren, stellt eine Funktionserweiterung der Grundrechte dar, welche diese von ihrer rein abwehrrechtlichen Funktion löst.[111] Allerdings ist diese Grundrechtsdimension Schranken unterworfen. Anders als die Abwehrfunktion erfordert sie eine Umsetzung und damit eine *jurisdiction to prescribe* seitens des verpflichteten Staates. Dadurch unterliegt sie stets einer völkerrechtlichen Begrenzung durch die Souveränität anderer Staaten.[112] Letztere haben kraft ihrer Souveränität die Möglichkeit, auf ihrem Gebiet Einmischungen anderer Staaten zu untersagen, sodass die Verpflichtung durch tatsächliche Grenzen beeinträchtigt werden kann.[113] Der Staat hat seine grundrechtliche Schutzpflicht folglich in dem Ausmaß auszuüben, wie es rechtliche und faktische Gegebenheiten ermöglichen.[114]

Zudem ist umstritten, ob und in welchem Ausmaß eine Horizontalwirkung von Grundrechten wünschens- und erstrebenswert ist.[115] Hier geht es im Kern um den Zusammenprall der Legitimationsbedürftigkeit staatlichen Handelns und der Privatautonomie als zivilrechtliches Leitprinzip mit der Anpassung an

---

verwendeten Begrifflichkeiten findet sich bei *Stahl,* Schutzpflichten im Völkerrecht, 2012, S. 36 ff.

109 *EuGH,* Urt. v. 5.2.1963 – C-26/62, *Van Gend & Loos,* ECLI:EU:C:1963:1.

110 Vgl. *Calliess/Ruffert/Ruffert,* EUV/AEUV, Art. 1 AEUV Rn. 26.

111 Siehe grundlegend BVerfGE 7, 198 – Lüth –; 35, 79 (114) – Hochschulurteil – m.w.N.; aus der jüngeren Rspr. siehe u.a. BVerfG, Urt. v. 2.3.2010 – 1 BvR 256/08 u.a., NJW 2010, 833 (852), Rn. 318; *Dietlein,* Die Lehre von den grundrechtlichen Schutzpflichten, 1992, S. 87; *Klein,* NJW 1989, 1633 (1639); vgl. auch *Szczekalla,* Die sogenannten grundrechtlichen Schutzpflichten im deutschen und europäischen Recht, 2002, S. 94 f.

112 *Arnauld,* Berichte der Deutschen Gesellschaft für Völkerrecht 2016, 1, (12).

113 *Papp,* Extraterritoriale Schutzpflichten, 2013, S. 229 f.

114 *Arnauld,* Berichte der Deutschen Gesellschaft für Völkerrecht 2016, 1(12); *Hobe* in: *Isensee/Kirchhof,* Handbuch des Staatsrechts der Bundesrepublik Deutschland, 2013 Rn. 31.

115 Dazu ausführlich *Frantziou,* ELJ 2015, 657 (674 ff.).

eine sich verändernde Gesellschaft. Letztere ist zunehmend von Privatunternehmen geprägt, welche – ähnlich wie staatliche Institutionen – diverse Grundrechte beeinträchtigen können.[116] Diese Entwicklung erklärt auch die Tendenz in der Rechtsprechung, staatliche Schutzverpflichtungen in den Grundrechten anzuerkennen, die vermehrt von Privaten eingeschränkt werden.[117]

2. *Genuine link-Erfordernis*

Unabhängig davon, für welches Anknüpfungskriterium sich der Gesetzgeber entscheidet, muss dessen Wahl eine hinreichende Verknüpfung zum eigenen Staat widerspiegeln.[118] Man spricht in diesem Zusammenhang von einer „sinnvollen Anknüpfung“[119] oder einem „genuine link“[120]. Zwischen dem normierenden Staat und dem zu regelnden Sachverhalt muss ein Zusammenhang bzw. eine Wechselwirkung bestehen, welche je nach Eigenschaft der Anknüpfung enger oder lockerer ausfallen kann.[121] Ist die Anknüpfung nicht sinnvoll, fehlt also ein besonderer Nähebezug zwischen Staat und Sachverhalt, so folgt hieraus die Völkerrechtswidrigkeit der in Frage stehenden Regelung.[122] Das *genuine link*-Erfordernis bildet somit eine völkerrechtliche Begrenzung des weiten Regelungsspielraums, den die traditionellen Anknüpfungskriterien bieten. Diese Einschränkung stellt nicht nur ein hilfreiches Auslegungskriterium dar, sondern ist in Zeiten globaler Verflechtungen in jeglichen Rechtsgebieten alternativlos. Es ist

---

116 *Frantziou*, ELJ 2015, 657 (674).

117 BVerfGE 106, 28 (39); BVerfG, 1. Kammer des Ersten Senats, NJW 2007, 3055; zu Schutzpflichten in Bezug auf technologische Entwicklungen vgl. *Papier*, NJW 2017, 3025 (3026 ff.).

118 Vgl. *Verdross/Simma,* Universelles Völkerrecht, 3. Aufl., 1984, §§ 1021, 1183; ausführlich zu dem Genuine-Link-Erfordernis siehe *Ziegenhain,* Extraterritoriale Rechtsanwendung und die Bedeutung des Genuine-Link-Erfordernisses, 92, 1992.

119 *Tietje/Bering/Zuber,* Völker- und europarechtliche Zulässigkeit extraterritorialer Anknüpfung einer Finanztransaktionssteuer, 2014, S. 8; *Georgieff,* Kollisionen durch extraterritoriale staatliche Regelungen im internationalen Wirtschaftsrecht, 1989, S. 23 f; für eine Aufzählung weiterer Termini siehe *Meng,* Extraterritoriale Jurisdiktion im öffentlichen Wirtschaftsrecht, 1994, S. 543.

120 *Ziegenhain,* Extraterritoriale Rechtsanwendung und die Bedeutung des Genuine-Link-Erfordernisses, 92, 1992, S. 4 f.; eine Aufzählung weiterer Synonyme findet sich bei *Dahm/Delbrück/Wolfrum,* Völkerrecht, Band I/1, 2. Aufl., 1989, § 47 III 3. a), S. 321 Fn. 21.

121 *Dahm/Hamacher,* IStR 2013, 123 (126).

122 *Dahm/Delbrück/Wolfrum,* Völkerrecht, Band I/1, 2. Aufl., 1989, § 47, S. 320 f.; *Shaw,* International Law, 7. Aufl., 2017, S. 487.

nicht unüblich, dass sich zwei Staaten auf ein und dasselbe Anknüpfungsprinzip stützen und die Regulierung eines Sachverhalts daraufhin für sich beanspruchen. So bilden im Bereich des Cloud Computing sowohl der Serverstandort als auch der Sitz des Unternehmens, das die Cloud betreibt, ebenso wie Wohnsitz oder Aufenthaltsort der Cloud-Nutzer mögliche territoriale Anknüpfungspunkte, die eine *prescriptive jurisdiction* nach den traditionellen Ansätzen rechtfertigen können. Durch die Feststellung, ob ein Staat auch eine sinnvolle beziehungsweise hinreichende Anknüpfung zu dem Regelungskomplex aufweist, werden schwache territoriale Verbindungen zu unzulässigen Anknüpfungskriterien und das Konfliktpotenzial wird somit minimiert.[123] Unter der Geltung der Datenschutz-Richtlinie stand vielfach das sogenannte Mittel-Kriterium des Art. 4 Abs. 1 lit. c DSRL als Anknüpfungskriterium in der Kritik, da es auch Alltagshandlungen von Privatpersonen zum Beispiel in den sozialen Medien miteinschließen könnte und damit den Ansprüchen eines *genuine link* nicht entspräche.[124] Aus diesem Grund ist die Entscheidung des Gesetzgebers, im Zuge der Reform des Datenschutzrechts von dem Anknüpfungspunkt Abstand zu nehmen, zu begrüßen.

Der Begriff des sinnvollen Anknüpfungskriteriums ist darüber hinaus schon wiederholt Thema nationaler sowie internationaler Gerichtsentscheidungen gewesen. Der IGH verneinte den hinreichenden Nähebezug zum Beispiel in dem Fall eines Einbürgerungsgesuches, bei welchem der Betroffene nur minimale Kontakte zu dem einbürgernden Staat aufweisen konnte.[125] Das Bundesverfassungsgericht fordert ein „Mindestmaß an Einsichtigkeit"[126] bei der Auswahl der Anknüpfung. Auf diese Weise schafft das Bundesverfassungsgericht zwar keine endgültige Klarheit über die sachlichen Anforderungen an den Nähebezug, aber verbietet eine extraterritoriale Wirkung für Gesetze, welche den „Grundüberzeugungen einer globalen Wertegemeinschaft" widersprechen.[127] Der Bundesgerichtshof stufte das Erfordernis zudem als ein Korrektiv für „extrem gelagerte[ ] Ausnahmefälle"[128] ein und stellt dementsprechend niedrige Anforderungen

123 Im Kern so auch *Mills*, The Confluence of Public and Private International Law, 2009, S. 235 f.

124 Vgl. u.a. Schlussanträge des Generalanwalts *Jääskinen* vom 25. Juni 2013, Rs. C-131/12 (Google Spain), Rn. 29.

125 *IGH*, Entscheidung v. 06.04.1955, *Nottebohm*, ICJ Rep. 1955, 4 (25).

126 *BVerfG*, Beschluss v. 22.03.1983 – 2 BvR 475/78, *Republik Österreich*, NJW 1983, 2757

127 *Huck*, NJOZ 2015, 993 (995).

128 *BGH*, Urt. v. 13.10.2004 – I ZR 245/01, *Deutsch-amerikanischer Freundschaftsvertrag*, MittBayNot 2005, 242 (243); so auch *Bungert*, Das Recht ausländischer Kapitalgesellschaften auf Gleichbehandlung im deutschen und US-amerikanischen Recht, 1994, S. 212.

daran. Auch der EuGH legt eine niedrige Schwelle an die Qualifizierung der Anknüpfung und erachtet eine extraterritoriale Rechtsanwendung in vielen Fällen für völkerrechtlich zulässig.[129]

Weder die internationale noch die nationale Rechtsprechung stellen Bedingungen an die extraterritoriale Ausübung der *jurisdiction to prescribe*, die über den absoluten Kern der demokratischen Grundordnung hinausgehen. Die Bemerkungen der Gerichte weisen aber darauf hin, dass eine extraterritoriale Rechtsanwendung neben den objektiven Kriterien, wie der Territorial- oder Personalhoheit, der Bedingung einer sinnvollen Anknüpfung auch in subjektiver Hinsicht genügen muss. Eine Anknüpfung an eine der anerkannten Anknüpfungspunkte muss zumindest dann als völkerrechtswidrig angesehen werden, wenn sie betrieben wird, um eigene (Moral-)Vorstellungen in andere Staaten zu exportieren.[130] Gerade diesem Vorwurf muss sich jedoch auch das europäische Datenschutzrecht stellen. Es wird vorgebracht, er sei Ausdruck eines europäischen „regulatorischen Imperialismus", mithilfe dessen die EU beabsichtigte, ihre Politiken und Standards anderen Staaten aufzuerlegen.[131] Die extraterritoriale Reichweite der Datenschutzvorschriften spiegele den sogenannten „Brussels Effect"[132] wider, also das Phänomen, dass einseitige europäische Rechtsetzung so starke Auswirkungen außerhalb des europäischen Hoheitsgebiets zeige, dass sie schließlich in der Setzung globaler Standards mündet.[133]

Mit derartigen Thesen wird der EU eine planmäßige Beeinflussung der internationalen Regelungsmechanismen unterstellt; ein Vorwurf, der so nicht haltbar ist. Die größten Unternehmen im Cloud Computing-Sektor sind in den USA angesiedelt sind. Schon allein deshalb muss die EU zwecks Förderung des internationalen Handels – ein erklärtes Ziel der DSGVO – ein Gebiet regulieren,

---

129 *EuGH*, Urt. v. 27.09.1988 – Rs 89/85 u.a., *Zellstoff*, ECLI:EU:C:1988:447); *EuGH*, Urt. v. 10.12.2002 – C-153/00, *Paul der Weduwe*, ECLI:EU:C:2002:735; *EuGH*, Urt. v. 21.12.2011 – C-366/10, *Air Transport*, ECLI:EU:C:2011:864 (233); *Tietje/Bering/Zuber*, Völker- und europarechtliche Zulässigkeit extraterritorialer Anknüpfung einer Finanztransaktionssteuer, 2014, S. 16; *Meng*, Extraterritoriale Jurisdiktion im öffentlichen Wirtschaftsrecht, 1994, S. 550.

130 *Meng*, Extraterritoriale Jurisdiktion im öffentlichen Wirtschaftsrecht, 1994, S. 550.

131 *Zielonka*, International Affairs, 84 (2008), 471 (474, 484), vgl. auch *Rüpke/Lewinski/Eckhardt*, Datenschutzrecht, 2018, § 9. Räumlicher Geltungsbereich Rn. 4; *Auernhammer/Lewinski*, DSGVO/BDSG, Art. 3 Rn. 24 spricht von einer „imperialen Tendenz".

132 *Bradford*, NULR, 107 (2012), 1.

133 *Bradford*, NULR, 107 (2012), 1 (3); Hoffnungen in eine solche Entwicklung äußert auch *Hijmans*, The European Union as Guardian of Internet Privacy, 2016, S. 549.

welches einen stark grenzüberschreitenden Bezug aufweist. Europa stellt einen großen Absatzmarkt für IT-Dienstleistungen dar. Mangels eigener Anbieter sind die EU-Staaten auf die US-amerikanischen Dienstleister angewiesen. Vor diesem Hintergrund sehen DSRL sowie DSGVO Instrumente wie Standard-Datenschutzbestimmungen oder verbindliche interne Datenschutzbestimmungen im Sinne von Art. 47 DSGVO vor, mit denen trotz konzeptioneller Unterschiede im europäischen und drittstaatlichen Datenschutzrecht ein Schutz personenbezogener Daten gewährleistet werden kann, welcher den grundrechtlichen Anforderungen entspricht.[134] Insofern kann hier keineswegs von einer unilateralen Rechtsetzung die Rede sein, die in subjektiver Hinsicht einer völkerrechtlichen Zulässigkeit des weiten Anwendungsbereiches europäischer Datenschutzvorschriften entgegensteht.

B. Ergebnis zu Teil 1

Das Völkerrecht stellt den Nationalstaaten zwar gewisse Rahmenbedingungen für die Ausübung ihrer *jurisdiction to prescribe*, diese ermöglichen es jedoch nicht, regulative Überschneidungen zu verhindern. Durch die Vielzahl an zulässigen Anknüpfungskriterien erlaubt das Völkerrecht, dass zwei Staaten Regelungen für denselben Sachverhalt erlassen. Dabei besteht immer die Möglichkeit, dass sich diese inhaltlich widersprechen und Normadressaten so in einen scheinbar unauflösbaren Konflikt geraten. Insbesondere eine Querschnittsmaterie wie das Datenschutzrecht, welches in fast alle Regelungsgebiete hineinreicht, ist von solchen Überschneidungen häufig betroffen. Das europäische Datenschutzrecht wurde in diesem Bewusstsein geschaffen, was sich sowohl an seinem weiten Anwendungsbereich als auch an speziellen Schutzvorschriften hinsichtlich der Übermittlung personenbezogener Daten in Staaten außerhalb der Europäischen Union erkennen lässt.

---

134 Vgl. *Schwartz*, HLR, 126 (2013), 1966 (1986).

Teil 2: Extraterritoriale Regelungen im europäischen Datenschutzrecht

Ein wirksamer Schutz der informationellen Selbstbestimmung stellt den Gesetzgeber schon seit Beginn der Datenschutzgesetzgebung vor Herausforderungen. Dafür genügt es nicht, den Umgang mit personenbezogenen Daten ausschließlich national beziehungsweise unional zu regulieren. Daten werden unentwegt über nationale Grenzen hinweg transportiert, in unterschiedlichen Ländern verarbeitet und mit anderen Datensätzen zusammengefasst. Für den Einzelnen sind diese Wege in den meisten Fällen nicht nachvollziehbar. Die Bedeutung extraterritorialer Datenschutzregelungen lässt sich besonders deutlich am Beispiel des Cloud Computing ablesen. Dieser Begriff umfasst die Verarbeitung von Daten auf dezentralen Servern. Der Zugriff findet in der Regel über das Internet statt, sodass der einzelne Nutzer die Daten und Dienste zum Beispiel mithilfe eines Browsers oder einer App von überall aus abrufen kann.[135] Die derzeit größten Anbieter solcher Cloud-Technologien sind in den USA entstanden und haben dort ihren Sitz. In der Folge ist die Nutzung der Cloud-Dienste durch EU-Bürger meist mit einem Datentransfer aus der EU heraus in die USA verbunden. Wenn man sich die Bandbreite der Anwendungsmöglichkeiten von Cloud-Diensten und die damit verbundene Menge personenbezogener Daten, die auf diese Weise verarbeitet werden, vor Augen führt, wird schnell die Bedeutung europäischer Datenschutzvorschriften außerhalb der EU-Grenzen deutlich.

Die DSGVO enthält wie bereits ihre Vorgängerin, die DSRL, zwei Mechanismen, um den Schutz auf grenzüberschreitende Sachverhalte zu erstrecken. Zum einen besitzen beide Regime Normen, die ihren eigenen Anwendungsbereich bestimmen und unter gewissen Voraussetzungen auch datenverarbeitende Stellen aus Drittstaaten erfassen. Zum anderen knüpfen sie die Übermittlung personenbezogener Daten aus der EU in Drittländer an zusätzliche Bedingungen. Der räumliche Anwendungsanspruch der europäischen Datenschutzregelungen erweiterte sich im Laufe der Jahre stetig. Dies ist zweifellos eine Reaktion des Gesetzgebers auf die steigende Bedeutung des Internets im Zuge der zunehmenden globalen Vernetzung.[136] Allerdings weckt ein übermäßiger Unilateralismus Zweifel an der völkerrechtlichen Zulässigkeit. Obgleich die Staaten einen

135 Vgl. *Hennrich*, Cloud Computing, 2016, S. 36 f.; *Nordmeier*, MMR 2010, 151 (152).
136 Vgl. *Wieczorek*, DuD 2013, 644 (647).

großen regulativen Spielraum haben, hängt es insbesondere von dem Ergebnis der *genuine link*-Prüfung ab, ob die gesetzliche Regelung mit dem Völkerrecht vereinbar ist.

A. Stetige Ausweitung des Anwendungsbereichs europäischer Datenschutzgesetze

Um die aktuellen Vorschriften der DSGVO in Bezug auf dessen räumliche Regelungsweite einordnen zu können, ist es unerlässlich, sich zunächst mit den internationalen Vorgaben auf der einen Seite sowie mit den europäischen Vorgängerregelungen auf der anderen Seite zu befassen. Der Schutz personenbezogener Daten stand in seiner Geschichte bereits häufig vor den Herausforderungen durch neue Entwicklungen in den Datenverarbeitungstechniken. Daneben nimmt mit der Globalisierung auch der grenzüberschreitende Datenverkehr zu. Der europäische Gesetzgeber versuchte diesen Tendenzen dadurch Rechnung zu tragen, dass er in Reaktion darauf den räumlichen Anwendungsbereich des europäischen Datenschutzrechts stetig erweiterte.

I. Internationale Übereinkommen

1. Privatsphärenschutz als Element universeller Menschenrechtspakte

Der Schutz vor rechtswidrigen Eingriffen in das Privatleben und damit in die Privatsphäre einer Person findet sich bereits in den frühen internationalen Abkommen zum Schutz der Menschenrechte. So schützt zum einen die Europäische Menschenrechtskonvention (EMRK)[137] das Recht auf Achtung des Privat- und Familienlebens (Art. 8) und zum anderen verbietet der Internationale Pakt über bürgerliche und politische Rechte (UN-Zivilpakt)[138] in Art. 17 rechtswidrige Eingriffe in das Privatleben. Obgleich nicht ausdrücklich in den Vertragstexten erwähnt, umfasst der Begriff des Privatlebens auch identitätsstiftende Angaben einer Person und persönliche Daten.[139] Somit beinhalten die

137 Konvention zum Schutze der Menschenrechte und Grundfreiheiten vom 4. November 1950.

138 Internationaler Pakt über bürgerliche und politische Rechte vom 16. Dezember 1966, BGBl. 1973 II S. 1533, 1534.

139 *EGMR*, Urt. v. 16.12.1992, *Niemitz v Germany*, ECLI:CE:ECHR:1992:1216JUD001371088, Rn. 29, 31; *EGMR*, Entscheidung v., *Greuter v The Netherlands*, ECLI:CE:ECHR:2002:0319DEC004004598; *EGMR*, Urt. v. 14.3.2013, *Bernh Larsen Holding and others v Norway*, ECLI:CE:ECHR:2013:0314JUD002411708, Rn. 92 ff; *EGMR*, Urt. v. 7.7.2015, *M.N. v. San Marino*, ECLI:CE:ECHR:2015:0707JUD002800512, Rn. 51 ff.,

genannten Vorschriften auch das Recht auf Schutz vor Zugriffen auf die eigenen personenbezogenen Daten sowie das Recht der betroffenen Person auf Auskunft und gegebenenfalls Löschung der Daten.[140] Sie enthalten sowohl materielle als auch verfahrensrechtliche Vorgaben für den Schutz personenbezogener Daten. Darüber hinaus setzen sie für einen Eingriff in das Recht auf Achtung des Privatlebens eine gesetzliche Grundlage voraus und gestatten diesen auch nur dann, wenn das Verhältnismäßigkeitsprinzip gewahrt ist.[141]

2. Datenschutzkonvention des Europarats

Als erstes verbindliches internationales Datenschutzabkommen und damit auch Vorbild nationaler Datenschutzregime spielt die 1979 vom Europarat verabschiedete Europäische Datenschutzrechtskonvention[142] bei der Entwicklung des europäischen Datenschutzrechts eine wichtige Rolle.[143] Insbesondere in Bezug auf Verarbeitungsgrundsätze und die Berücksichtigung des grenzüberschreitenden Verkehrs personenbezogener Daten stellt die Konvention ein fortschrittliches Instrument dar, das für die weitere Entwicklung des Datenschutzrechts wegweisend war.[144] Die Konvention versteht sich als Konkretisierung der Art. 8 und 10 EMRK und legt ihren Fokus damit in erster Linie auf den Schutz des Betroffenen.[145]

---

§ 51; vgl. *Schilling,* Internationaler Menschenrechtsschutz, 3. Aufl., 2016, S. 132 f.; *Grabenwarter/Pabel,* Europäische Menschenrechtskonvention, 6. Aufl., 2016, § 22 Rn. 10.

140 Vgl. *Human Rights Committee,* General Comment No. 16, Article 17 Nr. 10; *Hofmann/Boldt/Hofmann/Boldt,* IPBPR, Art. 17 Rn. 2; *Grabenwarter/Pabel,* Europäische Menschenrechtskonvention, 6. Aufl., 2016, § 22 Rn. 9.

141 *Gersdorf/Paal/Gersdorf,* BeckOK Informations- u. MedienR, Art. 8 EMRK Rn. 56 ff.; *Schiedermair,* Der Schutz des Privaten als internationales Grundrecht, 2012, S. 77; *Aust,* AdV 2014, 375 (398, 401).

142 Übereinkommen zum Schutz des Menschen bei der automatischen Verarbeitung personenbezogener Daten v. 28.1.1981, Sammlung europäischer Verträge Nr. 108.

143 *Tinnefeld/Buchner/Petri,* Einführung in das Datenschutzrecht, 6., vollst. überarb. u. akt., Aufl., 2018, S. 87; *Hert/Czerniawski,* IDPL 2016, 230 (231 f.); Erwägungsgrund 11 der RL 95/46/EG: Die in dieser Richtlinie enthaltenen Grundsätze zum Schutz der Rechte und Freiheiten der Personen, insbesondere der Achtung der Privatsphäre, konkretisieren und erweitern die in dem Übereinkommen des Europarats vom 28. Januar 1981 zum Schutze der Personen bei der automatischen Verarbeitung personenbezogener Daten enthaltenen Grundsätze.

144 *Bodenschatz,* Der europäische Datenschutzstandard, 2010, S. 54.

145 *Bodenschatz,* Der europäische Datenschutzstandard, 2010, S. 52.

Gemäß Art. 1 beschränkt sich der Schutzumfang, der durch die Konvention gewährleistet werden soll, auf das Hoheitsgebiet der einzelnen Vertragsstaaten.[146] Somit bestimmt sich der räumliche Regelungsanspruch der Konvention ausdrücklich territorial. Der räumliche Bezugspunkt dafür ist das jeweilige nationale Hoheitsgebiet und nicht das gemeinsame Territorium aller Vertragsstaaten. Dies hat zur Folge, dass für die Vertragsstaaten im Verhältnis zueinander dieselben Regeln gelten wie für Drittstaaten. Die Verfasser der Konvention sahen allerdings von einer Vorschrift zur Bestimmung des anwendbaren Rechts für grenzüberschreitende Sachverhalte ab. Auf diesen Umstand wurde bereits kurz nach Inkrafttreten der Konvention hingewiesen, jedoch verzichtete man auf eine Ergänzung aus der Überzeugung heraus, die materiell-rechtlichen Grundsätze würden zu einer weitestgehend einheitlichen Anwendung der Vorschriften führen.[147]

Grenzüberschreitenden Sachverhalten, die eine Verarbeitung personenbezogener Daten beinhalten, kann bei dieser eingeschränkten Perspektive nur ungenügend Rechnung getragen werden. Allerdings enthält die Vorschrift des Art. 12 der Konvention zum grenzüberschreitenden Datenverkehr eine Aufweichung dieser Festlegung, indem sie für Datenübermittlungen zwischen einzelnen Vertragsstaaten einen gemeinsamen Schutzstandard festlegt. Dies hat zur Folge, dass ein Vertragsstaat keine höheren datenschutzrechtlichen Anforderungen an eine Datenübermittlung stellen darf, als von den Bestimmungen der Konvention vorgesehen.[148] Die Konvention sieht zudem als Grundregel das Verbot vor, Datenübermittlungen allein aus datenschutzrechtlichen Gründen zu untersagen, Art. 12 Abs. 2. Ein Abweichen von dieser Regel ist nur in engen Grenzen zulässig. Dem Datenschutz kommt so eine im Vergleich zu internationalen Handelsinteressen untergeordnete Rolle zu, was zu einem datenschutzrechtlichen Bedeutungsverlust der Konvention geführt hat.[149] Neben diversen Empfehlungen und Stellungnahmen wird die Konvention seit dem Jahr 2001 durch das Zusatzprotokoll über Kontrollstellen und den grenzüberschreitenden

146 Article 1: "The purpose of this Convention is to secure in the territory of each Party for every individual, whatever his nationality or residence, respect for his rights and fundamental freedoms, and in particular his right to privacy, with regard to automatic processing of personal data relating to him („data protection")".

147 *Art.-29-Datenschutzgruppe*, Stellungnahme 8/2010 zum anwendbaren Recht, WP 179, S. 9.

148 *Simitis/Simitis*, BDSG, Einl., Rn. 166.

149 Vgl. *Bodenschatz*, Der europäische Datenschutzstandard, 2010, S. 53.

Datenverkehr ergänzt.[150] Dieses gleicht die Datenschutzkonvention an die Regelungen zum internationalen Datenverkehr der EU-Datenschutz-Richtlinie an und weitet den räumlichen Regelungsbereich der EU-Vorschriften auf die Vertragsparteien der Datenschutzkonvention aus. Sie folgt in Bezug auf die Übermittlung personenbezogener Daten seither der Dogmatik der DSRL, sodass die Diskrepanz im Schutzniveau der zwei Regelungswerke ausgeglichen ist.

Bereits 1980, noch bevor auch die Europäische Union Maßnahmen auf dem Gebiet des Datenschutzrechts ergriff, sah die Organisation für wirtschaftliche Zusammenarbeit und Entwicklung (OECD) die Notwendigkeit, durch einheitliche Leitlinien den Schutz der Privatsphäre sowie den angestrebten freien Datenaustausch so weit wie möglich anzugleichen.[151] Ergänzend folgten später die Erklärung über grenzüberschreitende Datenflüsse sowie Leitlinien über den Schutz der Privatsphäre in globalen Netzwerken.[152] Die Motive für das Tätigwerden der OECD lagen weniger in einem Schutz des von einer Datenverarbeitung Betroffenen vor möglichen Gefahren, sondern bestanden vielmehr in dem Interesse, Handelsbarrieren abzubauen und zu verhindern, sowie einen freien Informationsaustausch zwischen den Mitgliedstaaten zu ermöglichen.[153] Den OECD-Leitlinien kommt keine bindende Wirkung zu. Sie beinhalten für die Mitgliedstaaten lediglich Vorschläge, um grundsätzliche Prinzipien der Datenverarbeitung und den grenzüberschreitenden Datenverkehr umzusetzen.[154] Trotz ihrer Unverbindlichkeit fanden die Leitlinien insbesondere bei der Entwicklung neuer nationaler Datenschutzvorschriften enorme Berücksichtigung.[155] Jedoch nutzten viele Vertragsstaaten die weiten Umsetzungsspielräume

---

150 Zusatzprotokoll zum Übereinkommen zum Schutz des Menschen bei der automatischen Verarbeitung personenbezogener Daten betreffend Kontrollstellen und grenzüberschreitenden Datenverkehr vom 8.11.2001, BGBl. 2002 II S. 1882, 1887, 2004 II S. 1.

151 Guidelines Governing The Protection Of Privacy And Transborder Flows Of Personal Data (1980), Explanatory Memorandum, No. 25.

152 Declaration on Transborder Data Flows, 11.4.1985; Ministerial Declaration on the Protection of Privacy of Global Networks, made by OECD Ministers at the Conference "A Borderless World: Realising the Potential of Global Electronic Commerce", 7–9 October 1998.

153 *Simitis/Simitis,* BDSG, Einl., Rn. 184 f.

154 *Ellger,* Der Datenschutz im grenzüberschreitenden Datenverkehr, 1990, S. 530 f.; *Simitis/Simitis,* BDSG, Einl., Rn. 184.

155 So z. B. Australien und Neuseeland, vgl. *Kirby,* Privacy protection, a new beginning: OECD principles 20 years on, http://www.austlii.edu.au/au/journals/PrivLawPRpr/1999/41.html#fn9. (Stand: 02.01.2017).

der Leitlinien, sodass ihre tatsächliche Wirkung letztendlich überschaubar ist.[156] Bemerkenswert ist dennoch der politische Erfolg der OECD-Leitlinien. Sie bilden einerseits zusammen mit der Europarats-Konvention den Beginn des internationalen Datenschutzrechts. Andererseits weisen sie vergleichsweise früh auf die damit zusammenhängenden Probleme wie mögliche Rechtskollisionen[157] oder die Umgehung von Rechtsnormen hin und bieten mit dem Prinzip eines „gleichwertigen Schutzes“[158] zugleich ein Lösungskonzept, das sich bis heute auf europäischer Ebene durchgesetzt hat.

Die Datenschutzkonvention des Europarats befindet sich seit 2010 in einer Überarbeitungsphase, um sie an die neuen Entwicklungen der Informations- und Kommunikationstechnologien anzupassen und ihre Effektivität zu erhöhen.[159] Im Zuge dessen wurde auch die Vorschrift über den Anwendungsbereich des Abkommens geändert. Diese enthält dem Änderungsentwurf zufolge keinen Hinweis mehr auf das Hoheitsgebiet der Vertragsstaaten, sondern knüpft ihren räumlichen Regelungsanspruch stattdessen an die Hoheitsgewalt der einzelnen Vertragsstaaten.[160] So ermöglicht sie die Anwendung der Konventionsvorschriften auch außerhalb der staatlichen Territorien, nämlich dann, wenn eine Vertragspartei Hoheitsgewalt außerhalb ihres eigenen Staatsgebiets ausübt.

II. Europäisches Primärrecht

Dem Schutz personenbezogener Daten kommt innerhalb der Rechtsordnung der Europäischen Union eine große Bedeutung zu. Diese zeigt sich nicht nur an der umfassenden sekundärrechtlichen Gesetzgebung, sondern wird auch bei einem Blick auf das Primärrecht der Union deutlich. Zwei – vergleichsweise junge – Vorschriften spielen dabei eine herausragende Rolle: Sowohl Art. 8 der Europäischen Grundrechtecharta (GRCh) als auch Art. 16 AEUV garantieren das Recht auf Schutz personenbezogener Daten für jedermann, unabhängig vom Wohnsitz oder Aufenthaltsort der betroffenen Person.

---

156 *Schiedermair*, Der Schutz des Privaten als internationales Grundrecht, 2012, S. 151.

157 Vgl. Guidelines Governing The Protection Of Privacy And Transborder Flows Of Personal Data (1980), Explanatory Memorandum, Introduction.

158 Vgl. Nr. 17 der Leitlinien.

159 *Walter*, Modernisierung des Übereinkommens zum Schutz des Menschen bei der automatischen Verarbeitung personenbezogener Daten (Übereinkommen 108), 2014, S. 1 f.

160 Vgl. Draft modernised Convention for the Protection of Individuals with Regard to the Processing of Personal Data, Article 3: “1. Each Party undertakes to apply this Convention to data processing subject to its jurisdiction in the public and private sectors, thereby securing every individual’s right to protection of his or her personal data.”

1. *Schutzbereich*

a. *Art. 7 und 8 GRCh*

Den Ausgangspunkt für einen unionsrechtlichen Datenschutz bildete zunächst die EGMR-Rechtsprechung zu dem Recht auf Achtung des Privatlebens gemäß Art. 8 Abs. 1 EMRK.[161] Wenn auch zu Anfang zögerlich,[162] erkannten der Europäischen Gerichtshof für Menschenrechte (EGMR) sowie die ihm ehemals vorgeschaltete Europäische Kommission für Menschenrechte (EKMR) die steigende Bedeutung der Datenverarbeitung und etablierten daraufhin ein Recht auf den Schutz personenbezogener Daten als Ausprägung des Rechts auf Privatleben gemäß Art. 8 Abs. 1 EMRK.[163] Der EuGH entwickelte aus dieser EGMR-Rechtsprechung heraus ein Gemeinschaftsgrundrecht auf den Schutz personenbezogener Daten.[164] Nach Inkrafttreten der DSRL schuf der Gesetzgeber mit Art. 8 GRCh sodann ein eigenständiges[165] Grundrecht auf den Schutz personenbezogener Daten. Die Charta erhielt mit dem Vertrag von Lissabon Einzug in das europäische Primärrecht und ist seither verbindlich. Der europäische Gesetzgeber reagierte mit dem neuen Datenschutzgrundrecht auf die zunehmende Kritik an Art. 8 EMRK: Das Grundrecht sei aufgrund seiner unscharfen Konturen

---

161 *Burgkardt,* Grundrechtlicher Datenschutz zwischen Grundgesetz und Europarecht, 2013, S. 293.

162 *Siemen,* Datenschutz als europäisches Grundrecht, 2006, S. 80.

163 *EKMR,* Entscheidung v. 12.10.1973 – 5877/72, *X. v. The United Kingdom,* ECLI:CE:ECHR:1973:1012DEC000587772; *EGMR,* Urteil v. 06.09.1978 – 5029/71, *Klass and others v. Germany,* ECLI:CE:ECHR:1978:0906JUD000502971; *EKMR,* Entscheidung v. 08.12.1979, *X., Y., Z. v. The United Kingdom,* ECLI:CE:ECHR:1979:1208DEC000802277; *EGMR,* Urteil v. 02.08.1984 – 8691/79, *Malone v. The United Kingdom,* ECLI:CE:ECHR:1984:0802JUD000869179; *EGMR,* Urteil v. 26.03.1987 – 9248/81, *Leander v. Sweden,* ECLI:CE:ECHR:1987:0326JUD000924881; *EKMR,* Entscheidung v. 1.12.1985 – 10473/83, *Lundvall v. Sweden,* ECLI:CE:ECHR:1985:1201DEC001047383.

164 *EuGH,* Urt. v. 20.05.2003 – C-465/00, C-138/01 und C-139/01, *Österreichischer Rundfunk,* ECLI:EU:C:2003:294; *EuGH,* Urt. v. 6.11.2003 – C-101/01, *Bodil Lindqvist,* ECLI:EU:C:2003:596; *EuGH,* Urt. v. 30.5.2006 – C-317/04 und C-318/04, *Fluggastdaten,* ECLI:EU:C:2006:346; *EuGH,* Urt. v. 21.9.1989, *Hoechst AG,* ECLI:EU:C:1989:337 Rn. 18 f.; *Siemen,* Datenschutz als europäisches Grundrecht, 2006, S. 219; *Burgkardt,* Grundrechtlicher Datenschutz zwischen Grundgesetz und Europarecht, 2013, S. 294.

165 *EuGH,* Urt. v. 21.12.2016 – C-203/15 u. C-698/15, *Tele2 Sverige,* ECLI:EU:C:2016:970, Rn. 129, in dem der EuGH betont, dass es für Art. 8 GRCh „in der EMRK keine Entsprechung" gebe.

für neue technische Entwicklungen nur bedingt geeignet.[166] Die Unschärfe wird unter anderem darin gesehen, dass der EGMR nicht jedes personenbezogene Datum unter den Schutz des Art. 8 EMRK stellt, sondern nur dasjenige, welches das Privatleben des Einzelnen betrifft.[167] Eine solche Unterscheidung trifft das EU-Recht nicht. Außerdem gewährt Art. 8 EMRK nur ein begrenztes Auskunftsrecht für Betroffene.

Dennoch lässt sich die Frage stellen, welchen Mehrwert ein eigenständiges Grundrecht auf Schutz personenbezogener Daten über seinen symbolischen Charakter hinaus bringt. Berechtigung erlangt diese Frage insbesondere aufgrund der Tatsache, dass sich der EuGH bei der Anwendung des Art. 8 GRCh weiterhin an der EGMR-Rechtsprechung sowie an der Herleitung des Datenschutzrechts aus Art. 8 EMRK orientiert. Letzteres wird unter anderem dadurch deutlich, dass der EuGH Art. 8 GRCh regelmäßig zusammen mit Art. 7 GRCh anwendet, welcher das Recht auf Achtung des Privat- und Familienlebens normiert und aus dessen Pendant in der EMRK der EGMR das Datenschutzrecht entwickelte.[168] Sicherlich beugt der EuGH auf diese Weise potenziellen Konflikten mit dem EGMR vor,[169] was in der Folge zu mehr Rechtssicherheit und einem stärkeren Grundrechtsschutz für die Betroffenen führt. Nichtsdestotrotz stellt dies die Eigenständigkeit und damit auch den Zugewinn durch Art. 8 GRCh in Frage.[170] Der Mehrwert könnte aber unter anderem in einer Konkretisierung des Schutzbereiches und dem damit einhergehenden eingeschränkten gerichtlichen Auslegungsspielraum liegen. Indem Art. 8 GRCh auch konkrete Regelungsprinzipien des Datenschutzrechts wie das Verbotsprinzip benennt, bezeichnet die Norm zugleich die positiven und negativen Verpflichtungen, welche das

---

166 *Hert/ Gutwirth* in: *Gutwirth/Poullet/Hert u. a.*, Reinventing Data Protection?, 2009, S. 3 (5).

167 *Rüpke/Lewinski/Eckhardt,* Datenschutzrecht, 2018, § 6 Rn. 13; *Hert/ Gutwirth* in: *Gutwirth/Poullet/Hert u. a.*, Reinventing Data Protection?, 2009, S. 3 (24) mit Verweis auf ECommHR, Pierre Herbecq and the Association Ligue des droits de l'homme v Belgium, Decision of 14 January 1998 on the applicability of the Applications No. 32200/96 and 32201/96 (joined), Decisions and Reports, 1999, 92–98.

168 Siehe dazu zuletzt *EuGH,* Urt. v. 21.12.2016 – C-203/15 u. C-698/15, *Tele2 Sverige,* ECLI:EU:C:2016:970, Rn. 93; *Streinz,* JuS 2011, 278 (279); *Siemen,* Datenschutz als europäisches Grundrecht, 2006, S. 265 f.

169 *Streinz,* JuS 2011, 278 (279).

170 Zumal die sachlichen Schutzbereiche beider Normen nicht deckungsgleich sind, vgl. *Rüpke/Lewinski/Eckhardt,* Datenschutzrecht, 2018, § 6 Rn. 13, § 7 Rn. 41.

Grundrecht beinhaltet, und bietet auf diese Weise eine breitere Legitimationsbasis für Datenschutzvorschriften mit Auswirkungen auf Staaten außerhalb der EU.

Darüber hinaus verfolgt der sachliche Schutzbereich von Art. 8 GRCh teilweise eine andere Schutzrichtung als Art. 7 GRCh, indem er nicht allein von der Privatsphäre des Einzelnen ausgeht, sondern an die Datenverarbeitung anknüpfend das personenbezogene Datum in den Mittelpunkt stellt und somit grundsätzlich „kontextunabhängig“[171] zur Anwendung gelangt. Insofern liegt der Mehrwert eines eigenständigen Grundrechts auf Schutz personenbezogener Daten nicht in einer räumlichen, sondern in einer sachlichen Erstreckung des Regelungsbereichs. Art. 8 GRCh geht Art. 7 GRCh im Bereich des Schutzes personenbezogener Daten als speziellere Regelung vor.[172]

b. *Wesensgehalt der Art. 7 und 8 GRCh*

Der Wesensgehalt eines Grundrechts besteht in dem absoluten Kernbestand seines Schutzbereiches.[173] In Bezug auf Art. 7 GRCh hat der EuGH diesen in seiner *Digital Rights*-Entscheidung umrissen. So ist der Wesensgehalt des Art. 7 GRCh betroffen, wenn durch eine Maßnahme auf den Inhalt elektronischer Kommunikation zugegriffen wird.[174] Es kommt hierbei auf die generelle Möglichkeit an, zum Beispiel auf sämtliche auf einem Server gespeicherte Kommunikationsinhalte zuzugreifen.[175] Wird nur eine einzelne Kommunikation ohne Rechtsgrundlage erhoben, stellt dies zwar einen Grundrechtseingriff, allerdings keine „Aushöhlung“ des Grundrechts dar.[176] Der Zugriff auf reine Verkehrsdaten verletzt den Wesensgehalt des Art. 7 GRCh nicht,[177] da ein solcher das Privatleben nicht in dem Maße offenbart wie der konkrete Inhalt der Kommunikation. Da der Schutz personenbezogener Daten auf der Selbstbestimmung des Einzelnen beruht, sind dessen Rechte von besonderer Bedeutung für den Schutzbereich des Art. 8 GRCh. Eine Verletzung der grundlegenden Betroffenenrechte durch den

---

171 *Lynskey*, I.C.L.Q., 63 (2014), 569 (583).

172 *Schiedermair*, Der Schutz des Privaten als internationales Grundrecht, 2012, S. 410.

173 *Calliess/Ruffert/Kingreen*, EUV/AEUV, Art. 52 Rn. 64; *Wolff/Brink/Stender-Vorwachs*, BeckOK DatenschutzR, Art. 23 DSGVO Rn. 11.

174 *EuGH*, Urt. v. 8.4.2014 – C-293/12 u. C-594/12, *Digital Rights Ireland*, ECLI:EU:C:2014:238 Rn. 38 f.

175 *Eichenhofer*, EuR 2016, 76 (84).

176 *Ambrock/Karg*, ZD 2017, 154 (158).

177 *EuGH*, Urt. v. 8.4.2014 – C-293/12 u. C-594/12, *Digital Rights Ireland*, ECLI:EU:C:2014:238 Rn. 39.

Datenverarbeiter bzw. deren Ausschluss durch eine Einwilligung verletzen somit den Wesensgehalt des Grundrechts.[178] Darüber hinaus ist trotz der Erlaubnis in Art. 8 Abs. 2 GRCh auch bei Vorliegen einer gesetzlichen Grundlage oder einer Einwilligung der betroffenen Person ein Verstoß gegen die Wesensgehaltsvorgabe dann anzunehmen, wenn dadurch unbeschränkt und ohne Zweckbestimmung Daten verarbeitet werden.[179]

2. *Gesetzgebungskompetenz*

a. *Art. 16 AEUV*

Aufgrund der Tatsache, dass sich das europäische Datenschutzrecht vornehmlich als Mittel zur Erreichung eines gemeinsamen Binnenmarktes entwickelt hat, sahen die Verträge zunächst keine eigene datenschutzrechtliche Kompetenznorm vor. Die DSRL stützte sich stattdessen auf Art. 100a EGV (jetzt Art. 114 AEUV), welcher der Union die Befugnis übertrug, rechtsangleichende Maßnahmen zur Errichtung und zum Funktionieren des Binnenmarktes zu treffen. Erst mit dem Vertrag von Amsterdam erhielt mit Art. 286 EGV (jetzt Art. 16 AEUV) eine Norm Einzug in das europäische Primärrecht, die die Anwendung des datenschutzrechtlichen Sekundärrechts auf EU-Organe vorsieht. Der Vertrag von Lissabon funktionierte diese Verweisungsnorm zu einer grundrechtsähnlichen Norm[180] um und glich ihren Wortlaut an Art. 8 GRCh an, was den allgemeinen Bedeutungsgewinn des Schutzes personenbezogener Daten weiter verdeutlicht.[181] Art. 16 AEUV bildet nun eine eigenständige[182] Kompetenzgrundlage für den Erlass sekundärer Rechtsetzungsakte für die Datenverarbeitung durch EU-Organe wie auch für darüber hinausgehende Datenverarbeitungsprozesse.[183] Diese geht allerdings nicht wesentlich über die bereits sehr weite

---

178 *Ambrock/Karg*, ZD 2017, 154 (158).

179 *Ambrock/Karg*, ZD 2017, 154 (158).

180 Aufgrund der Wortlautgleichheit mit Art. 8 GRCh liegt es nahe, Art. 16 AEUV als Grundrecht einzustufen; allerdings fehlen Hinweise auf Schranken; auf diese Problematik hinweisend *Streinz/Schröder*, EUV/AEUV, Art. 16 AEUV Rn. 6 m.w.N.

181 *Streinz/Schröder*, EUV/AEUV, Art. 16 AEUV Rn. 6.

182 Als lex specialis zu Art. 114 AEUV.

183 *Calliess/Ruffert/Kingreen*, EUV/AEUV, Art. 16 AEUV Rn. 4; *Grabnitz/Hilf/Nettesheim/Sobotta*, EUV/AEUV, Art. 16 Rn. 29; *Groeben/Schwarze/Hartje/Brühann*, EU-Recht, Art. 16 AEUV Rn. 61 f.; *Marsch*, Das europäische Datenschutzgrundrecht, 2018, S. 334 ff.; a. A. *Roßnagel* in: *Roßnagel*, Europäische Datenschutz-Grundverordnung, 2017, S. 67 (76), der rein innerstaatliche Sachverhalte nicht von der Kompetenz umfasst sieht.

Auslegung des Anwendungsbereichs der DSRL durch den EuGH hinaus, sodass es sich bei Art. 16 AEUV in erster Linie um eine Bekräftigung der datenschutzrechtlichen Gesetzeskompetenz handelt.[184]

b. Binnenmarktbezug

Die räumliche Reichweite des datenschutzrechtlichen Primärrechts darf nicht losgelöst von dessen sekundärrechtlicher Ausgestaltung betrachtet werden. Vor Inkrafttreten der Grundrechtecharta stellte der EuGH in seinen Entscheidungen *Österreichischer Rundfunk* und *Bodil Lindqvist* deutlich heraus, dass für die Anwendbarkeit der Datenschutz-Richtlinie kein konkreter Binnenmarktbezug erforderlich war.[185] Danach fielen auch Sachverhalte in das abgeleitete Datenschutzrecht, welche sich in nur einem Mitgliedstaat abspielten. Der EuGH argumentierte in erster Linie mit der eigenen Anwendungsnorm der DSRL, welche keinen Binnenmarktbezug forderte.[186] Mit den erweiterten primärrechtlichen Kompetenzvorschriften der Art. 8 GRCh und Art. 16 AEUV verlor die Binnenmarktkompetenz im Datenschutzrecht an Bedeutung. Die unionale Gesetzgebungskompetenz muss sich nun anhand von Art. 51 Abs. 1 GRCh messen lassen, welcher die Geltung der Unionsgrundrechte auf das Handeln von EU-Organen sowie Mitgliedstaaten bei der Durchführung des Unionsrechts beschränkt.[187] Dieses Handeln umfasst „alle[] unionsrechtlich geregelten Fallgestaltungen“[188]. Allerdings bleibt die EuGH-Rechtsprechung in den Sachen *Österreichischer Rundfunk* und *Bodil Lindqvist* gleichwohl maßgeblich, da sich auch aus der Datenschutz-Grundverordnung keine wesentlichen Änderungen in den betreffenden Abgrenzungspunkten ergeben. Somit vermag Art. 51 Abs. 1 GRGh die weite Auslegung des EuGH nicht einzuschränken und bleibt auch für die Anwendung der DSGVO weitestgehend bedeutungslos.[189]

---

184 So auch *Marsch*, Das europäische Datenschutzgrundrecht, 2018, S. 337.

185 *EuGH*, Urt. v. 20.05.2003 – C-465/00, C-138/01 und C-139/01, *Österreichischer Rundfunk*, ECLI:EU:C:2003:294 Rn. 40 ff.; *EuGH*, Urt. v. 6.11.2003 – C-101/01, *Bodil Lindqvist*, ECLI:EU:C:2003:596 Rn. 24 ff.

186 *EuGH*, Urt. v. 20.05.2003 – C-465/00, C-138/01 und C-139/01, *Österreichischer Rundfunk*, ECLI:EU:C:2003:294 Rn. 40 ff.; *EuGH*, Urt. v. 6.11.2003 – C-101/01, *Bodil Lindqvist*, ECLI:EU:C:2003:596 Rn. 24 ff.

187 *Calliess/Ruffert/Kingreen*, EUV/AEUV, Art. 8 EU-GRCharta Rn. 6; *Kuner*, IDPL 2015, 235 (243).

188 *EuGH*, Urt. v. 26.2.2013 – C-617/10, *Fransson*, ECLI:EU:C:2013:105 Rn. 19.

189 *Marsch*, Das europäische Datenschutzgrundrecht, 2018, S. 367; *Grimm*, JZ 2013, 585 (590).

Im Hinblick auf die räumliche Erstreckung des Grundrechts führt die Schaffung von Art. 8 GRCh allein nicht zu einer territorialen Ausdehnung des europäischen Datenschutzrechts. Diese bestimmt sich weiterhin durch das Sekundärrecht und dessen Auslegung durch den EuGH. Allerdings erfährt die grundrechtliche Bedeutung des Datenschutzrechts seit Inkrafttreten der Charta eine zunehmende Bekräftigung durch den EuGH.[190] Dieser verschiebt die ursprünglich wirtschaftsbasierte und binnenmarktorientierte Begründung für das Handeln der EU im Datenschutzrecht mehr und mehr auf den grundrechtlichen Gehalt der Datenschutzregeln und wird so seiner gestiegenen Grundrechtsverantwortung[191] durch Art. 8 GRCh sowie Art. 16 AEUV gerecht.

III. Europäisches Sekundärrecht

Erst im Zuge der sekundärrechtlichen Konkretisierung dieser Grundrechte findet insbesondere für private Datenverarbeitung[192] eine Beschränkung des Anwendungsbereichs des Primärrechts statt. Hierzu bedient sich der Gesetzgeber in der Datenschutz-Grundverordnung beispielsweise eines zusätzlichen Erfordernisses, um den Anwendungsbereich der Verordnung zu eröffnen. Damit ein Datenverarbeiter aus einem Drittstaat, der keine Niederlassung in der EU betreibt, von den Regelungen der DSGVO erfasst wird, muss er Bürgern in der EU Waren oder Dienstleistungen anbieten bzw. das Verhalten von Bürgern in der EU beobachten. So wird zumindest für diesen Bereich aus dem Jedermann-Grundrecht letztendlich doch ein an den Aufenthaltsort geknüpftes Recht.

Sowohl die DSRL als auch die DSGVO enthielt bzw. enthält Vorschriften, welche den räumlichen Anwendungsbereich der datenschutzrechtlichen Sekundärgesetzgebung bestimmen. Hier muss zwischen rein innereuropäischen Sachverhalten und grenzüberschreitenden Konstellationen unterschieden werden. Da die DSGVO als europäische Verordnung den Anspruch einer

---

190 *EuGH,* Urt. v. 13.5.2014 – C-131/12, *Google Spain,* ECLI:EU:C:2014:317; *EuGH,* Urt. v. 13.5.2014 – C-131/12, *Google Spain,* ECLI:EU:C:2014:317; *EuGH,* Urt. v. 6.10.2015 – C-362/14, *Schrems,* ECLI:EU:C:2015:650; *EuGH,* Urt. v. 21.12.2016 – C-203/15 u. C-698/15, *Tele2 Sverige,* ECLI:EU:C:2016:970.

191 Dazu *Spieker gen. Döhmann,* JZ 2011, 169 (173 ff.).

192 GRCh und AEUV binden zunächst nur öffentliche Stellen direkt, private Datenverarbeiter sind nur unter dem wirtschaftlichen Aspekt des Art. 16 AEUV notwendigerweise mitzuregeln, siehe dazu auch *Grabnitz/Hilf/Nettesheim/Sobotta,* EUV/AEUV, Art. 16 Rn. 18.

Vollharmonisierung erhebt,[193] verzichtete der Gesetzgeber bei ihrer Erstellung allerdings auf eine innereuropäische Kollisionsnorm.[194]

1. Der räumliche Anwendungsbereich der DSRL

Mit der DSRL entstand auf der Ebene der Europäischen Union das erste umfassende datenschutzrechtliche Regelungswerk. Um einerseits die Anwendbarkeit der mitgliedstaatlichen Datenschutzgesetze zu koordinieren und andererseits auch den Fall einer Verarbeitung durch ein in einem Drittstaat ansässiges Unternehmen zu erfassen, integrierte der Gesetzgeber eigene kollisionsrechtliche Regelungen in die DSRL.[195]

Art. 4 DSRL machte die Anwendbarkeit der DSRL zunächst davon abhängig, ob das datenverarbeitende Ufanternehmen eine Niederlassung auf dem Gebiet der EU unterhielt. War dies der Fall, fand das mitgliedstaatliche Recht des Niederlassungsortes Anwendung, Art. 4 Abs. 1 lit. a DSRL. Bei der Entstehung der Richtlinie war dieser Anknüpfungspunkt jedoch lange umstritten und erst mit der Endversion der Richtlinie wurde das Sitzprinzip[196] zugunsten des Niederlassungsprinzips aufgegeben.[197] Letzteres erforderte nicht, dass ein Unternehmen seinen Hauptsitz in der EU hat, sondern lediglich, dass die datenverarbeitende Stelle eine „effektive und tatsächliche Ausübung einer Tätigkeit mittels einer festen Einrichtung“[198] in einem Mitgliedstaat durchführt und die Verarbeitung personenbezogener Daten im Zusammenhang mit dieser Einrichtung steht. Der Verantwortliche musste sodann nur das Recht desjenigen Mitgliedstaates beachten, in dem er seine Niederlassung betreibt. Für die einzelnen Mitgliedstaaten implizierte das Niederlassungsprinzip mithin die Pflicht, gegenseitig auf eine ordnungsgemäße Umsetzung und Durchsetzung der DSRL zu vertrauen.[199]

---

193 De facto gibt es jedoch einige Spielräume für die Mitgliedstaaten, siehe dazu im Detail *Kühling/Martini/Heberlein u. a.*, Die Datenschutz-Grundverordnung, 2016.

194 Zu den damit zusammenhängenden Problemen siehe *Brkan*, EDPL, 2 (2016), 324; *Chen*, IDPL 2016, 310; *Kühling/Buchner/Klar*, DS-GVO/BDSG, Art. 3 Rn. 107 ff.; *Auernhammer/Lewinski*, DSGVO/BDSG, Art. 3 Rn. 27; *DWWS/Däubler*, DS-GVO/BDSG-neu, Art. 3 Rn. 26 sieht für diese Fälle – offenbar als Zwei-Stufen-Prüfung – die Vorschriften der Rom I- und Rom II-Verordnung für anwendbar.

195 *Ustaran* in: *Ismail/Yong Cieh*, Beyond Data Protection, 2013, S. 135 (142).

196 Zur Abgrenzung siehe auch *Auer-Reinsdorff/Conrad* (Hrsg.), Handbuch IT- und Datenschutzrecht, 2. Aufl. (2016), § 34 Recht des Datenschutzes Rn. 118 f.

197 Siehe zu den unterschiedlichen Entwürfen *Moerel*, IDPL, 1 (2011), 92 (95 ff.); *Ustaran* in: *Ismail/Yong Cieh*, Beyond Data Protection, 2013, S. 135 (138 ff.).

198 EG 19 DSRL.

199 *Lewinski/Hermann*, ZD 2016, 467 (471).

An eben diesem Vertrauen mangelte es allerdings zunehmend, wie die Bestrebungen einzelner Aufsichtsbehörden zeigen, welche ihr nationales Recht für anwendbar erklären, obwohl das datenverarbeitende Unternehmen eine Niederlassung in einem anderen Mitgliedstaat unterhielt.[200] Sie argumentierten mit der weiten Auslegung des Niederlassungsprinzip durch den EuGH in den Entscheidungen zu *Google Spain* und *Weltimmo*. Dies kann jedoch nicht überzeugen: Bei *Google Spain* und *Weltimmo* musste der Gerichtshof eine weite Auslegung des Niederlassungsprinzips schon deshalb wählen, um überhaupt eine Anwendung des europäischen Datenschutzrechts begründen zu können. In anders gelagerten Fällen wie beispielsweise bei dem sozialen Netzwerk Facebook war dies hingegen gar nicht notwendig. Facebook selbst hatte niemals in Abrede gestellt, die Daten seiner Nutzer aus der EU in seiner irischen Niederlassung zu verarbeiten. Somit war gemäß Art. 4 Abs. 1 lit. a DSRL europäisches Datenschutzrecht, konkret die irische Umsetzung der DSRL, ohnehin anwendbar.

Ihren räumlichen Anwendungsbereich bestimmte die DSRL also größtenteils anhand des gebietsbezogenen Kriteriums der Niederlassung. Die Gebietsbezogenheit wurde jedoch leicht relativiert, indem gemäß Art. 4 Abs. 1 lit. a DSRL für die Anwendung des mitgliedstaatlichen Rechts ein Zusammenhang zwischen der Tätigkeit der Niederlassung und der Datenverarbeitung – welche auch außerhalb der EU stattfinden kann – bestehen musste. Die Richtlinie selbst gab jedoch keine Anhaltspunkte für die konkrete technische Ausgestaltung dieses Zusammenhangs vor.[201] Überraschenderweise lockerte der EuGH in seiner *Google-Spain*-Entscheidung die Voraussetzung an die Verbindung zwischen dem Datenverarbeitungsprozess und der Niederlassung in der EU, indem er es ausreichen ließ, dass die Tätigkeiten der Niederlassung von besonderer Bedeutung für den Geschäftszweck sind und aus diesem Grund nicht getrennt von den Datenverarbeitungsvorgängen betrachtet werden könnten.[202] Eine solche „untrennbare Verbindung"[203] nahm das Gericht für den Fall an, dass ein Datenverarbeitungsprozess für das Unternehmen erst durch die Tätigkeit der Niederlassung profitabel wird.[204]

Gerade im Online-Bereich ist es nicht unbedingt die Datenverarbeitung selbst, die dem Unternehmen Profite bringt, sondern häufig, wie im Fall von Google,

200 Siehe insbesondere die Verfahren gegen das soziale Netzwerk Facebook, z. B. VG Hamburg, Beschluss v. 3.3.2016 – 15 E 4482/15, ZD 2016, 243 (244).

201 *Revolidis*, ZD-Aktuell 2015, 4756.

202 *EuGH*, Urt. v. 13.5.2014 – C-131/12, *Google Spain*, ECLI:EU:C:2014:317, Rn. 55.

203 *EuGH*, Urt. v. 13.5.2014 – C-131/12, *Google Spain*, ECLI:EU:C:2014:317, Rn. 56.

204 *EuGH*, Urt. v. 13.5.2014 – C-131/12, *Google Spain*, ECLI:EU:C:2014:317, Rn. 56.

der Verkauf von Werbeflächen. Mit der weiten Auslegung des Art. 4 Abs. 1 lit. a DSRL gelang es dem EuGH, eine Vielzahl von Unternehmen der DSRL zu unterwerfen, die sich darauf berufen, ihre Datenverarbeitung finde ausschließlich in einem Drittstaat statt. Auf diese Weise passte der EuGH die Vorschrift insbesondere den wirtschaftlichen Strukturen von online agierenden Unternehmen an, die zwar ihre Tätigkeit auf den europäischen Markt ausrichten, den europäischen Datenschutzregelungen aber durch Besonderheiten in ihrer Konzernstruktur entgehen wollen.[205] Eine solche Ausdehnung des Art. 4 Abs. 1 lit. a DSRL wurde mit der Einführung der Marktortanknüpfung durch die DSGVO überflüssig.

Datenverarbeiter ohne Niederlassung in der EU erfasste die DSRL gemäß Art. 4 Abs. 1 lit. c DSRL nur dann, wenn sie für die Verarbeitung auf im Unionsgebiet belegene Mittel zurückgriffen. Der Begriff des Mittels wurde weit verstanden und umfasste sowohl automatisierte als auch nicht automatisierte Vorrichtungen oder Werkzeuge.[206] Da der DSRL eine Legaldefinition fehlte, führte der Begriff des Mittels mit fortschreitender technischer Entwicklung immer wieder zu Auslegungsproblemen. Uneinigkeit bestand insbesondere in der Frage, ob bereits kleinste Programme die Anwendung der DSRL auslösten, ohne dass es hierzu auf eine Intention oder gar das Bewusstsein des Verarbeiters ankam.[207] Vor allem Cookies könnten aufgrund ihrer weiten Verbreitung zu einer nahezu weltweiten Anwendung der DSRL führen, falls sie Mittel im Sinne des Art. 4 Abs. 1 lit. c DSRL darstellten.[208] Dann nämlich wäre europäisches Datenschutzrecht auf jeden Webseitenbetreiber anwendbar, der Cookies auf seiner Seite platzierte, was in der Folge zu enormen Durchsetzungsschwierigkeiten führen würde.[209] Allerdings stellte es keine brauchbare Alternative dar, Cookies die Mitteleigenschaft abzusprechen. Denn auch, wenn man der Argumentation folgte, nur körperliche Gegenstände könnten Mittel im Sinne der Richtlinie

205 Mit Verweisen auf ähnlich gelagerte Fälle *Svantesson*, IDPL, 5 (2015), 226 (229).

206 *Art.-29-Datenschutzgruppe*, Arbeitspapier über die Frage der internationalen Anwendbarkeit des EU-Datenschutzrechts bei der Verarbeitung personenbezogener Daten im Internet durch Websites außerhalb der EU, 2002, WP 56, S. 10.

207 *Kremer*, RDV 2014, 73 (82); a. A. *Art.-29-Datenschutzgruppe*, Arbeitspapier über die Frage der internationalen Anwendbarkeit des EU-Datenschutzrechts bei der Verarbeitung personenbezogener Daten im Internet durch Websites außerhalb der EU, 2002, WP 56, S. 10; *Simitis/Dammann*, BDSG, § 1 Zweck und Anwendungsbereich des Gesetzes Rn. 220.

208 *Kuczerawy* in: *Bezzi/Duquenoy/Fischer-Hübner*, Privacy and Identity Management for Life, 2010, S. 75 (82).

209 *Kroschwald*, Informationelle Selbstbestimmung in der Cloud, 2016, S. 163.

darstellen, so wäre letztlich der Rechner des Nutzers, wessen sich die Software bedient, als Mittel anzusehen gewesen.[210]

Dieser Problemlage begegnet zumindest teilweise die Bestimmung über die Anwendung der DSGVO auf nicht in der Union niedergelassene Datenverarbeiter, indem sie vom Mittelkriterium Abstand nimmt.

2. *Der räumliche Anwendungsbereich der DSGVO*

Im Zusammenhang mit der Datenverarbeitung durch nicht in der Union niedergelassene Datenverarbeiter beschreitet die DSGVO neue Wege und zeigt hier insbesondere eine Anpassung an die gestiegene datenschutzrechtliche Relevanz von Internetdienstleistern. Während die Regelung des Art. 4 Abs. 1 lit. a DSRL weitestgehend übernommen und in Art. 3 Abs. 1 DSGVO niedergeschrieben wurde,[211] ersetzte der Gesetzgeber Art. 4 Abs. 1 lit. c DSRL durch eine verhaltensbezogene Anknüpfung. So findet die DSGVO auf einen außerhalb der EU ansässigen Datenverarbeiter Anwendung, wenn dieser seine Tätigkeiten auf dem europäischen Markt anbietet oder das Verhalten von Personen beobachtet und die Datenverarbeitung im Zusammenhang mit diesen Merkmalen steht. Dieses ursprünglich aus dem internationalen Wettbewerbsrecht entstammende Prinzip knüpft an den Ort der Interessenkollision, den Marktort, an, welcher dort belegen ist, wo ein Wettbewerber auf seine Kunden einwirkt.[212] Ziel dieser Anknüpfung ist es, die Wettbewerber, die ihre Waren oder Dienstleistungen im europäischen Binnenmarkt anbieten, gleichen Regelungen zu unterwerfen.[213] Im Datenschutzrecht verfolgt die Einführung des Marktortprinzips darüber hinaus das Ziel eines effektiveren Schutzes der personenbezogenen Daten gemäß Art. 8 GRCh, indem es deutlicher als das Mittel-Kriterium auf den Betroffenen selbst abstellt und ihm so eine Durchsetzung seiner Rechte erleichtert.[214] Des Weiteren wird es in Zeiten von Cloud Computing zunehmend schwieriger, den tatsächlichen Ort einer Datenverarbeitung zu bestimmen, weshalb ein Abstellen auf die Ausrichtung eines Unternehmens wesentlich zielführender erscheint.[215]

---

210 *Solmecke/Wahlers*, ZD 2012, 550 (551); *Voigt*, ZD 2014, 15–21.

211 Hinzugefügt wurde der Hinweis „*unabhängig davon, ob die Verarbeitung in der Union stattfindet*“, welcher unter Berücksichtigung des Google Spain – Urteils klarstellt, dass es für eine Anwendbarkeit europäischer Datenschutzregelungen nicht erforderlich ist, dass die Datenverarbeitung in der EU stattfindet.

212 *Köhler/Bornkamm/Köhler*, UWG, Einleitung Rn. 5.5.

213 *Schantz*, NJW 2016, 1841 (1842).

214 *Klar*, ZD 2013, 109 (111).

215 *Klar/Kühling*, AöR 2016, 165 (220).

Durch die Marktortregelung entfällt folglich die teilweise sehr weitreichende Auslegung des Mittel-Kriteriums, um eine Datenverarbeitung den europäischen Datenschutzregeln zu unterwerfen.[216] Nicht zuletzt stellt die Entscheidung für das Marktortprinzip einen Mittelweg dar, den der Gesetzgeber zwischen einer Anknüpfung an den Wohnort des Betroffenen auf der einen Seite und einer Anknüpfung an den Sitz des Datenverarbeiters auf der anderen Seite geht.

a. Waren- oder Dienstleistungsangebot

Die DSGVO enthält keine Legaldefinitionen zu dem Begriff „anbieten". EG 23 nennt als Indizien die Sprache oder Währung, in welchen Waren oder Dienstleistungen bestellt werden können, sowie Nutzerbewertungen, aus denen eine Ausrichtung auf den europäischen Markt hervorgeht. Mit der Einführung des Marktortprinzips nimmt die DSGVO somit auch Abstand von einem territorialen Element wie dem Mittel-Kriterium und setzt auf einen „zuleitungsbasierten Ansatz"[217]. Kommt das europäische Datenschutzrecht bereits zur Anwendung, wenn ein Unternehmen einem Bürger in der EU Waren oder Dienstleistungen anbietet, stellt dies eine zeitliche Vorverlagerung zum vorher maßgebenden Mittelkriterium dar. Der Datenverarbeitungsprozess selbst, der bis dato die Anwendbarkeit der DSRL auslöste, wird nun erst in einem zweiten Schritt betrachtet. Es entsteht folglich eine Art Zweistufenprüfung, bei welcher zunächst entscheidend ist, ob ein Unternehmen Waren oder Dienstleistungen auf dem EU-Markt anbietet. Kann dies bejaht werden, wird sodann geprüft, ob die in Frage stehende Datenverarbeitung in Zusammenhang mit dem Anbieten steht.

Ob ein Unternehmen seine Tätigkeit auf dem europäischen Markt anbietet, muss anhand mehrerer Faktoren ermittelt werden. Hinweise können sich aus der Rechtsprechung des EuGH zum verbraucherrechtlichen Begriff des „Ausrichtens" ergeben.[218] Die darin entwickelten Faktoren sind jedoch in der Praxis nicht immer zu finden, was ihre Anwendung erschwert. So stellt beispielsweise die genutzte Währung ein Indiz für eine Ausrichtung auf den europäischen Markt dar. Da die Betreiber jedoch für einen Großteil der Internet-Dienstleistungsangebote keine monetäre Gegenleistung des Nutzers fordern, dürfte diesem Faktor mit der Ausnahme von E-Commerce und dem Internet-Spielebereich

---

216 vgl. Teil 2 B. II. 1. a).

217 *Wieczorek*, DuD 2013, 644 (648).

218 So auch schon *Art.-29-Datenschutzgruppe*, Stellungnahme 8/2010 zum anwendbaren Recht, WP 179, S. 39; *EuGH*, Urt. v. 7.12.2010 – C-585/08, *Pammer und Hotel Alpenhof*, ECLI:EU:C:2010:740; *Piltz*, Soziale Netzwerke im Internet, 2013, S. 297.

keine große Bedeutung zukommen. Zielführender kann hingegen ein Abstellen auf den internationalen Charakter einer Tätigkeit oder die Verwendung anderer Top-Level-Domains als diejenige des Sitzlandes sein.[219] Vor allem die Verwendung einer Sprache, die nur in einem bestimmten Mitgliedstaat gesprochen wird, führt ohne Probleme zur Anwendung der DSGVO.[220]

Der Gerichtshof setzt insbesondere den Willen, ein Angebot an die betroffenen Personen bereitzustellen, und ein aktives Tun des Geschäftstreibenden voraus.[221] Ein solch subjektiver Ansatz kann jedoch dazu führen, dass trotz der Intention eines Unternehmens gar keine Kunden aus einem anvisierten Gebiet gewonnen werden oder dass umgekehrt Kunden aus einem EU-Mitgliedsstaat gewonnen werden, ohne dass das Unternehmen dies im Vorfeld beabsichtigt hat.[222] Dennoch findet auch in diesem Vorstadium regelmäßig eine Verarbeitung personenbezogener Daten statt. Eine weite Auslegung des Angebots erscheint daher sachgemäß, sodass auch das einfache Bereithalten eines Angebots ohne ein weiteres aktives Zutun bereits als Angebot im Sinne des Art. 3 Abs. 2 lit. a DSGVO zu werten ist.[223]

Ein weiterer Hinweis ergibt sich aus der *Google-Spain*-Entscheidung. Hier sah der EuGH ein Ausrichten auf die Bürger eines EU-Staates in der Tatsache gegeben, dass ein Unternehmen in diesem Staat eine Tochtergesellschaft für den Verkauf von Werbeflächen betreibt.[224] Damit griff der Gerichtshof teilweise der Ausdehnung des Geltungsbereichs vor, den die DSGVO in Art. 3 Abs. 2 DSGVO vornimmt. In der Folge ist die Ausrichtung des Datenverarbeiters nun stets zu berücksichtigen, ohne dass es darauf ankommt, ob die datenverarbeitende Stelle eine Niederlassung in der EU hat. So ist bei Vorliegen einer Niederlassung zu ermitteln, ob die Datenverarbeitung im Rahmen der Tätigkeiten der Niederlassung stattfindet. Der EuGH bejahte dieses Merkmal für den Fall, dass die Tätigkeiten der Niederlassung auf die EU ausgerichtet und für die Datenverarbeitung

---

219 *EuGH*, Urt. v. 7.12.2010 – C-585/08, *Pammer und Hotel Alpenhof*, ECLI:EU:C:2010:740 Rn. 83 f.

220 *Kühling/Buchner/Klar*, DS-GVO/BDSG, Art. 3 Rn. 85; *Gola/Piltz*, DS-GVO, Art. 3 Rn. 28 schreibt ihr zumindest Indizwirkung zu.

221 *EuGH*, Urt. v. 7.12.2010 – C-585/08, *Pammer und Hotel Alpenhof*, ECLI:EU:C:2010:740, Rn. 92; spieziell in Bezug auf Datenbanken vgl. *EuGH*, Urt. v. 18.10.2012 – C-173/11, *Football Dataco*, ECLI:EU:C:2012:642 Rn. 36, 39.

222 *Svantesson*, IDPL, 5 (2015), 226 (232).

223 So auch *Kühling/Buchner/Klar*, DS-GVO/BDSG, Art. 3 Rn. 67.

224 *EuGH*, Urt. v. 13.5.2014 – C-131/12, *Google Spain*, ECLI:EU:C:2014:317, Rn. 60; *Brkan*, EDPL, 2 (2016), 324 (338).

wirtschaftlich notwendig sind.[225] Betreibt der Verantwortliche keine Niederlassung in der EU, ist das Merkmal über Art. 3 Abs. 2 DSGVO nunmehr ausdrücklich zu beachten. Insofern ergänzt die DSGVO die bereits durch den EuGH eingeführte Ausdehnung des Geltungsbereichs in Bezug auf in der EU niedergelassene Datenverarbeiter um ihre Anwendung auf Verantwortliche ohne Niederlassung in der Union. In beiden Konstellationen geschieht dies mithilfe der Marktortregel.

b. Verhaltensbeobachtung

Neu ist außerdem die Vorschrift des Art. 3 Abs. 2 lit. b DSGVO dar, welche auch drittstaatliche Unternehmen der DSGVO unterwirft, die das Verhalten einer Person in der EU beobachten. EG 24 nennt hierfür beispielhaft das Nachvollziehen der Internetaktivitäten einer betroffenen Person sowie Techniken zur Profilerstellung. Die Bandbreite an technischen Hilfsmitteln zur Verfolgung der Internetnutzung ist groß und wird von weiten Teilen der Webseitenbetreiber genutzt. Weit verbreitet ist insbesondere der Einsatz von Cookies, welche – wenn sie eingesetzt werden, um Nutzungsprofile zu erstellen – nutzerspezifische Angaben sowie die Inhalte der besuchten Webseite eines Anbieters, der den Cookie gesetzt hat, speichern und zurück zum Anbieter übertragen.[226] Cookies wurden zwar nach herrschender Auffassung bereits von Art. 4 Abs. 1 lit. c DSRL erfasst, stellten aber insofern einen strittigen Sonderfall dar,[227] als dass die verarbeitende Stelle bei ihrer Verwendung nicht auf eigene, sondern auf Mittel des Nutzers zurückgreifen muss.[228] Die Aufgabe des Mittel-Kriteriums in der DSGVO macht diese Diskussion überflüssig, da es für die Anwendung des Art. 3 Abs. 2 lit. b DSGVO keine Rolle mehr spielt, wie die Datenverarbeitung durchgeführt wird, solange sie mit der Beobachtung der betroffenen Person in Zusammenhang steht.

Auch eine außerhalb des Internets stattfindende Verhaltensbeobachtung ist von Art. 3 Abs. 2 lit. b DSGVO umfasst. Zu denken wäre hierbei

---

225 *EuGH*, Urt. v. 13.5.2014 – C-131/12, *Google Spain*, ECLI:EU:C:2014:317, Rn. 56.

226 *Schleipfer*, ZD 2015, 399 (400).

227 Für die Einordnung als Mittel *Art. 29-Datenschutzgruppe*, WP 56 vom 30.5.2002, S. 12, abgedr. in Dok. F-EU 1; KG Urteil vom 24.1.2014 Az. 5 U 42/12 (Facebook-AGBs) Abschnitt III. a) aa) bbb), juris; *Wagner*, Websurfen, S. 204 f.; a.A. *Fröhle*, Web Advertising, S. 155; zumindest kritisch betrachtend *Czerniawski* in: *Svantesson/Kloza*, Trans-Atlantic Data Privacy Relations as a Challenge for Democracy, 2017, S. 221 (231); *Moerel*, IDPL, 1 (2011), 28 (41 ff.).

228 *Simitis/Dammann*, BDSG, § 1 Zweck und Anwendungsbereich des Gesetzes Rn. 227.

beispielsweise an Rabattsysteme, die das Kaufverhalten ihrer Nutzer beobachten und hierauf aufbauend individualisierte Werbung präsentieren. Dem Wortlaut des Art. 3 Abs. 2 lit. b DSGVO lässt sich keine Einschränkung auf Onlinedienste entnehmen.[229] Eine solche kann allenfalls aus EG 24 abgeleitet werden, welcher ausschließlich auf das Beobachten von Internetaktivitäten abstellt. Ziel der Vorschrift ist es, insbesondere solche Unternehmen zu erfassen, die sich systematisch[230] auf die Bildung von Nutzerprofilen spezialisieren. Ob dies durch den Einsatz von Online- oder Offline-Tools geschieht, macht für den Gefährdungsgrad zunächst einmal keinen Unterschied. Lediglich die Tatsache, dass die eingesetzten Online-Tracking-Tools häufig für den einzelnen Nutzer nicht spürbar sind, während Unternehmen, die das Konsumverhalten in der analogen Welt beobachten, darauf angewiesen sind, dass die einzelnen Personen sich registrieren und selbst das „Tool"[231] bei ihrem Einkauf verwenden, mag als Argument dafür herangezogen werden, dass der Gesetzgeber online-agierenden Unternehmen ein höheres Gefährdungspotenzial zuspricht. Dies würde jedoch der umfassenden Regelungsabsicht des Art. 3 Abs. 2 lit. a DSGVO widersprechen. Zudem beinhaltet die DSGVO auch keine anderen Vorschriften, die ausschließliche auf Internetsachverhalte anwendbar sind. Daher dürfte der Hinweis aus EG 24 lediglich einen Anhaltspunkt darstellen; ein grundsätzlicher Ausschluss von Offline-Beobachtungen ist darunter aber nicht zu verstehen.[232]

Als zusätzliche Einschränkung setzt Art. 3 Abs. 2 lit. b DSGVO voraus, dass das Verhalten der betroffenen Person in der Union erfolgen muss. Mit diesem Zusatz wählt der Gesetzgeber erneut ein territoriales Anknüpfungskriterium, obwohl er ein solches gerade im Internetbereich als nicht praktikabel erachtete.[233] Genau wie bei der Vorschrift des Art. 3 Abs. 2 lit. a DSGVO kommt es nicht auf den Wohnsitz beziehungsweise den gewöhnlichen Aufenthalt der betroffenen Personen an. Art. 3 Abs. 2 lit. b DSGVO scheint die Voraussetzung sogar noch weiter einzuschränken, indem er nicht nur verlangt, dass sich die betroffenen Personen physisch in der Union befinden, sondern auch, dass sie ihr

---

229 *Gömann*, CLMR 2017, 567 (588).

230 *Klar*, ZD 2013, 109 (113).

231 Z. B. eine Kundenkarte, die bei jedem Einkauf an der Kasse eingescannt wird.

232 So im Ergebnis auch *Ustaran* in: *Ismail/Yong Cieh*, Beyond Data Protection, 2013, S. 135, (155); *Simitis/Hornung/Spiecker/Hornung*, Datenschutzrecht, Art. 3 DSGVO Rn. 58; *Wolff/Brink/Hanloser*, BeckOK DatenschutzR, Art. 3 Rn. 37; *Gola/Piltz*, DS-GVO, Art. 3 Rn. 31; a. A. *Kühling/Buchner/Klar*, DS-GVO/BDSG, Art. 3 Rn. 92.

233 Daher wohl die Abschaffung im Zuge der Reform und Einführung der DSGVO; vgl. auch Art.-29-Datenschutzgruppe, WP 179, S. 39.

Verhalten dort ausüben. Ohne eine derartige Einschränkung wäre jeder Webseitenbetreiber, der Tracking und Tracingtools einsetzt, vom Anwendungsbereich der DSGVO erfasst. Damit käme der Vorschrift eine Art Weltgeltung zu, deren völkerrechtliche Zulässigkeit außerhalb des Strafrechts aber durchaus umstritten ist.[234] Dieser Kritik muss sich die Norm darüber hinaus auch deswegen stellen, weil an die Verhaltensbeobachtung kein subjektives Element in Form eines Ausrichtens auf den Markt der EU geknüpft ist, sodass es sich bei der Vorschrift streng genommen nicht um eine Marktortregel handelt.[235] Jedoch vermag es die zusätzliche Voraussetzung, dass das Verhalten der betroffenen Personen in der Union erfolgen muss, nicht, dieser Kritik entgegenzutreten. Eine Situation, in der der Aufenthaltsort des Betroffenen und sein Handlungsort auseinanderfallen, ist schwer vorstellbar. Der Zusatz scheint daher eher ein Relikt aus dem Ratsentwurf zur DSGVO zu sein, welcher es noch für die Anwendung der Verordnung ausreichen ließ, dass die betroffene Person ihren Wohnsitz in der Union hat. Um eine Anwendbarkeit auszuschließen, wenn sich EU-Bürger in Drittstaaten aufhielten und dort datenschutzrechtliche Handlungen vornähmen, ergänzte man die zusätzliche Voraussetzung.[236] Kommt dieser keine rechtliche Bedeutung zu, bleibt es bei der Weltgeltung des Art. 3 Abs. 2 lit. b DSGVO. Jeder Betreiber einer Webseite, der auf Tracking- oder Profilingtools zurückgreift, fällt unter die Vorgaben der DSGVO.[237] Der Geltungsanspruch geht somit sogar über den des Art. 3 Abs. 2 lit. a DSGVO hinaus. Obgleich der Gesetzgeber die konkrete Anwendung auf Vollzugsebene begrenzt, stellt die Norm zunächst ein deutliches Signal an Datenverarbeiter außerhalb der Union dar. Das Erheben personenbezogener Daten von EU-Bürgern durch Nachverfolgungsapplikationen im Internet muss sich grundsätzlich an der DSGVO messen lassen.

c. *Auftragsverarbeitung*

Neben dem für eine Datenverarbeitung Verantwortlichen adressiert Art. 3 Abs. 2 DSGVO auch den in einem Drittstaat niedergelassenen Auftragsverarbeiter. Die unterschiedlichen Begriffsbestimmungen gemäß Art. 4 Nr. 8, 10 DSGVO verdeutlichen, dass Auftragsverarbeiter nicht als Dritte im Sinne der DSGVO gelten. Sie sind datenschutzrechtlich dem Verantwortlichen zugehörig, sodass

---

234 Vgl. *Sandrock*, ZVglRWiss 2016, 1 (2).

235 *Kühling/Buchner/Klar*, DS-GVO/BDSG, Art. 3 Rn. 23; a. A. *Paal/Pauly/Ernst*, DS-GVO, Art. 3 Rn. 18.

236 *Svantesson*, IDPL 2013, 278 (279).

237 *Klar*, DuD 2017, 533 (536).

eine Datenübertragung an einen Auftragsverarbeiter keine Datenverarbeitung im Sinne des Art. 4 Nr. 2 DSGVO darstellt und damit nicht dem Verbotsprinzip unterliegt.[238] Dabei beschränkt die DSGVO die Regelungen über die Auftragsverarbeitung nicht auf Auftragnehmer, die eine Niederlassung in der Europäischen Union betreiben.[239] Vielmehr betont die Verordnung durch die explizite Nennung des Auftragsverarbeiters in Art. 3 Abs. 2 DSGVO, dass dieser auch ausschließlich außerhalb der EU niedergelassen sein kann.[240] Falls der Auftragsverarbeiter seinen Sitz in einem Drittstaat hat und die Datenverarbeitung dort stattfindet, sind in der Regel zusätzlich die Art. 44 ff. DSGVO zu beachten.[241] Der Verantwortliche als Auftraggeber trägt gemäß Art. 28 DSGVO die Verantwortung dafür, dass die Auftragsverarbeitung mit den Vorschriften der DSGVO in Einklang steht. Die übermittelnde Stelle in der EU bleibt für den Schutz der personenbezogenen Daten zwar verantwortlich, die DSGVO enthält aber auch eigene Verpflichtungen für Auftragsverarbeiter – so zum Beispiel im Falle einer Datenschutzverletzung, Art. 33 Abs. 2 DSGVO. Damit durch die Wahl eines in einem Drittstaat ansässigen Auftragsverarbeiter keine Schutzlücken entstehen, spielt es für die Anwendbarkeit der DSGVO keine Rolle, ob die Verarbeitung personenbezogener Daten durch einen drittstaatlichen Verantwortlichen oder Auftragsverarbeiter ohne Niederlassung in der Union durchgeführt wird.

IV. Zulässigkeit der Ausdehnung

1. Völkerrechtliche Legitimation des Art. 3 DSGVO

Im Kern hält die DSGVO weiterhin am Territorialitätsprinzip fest.[242] Allerdings lockert die Einführung des Marktortprinzips die Anforderungen an den Bezug zur Europäischen Union. Während die DSRL den Bezug zur EU darüber herstellte, dass ein drittstaatlicher Datenverarbeiter für die Verarbeitung in der EU befindliche Mittel verwendet, stellt die DSGVO nunmehr lediglich auf die geografische

---

238 *Plath/Plath*, DSGVO/BDSG, Art. 28 Rn. 2; a. A. *Piltz*, K&R 2016, 709 (712).

239 In Bezug auf das deutsche Datenschutzrecht wurde bis zum Inkrafttreten der DSGVO vertreten, die Privilegierung nach § 3 Abs. 8 S. 3 BDSG beschränke sich auf eine Auftragsverarbeitung innerhalb des EWR; vgl. zuletzt *Düsseldorfer Kreis*, Orientierungshilfe – Cloud Computing, S. 17.

240 *FSA/Moos/Cornelius*, DSGVO/BDSG, Kapitel 7 Auftragsverarbeitung Rn. 5; *Kühling/Buchner/Hartung*, DS-GVO, Art. 28 Rn. 106.

241 *SJTK/Kremer*, DS-GVO/BDSG, Art. 28 Rn. 50; *Ehmann/Selmayr/Bertermann*, DS-GVO, Art. 28 Rn. 9.

242 *Walter*, JZ 2015, 685 (692); *Wieczorek*, DuD 2013, 644 (648).

Ausrichtung der angebotenen Waren oder Dienstleistungen ab sowie auf Beobachtungstätigkeiten, die auf Bürger in der EU gerichtet sind. Auf diese Weise bildet die DSGVO im Vergleich zu der Regelung des Art. 4 Abs. 2 lit. a DSRL neue Geschäftsmodelle und somit die tatsächlichen Verhältnisse insbesondere in Rechtsverhältnissen zwischen Unternehmern und Verbrauchern deutlicher ab. Dennoch muss diese Ausweitung auch völkerrechtlich zulässig sein.[243] Im System der unterschiedlichen Anknüpfungskriterien bildet das Marktortprinzip eine Konkretisierung des Auswirkungsprinzips, wonach das Recht desjenigen Staates zur Anwendung gelangt, in dem sich die in Frage stehende Handlung qualifiziert – das heißt unmittelbar, wesentlich und vorhersehbar – auswirkt.[244] Im Gegensatz zum Territorialitätsprinzip kann die in Frage stehende Handlung auch außerhalb des Gebiets der EU durchgeführt werden. Aufgrund der Tatsache, dass moderne Datenverarbeitungsvorgänge kaum lokalisierbar sind und der Ort der Datenverarbeitung keine unmittelbare Auswirkung auf den Schutzumfang für den Betroffenen hat, ist eine Abkehr vom Mittel-Kriterium durchaus sachgerecht. Zudem zeugt die Änderung des Anknüpfungskriteriums zugleich von der Verschiebung in der Legitimation der Datenschutzgesetzgebung, welche nunmehr den Grundrechtsschutz vermehrt in den Fokus rückt.[245] Wie der EuGH bereits in Bezug auf den internationalen Verbraucherschutz feststellte,[246] bildet die Anknüpfung an den Marktort auch für den Betroffenen eine größere Rechtssicherheit und einen effektiveren Schutz.

Das Abstellen auf den Markt, auf welchem sich Betroffener und Datenverarbeiter begegnen und eine rechtliche Beziehung aufbauen, erscheint durchaus sachgerecht. Die DSGVO erklärt sich dann für anwendbar, wenn sich dieser Markt innerhalb der EU befindet. Wenn sich also Betroffener und Datenverarbeiter bewusst für diesen Markt entscheiden, entsteht eine enge Verbindung

---

243 A. A. wohl *SJTK/Pabst,* DS-GVO/BDSG, Art. 3 DSGVO Rn. 25, welcher der Vorschrift lediglich eine intraterritoriale Wirkung zuschreibt, da die DSGVO lediglich auf eine Tätigkeit im Binnenmarkt abstelle.

244 Hoffmann, in: Dauses, EU-Wirtschaftsrecht, Art. 101 und 102 AEUV im Überblick, Rn. 31; im Ergebnis auch *Leible,* Wege zu einem Europäischen Privatrecht, 2003, S. 189, der begrifflich allerdings auf das Schutzprinzip abstellt.

245 Erkennbar u.a. an aktueller Rspr. des EuGH in Sachen Google Spain und Schrems sowie an der deutlichen Hervorhebung in den Erwägungsgründen der DSGVO; auch wenn EG 9 der DSGVO darauf hinweist, dass die Ziele und Grundsätze der DSRL weiterhin Gültigkeit besitzen.

246 *EuGH,* Urt. v. 7.12.2010 – C-585/08, *Pammer und Hotel Alpenhof,* ECLI:EU:C:2010:740.

zur europäischen Rechtsordnung.[247] Zudem ermöglicht die Marktortanknüpfung auch eine einfache und nachvollziehbare Anknüpfungsentscheidung. Ein Abstellen auf die Belegenheit von Daten wird aufgrund der unübersichtlichen Übermittlungs- und Verarbeitungsprozesse zunehmend schwieriger und kann den Verkehrsinteressen nur unzureichend dienen.[248] Hinsichtlich der Ordnungsinteressen ist die Marktortregelung vor allem in Bezug auf den äußeren Entscheidungseinklang zu begrüßen. Es zeichnet sich zumindest eine Tendenz ab, wirtschaftsrechtliche Regelungen, bei denen traditionelle Anknüpfungskriterien zu Schutzlücken oder Rechtsunsicherheit führen, auf die Marktortregel zurückzugreifen. Auch in Bezug auf den inneren Entscheidungseinklang kann die Einführung des Marktortprinzips im Datenschutzrecht überzeugen. So hindert es Unternehmen daran, sich dem europäischen Datenschutzregime mit dem Argument zu entziehen, dass sie innerhalb der Union lediglich Niederlassungen betreiben, die im Rahmen ihrer Tätigkeit keine personenbezogenen Daten verarbeiten. Es bedarf folglich keiner den Wortlaut überdehnenden Auslegung des Niederlassungsprinzips, damit Drittstaaten vom Anwendungsbereich der DSGVO erfasst werden. Entscheidend nach der neuen Regel ist allein der Marktort, auf welchem Betroffener und Datenverarbeiter agieren. Ein geschickter Aufbau der eigenen Konzernstrukturen hilft folglich nicht mehr, um den Vorgaben der DSGVO zu entgehen.

Im Ergebnis ist festzustellen, dass das Markortprinzip im grenzüberschreitenden Datenschutzrecht den verschiedenen Interessen gerecht werden kann. Die Ausrichtung auf den europäischen Markt und damit die besondere Fokussierung auf die Daten der Bürger in der EU kann noch eindeutiger als das Mittel-Kriterium der DSRL eine hinreichend enge Verbindung zur Europäischen Rechtsordnung begründen. Das Marktortkriterium ist insofern auch aus völkerrechtlicher Sicht ein geeignetes Anknüpfungskriterium.

2. *Schutzpflicht aus universellen Menschenrechtspakten*

Als völkerrechtlicher Vertrag bindet die EMRK zunächst nur die Vertragsstaaten. Dass sie darüber hinaus auch positive Pflichten (sogenannte *positive obligations*[249]) beinhaltet, den Grundrechtsschutz auch auf Beeinträchtigungen durch

---

247 Ähnl. auch *Maier*, Marktortanknüpfung im internationalen Kartelldeliktsrecht, 2011, S. 291.

248 *Brennscheidt*, Cloud Computing und Datenschutz, 2013, S. 187 f.

249 Der Begriff der positive obligations beinhaltet neben den Schutzpflichten noch weitere staatliche Verpflichtungen, siehe dazu ausführlich z. B. *Dröge*, Positive Verpflichtungen der Staaten in der Europäischen Menschenrechtskonvention, 2003.

Private zu gewährleisten, ist anerkannt.[250] Eine Schutzpflicht aus Art. 8 EMRK erkannte der EGMR unter anderem im Bereich von Beeinträchtigungen durch Fluglärm oder Umweltverschmutzungen beim Erreichen eines entsprechenden Ausmaßes an[251], sowie für das Recht am eigenen Bild[252].

Hinsichtlich der elektronischen Datenverarbeitung bei Internetsachverhalten im Zusammenhang mit staatlichen Schutzpflichten stellte der EGMR in seiner Entscheidung *K.U. gegen Finnland* wesentliche Aspekte einer Schutzpflichteigenschaft des Art. 8 EMRK heraus.[253] Die Entscheidung betraf einen Minderjährigen, dessen Identität durch einen unbekannten Täter für die Erstellung eines Profils auf einer Online-Dating-Plattform genutzt worden war. Die Polizei scheiterte jedoch bei der Täterermittlung, da sich der Diensteanbieter weigerte, den Namen zu der ermittelten IP-Adresse mit Verweis auf Datenschutzvorschriften herauszugeben. Der EGMR erkannte hierin eine Verletzung der staatlichen Verpflichtung zum Erlass von Minderjährigenschutzgesetzen.[254] Obgleich er im konkreten Fall eine Schutzpflicht aus dem Recht auf körperliche Unversehrtheit und nicht aus dem Recht auf Schutz der Privatsphäre herausarbeitete, zeigte der EGMR die grundsätzliche Bereitschaft, staatliche Schutzpflichten durch Art. 8 Abs. 1 EMRK anzuerkennen.[255] Der EGMR erkannte einen Ursachenzusammenhang zwischen der Verletzung der Schutzpflicht aus dem Recht auf körperliche Unversehrtheit und einer Einschränkung des Rechts auf Vertraulichkeit

250 *Wiesbrock,* Internationaler Schutz der Menschenrechte vor Verletzungen durch Private, 1999, S. 113; *Meyer-Ladewig/Nettesheim/Raumer/Meyer-Ladewig/Nettesheim,* EMRK, Art. 8 Rn. 5; *Grabenwarter/Pabel,* Europäische Menschenrechtskonvention, 6. Aufl., 2016 § 19 Rn. 3 f.

251 *EGMR,* Urt. v. 25.11.2010, *Mileva and others v Bulgaria,* ECLI:CE:ECHR:2010:1125 JUD00434490 Rn. 90 ff.; *EGMR,* Urt. v. 14.02.2012, *Hardy and Maile v. The United Kingdom,* ECLI:CE:ECHR:2012:0214JUD003196507, Rn. 250.

252 *EGMR,* Urt. v. 24.06.2004 – Nr. 59320/00, *Von Hannover,* ECLI:CE:ECHR:2004:0624 JUD005932000, Rn. 57; *EGMR,* Urt. v. 19.9.2013 – Nr. 8772/10, *Caroline von Hannover,* ECLI:CE:ECHR:2013:0919JUD000877210 (1646), Rn. 42.

253 *EGMR,* Urt. v. 02.12.2008 – Nr. 2872/02, *K.U. v. Finland,* ECLI:CE:ECHR:2008:1202 JUD000287202, Rn. 46 ff.

254 *EGMR,* Urt. v. 02.12.2008 – Nr. 2872/02, *K.U. v. Finland,* ECLI:CE:ECHR:2008:1202 JUD000287202, Rn. 49.

255 Ausf. dazu *Burgkardt,* Grundrechtlicher Datenschutz zwischen Grundgesetz und Europarecht, 2013, S. 281 f.; vgl. auch *Szczekalla,* Die sogenannten grundrechtlichen Schutzpflichten im deutschen und europäischen Recht, 2002, S. 816, der Datenschutz trotz ausstehender ausdrücklicher Klärung durch den EGMR als „Ausfluss *positiver* Pflichten aus *Art. 8 I EMRK* [ansieht]“.

persönlicher Daten. Leider konkretisierte er dabei jedoch nicht das Verhältnis der beiden Grundrechtsausprägungen zueinander und nahm somit keine Stellung zu den Ausformungen der staatlichen Schutzpflichtendimension des Rechts auf Datenschutz.[256] In jedem Fall muss die staatliche Schutzpflicht mit der Gefährdung des Grundrechtsberechtigten und dessen Nachteilen im Falle einer staatlicher Untätigkeit stets in einem angemessenen Verhältnis stehen.[257] Hierbei ist jedoch ein gewisses Maß an Flexibilität auf legislativer Ebene gefordert, da das konkrete Gefährdungspotenzial für den Einzelnen eng mit den zur Verfügung stehenden technischen Möglichkeiten verbunden ist.

Eine staatliche Schutzpflicht ergibt sich darüber hinaus auch aus dem UN-Zivilpakt. Gemäß Art. 2 ist jeder Vertragsstaat dazu verpflichtet, Bürger in seinem Hoheitsgebiet vor Eingriffen in eines der durch den Pakt geschützten Rechte zu bewahren. Da das Recht auf Privatsphäre gemäß Art. 17 UN-Zivilpakt ausdrücklich auch das Recht beinhaltet, keinen rechtswidrigen Eingriffen in sein Privatleben ausgesetzt zu sein, tritt für den einzelnen Vertragsstaat insofern eine Schutzpflicht ein. Die negative Formulierung dieses Rechts führt im Gegensatz zu anderen Freiheitsrechten unweigerlich zu einer Pflicht des Vertragsstaates der betroffenen Person, Eingriffe aus dem In- und Ausland abzuwehren.[258]

3. Schutzpflicht aus Art. 8 GRCh

Obwohl der EuGH bislang noch keine Schutzpflicht für die Unionsgrundrechte anerkannt hat,[259] besteht in der Wissenschaft jedoch weitgehend Einigkeit darüber, dass Art. 8 GRCh eine staatliche Schutzverpflichtung enthält, die es dem europäischen Gesetzgeber u. a. erlaubt, sich auf das passive Personalitätsprinzip zu stützen.[260] Diese Schutzpflicht sei bereits dem Wortlaut der Norm zu

256 S.a. Verbundprojekt der Projektgruppe verfassungsverträgliche Technikgestaltung, Interessenausgleich im Rahmen der Vorratsdatenspeicherung, Schlussbericht, Stand: 15.2.2012.

257 *Grabenwarter/Pabel,* Europäische Menschenrechtskonvention, 6. Aufl., 2016, § 19 Rn. 6.

258 *Schiedermair,* Der Schutz des Privaten als internationales Grundrecht, 2012, S. 74 f.; *Svantesson*, Stan. J. Int'l L., 50 (2014), 53 (78).

259 *Leuschner*, EuR 2016, 431 (445).

260 *Holzer* in: *Holzer/Ory/Engel*, Evolution der Medien – das Ringen um Kontinuität, 2013, S. 297, S. 297 (313); *Schiedermair,* Der Schutz des Privaten als internationales Grundrecht, 2012, S. 411; *Streinz/Michl*, EuZW 2011, 384 (385); *Kokott/Sobotta*, IDPL 2013, 222 (226); *Papier*, NJW 2017, 3025 (3030); *Marsch,* Das europäische Datenschutzgrundrecht, 2018, S. 130 f.; *Szczekalla,* Die sogenannten grundrechtlichen Schutzpflichten im deutschen und europäischen Recht, 2002, S. 560 f.

entnehmen, nach dem Art. 8 GRCh ein „Recht auf Schutz" gewährt.[261] Zudem legt auch Art. 51 Abs. 1 GRCh den Mitgliedstaaten die Pflicht auf, bei der Durchführung des Unionsrechts die Rechte und Grundsätze der Charta zu achten, sich an diese halten und ihre Anwendung zu fördern. Auch wenn Art. 51 GRCh eine Schutzpflicht in Form einer Handlungspflicht nicht ausdrücklich benennt, ist eine Solche gleichwohl grundsätzlich Bestandteil von internationalen Menschenrechtsnormen[262] und der Grundrechtecharta im Speziellen.[263] Versteht man Art. 1 GRCh als Fundament aller nachfolgenden Grundrechte der Charta, so lässt sich eine generelle Schutzdimension auch aus dessen Schutzauftrag ableiten.[264]

Insbesondere die jüngere Rechtsprechung des EuGH deutet auf eine Anerkennung einer Schutzpflicht der Art. 7, 8 GRCh hin. So leitet der Gerichtshof datenschutzrechtliche Verpflichtungen für den Bereich privater Datenverarbeitung aus diesen Grundrechten in Verbindung mit der Datenschutz-Richtlinie ab.[265]

Auch die Legislativorgane der EU scheinen eine Schutzpflicht des Art. 8 GRCh anerkannt zu haben. So ist der Grundrechtsschutz ein ausdrückliches Ziel der DSGVO, welches mit Art. 1 Abs. 2 DSGVO sogar in den Normentext aufgenommen wurde. Da die DSGVO sowohl auf öffentliche als auch auf private Stellen Anwendung findet, wird der Grundrechtsinhalt auf diese Weise auch zwischen Privaten wirksam. Die konkrete Ausformung des Art. 8 GRCh macht außerdem deutlich, dass den europäischen Gesetzgeber spätestens seit Inkrafttreten des Vertrags von Lissabon eine Pflicht trifft, den Schutz personenbezogener Daten sowohl im Verhältnis zwischen Bürger und Staat als auch für rein privatrechtliche Sachverhalte mithilfe einfachgesetzlicher Regelungen zu konkretisieren.

Eine Erstreckung datenschutzrechtlicher Regelungen auf ausländische Staatsbürger kann somit in völkerrechtlich zulässiger Weise durch eine Anwendung des Personalitätsprinzips gerechtfertigt werden.

Art. 8 GRCh hat neben der Schutzpflichtausübung auch aufgrund der Besonderheit des EU-Rechts Einfluss auf reine Privatrechtsverhältnisse. So sieht die europäische Rechtsordnung als eines seiner Grundprinzipien vor, dass auch

261 *Jarass/Jarass*, EU-GRCH, Art. 8 Rn. 10; *Frenz*, Handbuch Europarecht, 4, 2009, Rn. 1386.

262 *Taylor*, IDPL, 5 (2015), 246 (251).

263 *Calliess/Ruffert/Kingreen*, EUV/AEUV, Art. 51 EU-GRCharta Rn. 27.

264 *Calliess/Ruffert/Calliess*, EUV/AEUV, Art. 1 EU-GRCharta Rn. 5.

265 *EuGH*, Urt. v. 13.5.2014 – C-131/12, *Google Spain*, ECLI:EU:C:2014:317; *EuGH*, Urt. v. 6.10.2015 – C-362/14, *Schrems*, ECLI:EU:C:2015:650, Rn. 72; die DSRL kann nicht als Ausübung der Schutzpflicht aus Art. 8 GRCh gesehen werden, da sie zeitlich vor der GRCh erlassen wurde, dennoch kann sie nachträglich diese Funktion übernehmen.

Individuen Rechte aus dem Primärrecht ableiten können.[266] Da die GRCh mit Inkrafttreten des Vertrags von Lissabon den Rang des Primärrechts erlangt hat, ist auch eine direkte Anwendbarkeit der Charta auf Privatrechtsverhältnisse für Sachverhalte, die in den Geltungsbereich des EU-Rechts fallen, aber nicht von dessen Durchsetzungsbereich umfasst sind, grundsätzlich nicht ausgeschlossen.[267] Diese Möglichkeit ergibt sich bereits aus Art. 51 GRCh, welcher die Charta zwar für den Geltungsbereich des EU-Rechts, nicht aber darüber hinaus für anwendbar erklärt. Aufgrund der Tatsache, dass Geltungs- und Durchsetzungsbereich nicht zwingend deckungsgleich sein müssen, bietet die Vorschrift Raum für eine horizontale Direktwirkung der Charta.[268]

Die Wirkung der Europäischen Grundrechtecharta zwischen Privatpersonen zu ermöglichen und auf diese Weise insbesondere extraterritorial agierende Internetunternehmen zu binden, ist auch das Ziel der sogenannten Digitalen Charta[269] – einem Grundrechtskatalog, der 2016 durch eine Bürgerinitiative entwickelt und dem Europäischen Parlament als Petition vorgelegt wurde. Die in der Charta enthaltenen Rechte sind speziell auf das digitale Zeitalter zugeschnitten und verstehen sich als Konkretisierung der bestehenden Grundrechte. Das Ziel der Initiatoren ist es, ein rechtsverbindliches Dokument zu schaffen, welches auch Private bindet, indem es sie – und nicht nur den Staat – zu Schutzverpflichteten macht.[270] Um dies zu erreichen, haben die Verfasser den Anwendungsbereich der Digitalen Charta explizit auf nichtstaatliche Akteure ausgedehnt.[271] Inhaltlich knüpft die Digitale Charta an bestehende Grundrechte der GRCh an und beschreibt den digitalen Gehalt ihrer Schutzbereiche. Es ist allerdings sehr zweifelhaft, ob die Digitale Charta jemals den von ihren Verfassern geforderten rechtsverbindlichen Status erhält. Die simple Postulierung einer unmittelbaren Drittwirkung ist nicht die Lösung für das zurecht kritisierte Machtgefälle zwischen Unternehmen und Nutzern in der digitalen Welt. Vielmehr liegt gerade hierin eine große Gefahr: Sie führt zu einer Vermischung der getrennten

---

266 *Bergmann* in: *Bergmann*, Handlexikon der Europäischen Union, 2015, Stichwort: Unmittelbare Wirkung des Europarechts.

267 *Hijmans*, The European Union as Guardian of Internet Privacy, 2016, S. 36.

268 So auch *Hijmans*, The European Union as Guardian of Internet Privacy, 2016, S. 36.

269 Charta der Digitalen Grundrechte der Europäischen Union, siehe www.digitalcharta.eu (Stand: 02.03.2019).

270 *Westphalen*, BB 2018, 899 (899).

271 Vgl. Art. 17 Abs. 2 „Die Rechte und Prinzipien dieser Charta gelten auch gegenüber nichtstaatlichen Akteuren. Dabei ist eine Abwägung mit den Grundrechten dieser Akteure vorzunehmen".

Rechtspositionen von Bürger und Staat. Während der Erste grundsätzlich frei ist in seinem Handeln und nur durch Gesetze in seiner Freiheit eingeschränkt wird, erlangt Letzterer seine Handlungsfähigkeit erst durch eine gesetzliche Ermächtigung. Eine unmittelbare Grundrechtswirkung würde die Freiheit des Einzelnen damit erheblich beschneiden und privatautonome Rechtsbeziehungen unterbinden.[272] Dennoch kann die Digitale Charta auch als unverbindliches Dokument einen wertvollen Beitrag leisten sowohl für die Auslegung einzelner Grundrechte als auch für die Erfüllung der staatlichen Schutzpflicht im digitalen Bereich.

B. Die extraterritoriale Wirkung datenschutzrechtlicher Anwendungsnormen am Beispiel der Zulässigkeit einer Rechtswahl

Extraterritoriale Regelungen können ihre Wirkung jedenfalls in einem grenzüberschreitenden privatrechtlichen Sachverhalt nur dann entfalten, wenn auch das internationale Privatrecht ihre Anwendung bestimmt. Im Zuge der Harmonisierung des IPR auf EU-Ebene wurde allerdings auf eine explizite Berücksichtigung datenschutzrechtlicher Ansprüche verzichtet. Die Mitgliedstaaten konnten in Bezug auf Persönlichkeitsverletzungen insgesamt keine Einigung erzielen, sodass diese zumindest vom sachlichen Anwendungsbereich der Rom II-Verordnung[273] ausdrücklich ausgenommen wurden.[274] Das harmonisierte Kollisionsrecht in Bezug auf vertragliche Schuldverhältnisse (Rom I-Verordnung[275]) enthält einen solchen expliziten Ausschluss dagegen nicht. Aus diesem Grund ist das Verhältnis der Rom I-Vorgaben zu Art. 3 DSGVO von besonderem Interesse.

I. Unterscheidung zwischen internationalem öffentlichem Recht und internationalem Privatrecht

Aufgrund der Tatsache, dass sich das Datenschutzrecht nicht allein dem öffentlichen oder dem Privatrecht zuordnen lässt, bedarf es einer Abgrenzung zu beiden

272 Vgl. *Maunz/Dürig/Herdegen*, GG, Art. 1 Abs. 3 Rn. 59.
273 Die Verordnung (EG) Nr. 864/2007 des Europäischen Parlaments und des Rates über das auf außervertragliche Schuldverhältnisse anzuwendende Recht vom 11.07.2007.
274 *Revolidis*, ZD-Aktuell 2015, 4756.
275 Die Verordnung (EG) Nr. 593/2008 des Europäischen Parlaments und des Rates über das auf vertragliche Schuldverhältnisse anzuwendende Recht vom 17.06.2008.

Rechtsgebieten. Stehen sich ein privater Datenverarbeiter und der Betroffene gegenüber, kommt grundsätzlich eine Anwendung des IPR in Frage. Anders gestaltet sich die Lage, wenn ein Träger öffentlicher Gewalt die Datenverarbeitung vornimmt oder dieser – als dritte Partei – die Unterlassung der Datenverarbeitung begehrt. Bei diesen Fällen ist nicht das IPR, sondern das IÖR maßgeblich. Im Gegensatz zum IPR ist das IÖR nicht harmonisiert, sodass auf die völkerrechtlichen Prinzipien zurückzugreifen ist.[276] Etwaige Rechtswahlklauseln sind unbeachtlich, da das IÖR – anders als das IPR – nicht von einer Austauschbarkeit und damit einer Gleichwertigkeit in- und ausländischer Rechtsordnungen ausgeht.[277] Sein Kern liegt also nicht in der Auswahl der sachnächsten Rechtsordnung, sondern allein in der Lösung von Konfliktsituationen.[278] Besonders relevant ist die Unterscheidung für die Arbeit von Daten- und Verbraucherschutzbehörden, welche regelmäßig Datenschutzvorschriften durchsetzen. Als Behörde unterliegen sie öffentlich-rechtlichen Ermächtigungsnormen, sodass das anzuwendende Recht auf die rechtliche Beziehung zu dem Verantwortlichen mithilfe des IÖR zu ermitteln ist. Legt man im Datenschutzrecht nun unterschiedliche Prinzipien für die Ermittlung des anwendbaren Rechts für ein Privatrechtsverhältnis einerseits und ein Rechtsverhältnis mit öffentlich-rechtlicher Beteiligung andererseits fest, besteht die Gefahr, dass das Ergebnis davon abhängt, wer die Rechtsdurchsetzung anstrengt. Zudem könnte eine einmal getroffene Rechtswahl sofort wirkungslos werden, wenn anstelle des Betroffenen eine Datenschutzbehörde tätig wird.[279] Solche Ergebnisse erscheinen unsachgemäß und zwingen daher zu einer Begrenzung der Rechtswahlmöglichkeit im Datenschutzrecht.

II. Rechtswahlfreiheit und Datenschutz

Gemäß Art. 3 Rom I-VO können die Parteien das Recht, welchem ihr vertragliches Schuldverhältnis unterliegen soll, frei wählen. Die Rechtswahlfreiheit bildet

---

276 Zu beachten ist jedoch, dass das IÖR nicht mit dem Völkerrecht gleichzusetzen ist, sondern nationales Recht darstellt, siehe dazu u. a. *Menzel*, Internationales Öffentliches Recht, 2011, S. 8.

277 *Kropholler*, Internationales Privatrecht, 6., neubearb. Aufl., 2006, S. 16; *Gounalakis/Radke*, ZVglRWiss, 98 (1999), 1 (5 f.); *Neuhaus*, Die Grundbegriffe des Internationalen Privatrechts, 2. Aufl., 1976, S. 43; *Vogel*, Der räumliche Anwendungsbereich der Verwaltungsrechtsnorm, 1965, S. 206 f.

278 *Ohler* in: *Leible/Ruffert*, Völkerrecht und IPR, 2006, S. 131 (137); *Menzel*, Internationales Öffentliches Recht, 2011, S. 61.

279 *Kartheuser/Klar*, ZD 2014, 500 (502).

den „Eckpfeiler“[280] der Rom I-VO. Die Mehrheit der übrigen Vorschriften sind sachverhaltsbedingte Ergänzungen, weil beispielsweise der Schwerpunkt des Vertrags in einem anderen Staat als dem der gewählten Rechtsordnung liegt,[281] oder stellen Regelungen für den Fall dar, dass die Parteien keine Rechtswahl getroffen haben.[282]

Die freie Wahl des anzuwendenden Rechts stellt als kollisionsrechtliches Gegenstück zur Privatautonomie ein zivilrechtliches Grundprinzip dar.[283] Allerdings führte insbesondere die Zunahme an zwingenden materiellen Vorschriften zum Schutz des schwächeren Vertragspartners auch auf der Ebene des IPR zur Einführung von Schutzmechanismen – auf Kosten der Parteiautonomie.[284] Die Rechtswahlfreiheit erfährt daher an verschiedenen Stellen eine Durchbrechung durch Sonderanknüpfungen, Eingriffsnormen und den Ordre public-Vorbehalt. Diese Mechanismen erlauben die Anwendung zwingender Vorschriften der lex fori trotz getroffener Rechtswahl der Parteien.

Auch die Datenschutzgesetze stellen in erster Linie Schutzvorschriften für den Betroffenen dar. Aus diesem Grund stellt sich die Frage, inwiefern sie eine freie Rechtswahl durch die Parteien verhindern.

1. *Legitimation einer Rechtswahl im Datenschutzrecht*

Die Diskussion über eine Rechtswahl im Datenschutzrecht kann allerdings nicht rein dogmatisch geführt werden. Vielmehr hängt eine Entscheidung für oder gegen ihre Zulässigkeit auch davon ab, ob eine Rechtswahl im Datenschutzrecht überhaupt vertretbar ist oder ob eine derart weite Parteiautonomie gegen datenschutzrechtliche Grundprinzipien verstößt.

Zunächst fallen bei einer Gegenüberstellung von Datenschutzrecht und allgemeinem schuldvertraglichem IPR die Unterschiede ins Auge. Während Privat- und Parteiautonomie im Schuldvertragsrecht den beteiligten Personen grundsätzlich die größtmögliche Freiheit gewähren, untersagt das Datenschutzrecht erst einmal jedem Datenverarbeiter eine Verarbeitung personenbezogener Daten und erlaubt diese erst, wenn ein gesetzlicher Erlaubnistatbestand erfüllt ist oder eine Einwilligung vorliegt. Das Verbotsprinzip stützt sich folglich im

280 EG 11 der Rom I-VO.

281 Siehe etwa Art. 3 Abs. 3 Rom I-VO.

282 Siehe Art. 4 ff. Rom I-VO.

283 *Bratvogel*, Rechtswahlfreiheit, 2016, S. 62; zur geschichtlichen Entwicklung der Rechtswahlfreiheit siehe ebd., S. 68 ff.

284 *Bratvogel*, Rechtswahlfreiheit, 2016, S. 181.

Kern lediglich auf die Selbstbestimmung des von einer Datenverarbeitung Betroffenen. Der Gestaltungsspielraum des Datenverarbeiters beschränkt sich hingegen auf die Wahl eines zulässigen Erlaubnistatbestands. Ferner unterliegen beide Rechtsgebiete unterschiedlichen Interessenlagen. Während das Recht vertraglicher Schuldverhältnisse in erster Linie Privatinteressen dient, verfolgt das Datenschutzrecht als „ordnungsrelevantes Recht" auch Gemeinwohlinteressen.[285] Neben einer Ausformung des Grundrechtsschutzes zielt die DSGVO auch auf wirtschaftspolitische Zwecke ab, wie beispielsweise ein EU-einheitlicher Umgang mit grenzüberschreitenden Datenflüssen.[286] Durch eine Rechtswahlmöglichkeit der betroffenen Person rücken diese Ziele in den Hintergrund und entziehen sich – zumindest teilweise – der staatlichen Kontrolle. Der Gesetzgeber kann lediglich Rahmenbedingungen schaffen, um ein Mindestmaß an Einheitlichkeit zu garantieren.

Somit liegen insbesondere auf materiellrechtlicher Ebene erhebliche Abweichungen zwischen dem Schuldvertragsrecht auf der einen Seite und dem Datenschutzrecht auf der anderen Seite vor, die eine Gleichbehandlung der beiden Rechtsgebiete zumindest schwierig erscheinen lassen.

Dennoch sprechen vor allem die Veränderungen in der Datenverarbeitungspraxis sowie in dem Umgang der Betroffenen mit ihren eigenen personenbezogenen Daten für eine Neubetrachtung. Zunehmend entstehen Geschäftsmodelle, bei welchen sowohl für den Verantwortlichen als auch den Betroffen eine Verarbeitung personenbezogener Daten offensichtlich und notwendig ist, um die jeweilige Dienstleistung anbieten zu können. Hierzu zählen insbesondere soziale Netzwerke, aber auch verhaltensbasierte Versicherungstarife oder sogenannte smart health-Dienste. Auf gesellschaftlicher Ebene dürfte dieser Zusammenhang nicht zuletzt aufgrund des gestiegenen Bewusstseins für die Inanspruchnahme digitale Dienste und technische Entwicklungen auch erkennbar sein. Indem die Datenverarbeitung ins Zentrum der Erbringung von Dienstleistungen rückt und das entstehende Schuldverhältnis von beiden Parteien mitgestaltet werden kann, sind nunmehr deutliche Einflüsse des Prinzips der Privatautonomie erkennbar.

---

285 *Ellger*, Der Datenschutz im grenzüberschreitenden Datenverkehr, 1990, S. 604; *Germelmann* in: *Schmidt-Kessel/Langhanke*, Datenschutz als Verbraucherschutz, 2016, S. 93 (103); *Piltz*, K&R 2012, 640 (643); *Lüttringhaus*, ZVglRWiss 2018, 50 (74).

286 Vgl. EG 101 DSGVO; zu den Anforderungen an eine Unterscheidung zwischen Normen, die öffentlichen Interessen und solchen, die Individualinteressen dienen, siehe u. a. *MüKo/Martiny*, BGB, Art. 9 Rom I-VO Rn. 13 f.

Diese Tendenz erlaubt es, die bislang eher ablehnende Haltung gegenüber einer Rechtswahl im Datenschutzrecht[287] zu überdenken.

Zudem handelt es sich aus der deutschen Zivilrechtsdogmatik heraus betrachtet bei der datenschutzrechtlichen Einwilligung um eine vorherige Zustimmung zu einem Rechtsgeschäft im Sinne der §§ 183, 185 BGB, die vornehmlich die Interessen der betroffenen Person schützt.[288] Eine differenzierte Betrachtung nach den verschiedenen Zwecken der Regelungen ist daher angezeigt. Dies wiederum verbietet es, das Datenschutzrecht pauschal als „Ordnungsrecht" der Verfolgung von Gemeinwohlinteressen zuzuordnen und dadurch dem von der Datenverarbeitung Betroffenen die Möglichkeit zu nehmen, über die Anwendung der Vorschriften auf hauptsächlich individuelle Angelegenheiten selbst zu entscheiden.

2. *Kein impliziter Ausschluss nach Art. 3 DSGVO*

Eine Rechtswahl für die Verarbeitung personenbezogener Daten wäre jedoch ohnehin ausgeschlossen, wenn Art. 3 DSGVO als lex specialis Regelung den allgemeinen Kollisionsregeln vorginge.[289]

Eine Auflösung mithilfe des lex specialis-Grundsatzes ist immer dann notwendig, wenn zwei sich überschneidende Normen kollidieren und dadurch entweder ein Widerspruch in den Rechtsfolgen oder Wertungen entsteht, die Einhaltung einer der beiden Normen erschwert wird oder erhebliche Verhaltensanforderungen gestellt werden.[290] Dafür muss eine Norm – die allgemeinere – den Tatbestand der anderen Norm vollständig abbilden und in ihrem Anwendungsbereich noch über diese hinausgehen.[291] Greift man zur Auflösung eines solchen Normenkonflikts auf den Grundsatz *„lex specialis derogat legi generali"* zurück, führt dies zu einem Anwendungsvorrang der spezielleren Norm. Die allgemeine Norm tritt in der Anwendung hinter die lex specialis

---

287 Vgl. *Heiderhoff*, Berichte der Deutschen Gesellschaft für Völkerrecht Heidelberg 2016, 35 (52); *Kremer*, RDV 2014, 73 (78 f.); *Piltz*, K&R 2012, 640 (644 f.); *Kühling/Buchner/Klar*, DS-GVO/BDSG, Art. 3 Rn. 105; *Gola/Piltz*, DS-GVO, Art. 3 Rn. 38 ff.

288 *Steinrötter*, EWS 2015, 83 (88).

289 Zumindest für die Vorgängerregelung des Art. 4 DSRL bejahend *Kartheuser/Klar*, ZD 2014, 500 (501); für die deutsche Umsetzung in § 1 Abs. 5 BDSG *Simitis/Dammann*, BDSG, § 1 Zweck und Anwendungsbereich des Gesetzes Rn. 216; *Däubler*, CR 1999, 49 (50 f.); *Jotzo*, MMR 2009, 232 (233).

290 *Reimer*, Juristische Methodenlehre, 2016, C. Rn. 197, 2012; *Barczak*, JuS 2015, 969 (973).

291 *Kramer*, Juristische Methodenlehre, 5. Aufl., 2016, 2016, S. 117.

zurück, verliert durch diesen Umstand allerdings nicht ihre Geltung.[292] Die Kollisionsregel entscheidet somit lediglich darüber, welche Norm sich im konkreten Anwendungsfall durchsetzt; eine Beendigung der Rechtsgeltung wird so jedoch nicht herbeigeführt. Dementsprechend bleibt der allgemeinen Norm weiterhin die Möglichkeit – zum Beispiel, wenn die Spezialnorm Regelungslücken aufweist – als Auffangnorm zu fungieren, um eine vollständige Normanwendung zu garantieren und Rechtssicherheit zu gewährleisten.

Den Vorrang der DSGVO berücksichtigt die Rom I-VO ausdrücklich in Art. 23, welcher der Anwendung von Kollisionsvorschriften des Gemeinschaftsrechts in Bezug auf besondere Bereiche (außer-)vertraglicher Schuldverhältnisse Vorrang einräumt. Während die Anwendung von Art. 23 Rom I-VO auf Richtlinien-Vorschriften noch umstritten ist,[293] stellen Verordnungen aufgrund ihrer unmittelbaren Geltung zweifelsohne „Vorschriften des Gemeinschaftsrechts" dar.[294] Um Art. 3 DSGVO als Sonderkollisionsrecht einzuordnen, muss jedoch zunächst erst einmal feststehen, dass es sich bei dieser Vorschrift überhaupt um eine Kollisionsnorm handelt.

Sowohl EU-Richtlinien als auch Verordnungen enthalten in der Regel Bestimmungen über ihren räumlichen Geltungsbereich. Entweder ergibt sich dieser aus Sinn und Zweck des Gesetzgebungsakts oder er wird durch eine eigene Vorschrift konkretisiert. Art. 3 DSGVO bildet diese Regelung für den Geltungsbereich der DSGVO und folgt dabei im Wesentlichen den Grund-sätzen der DSRL. Die Ziele der Geltungsregelungen europäischer Sekundärrechtsakte sind dabei mit denen der Normen des Internationalen Privatrechts vergleichbar. Zunächst dienen sie als Mittel zur Bestimmung des anzuwendenden Rechts für einen konkreten Sachverhalt. Dabei wird jedoch in der Regel kein Verweis auf ausländisches Recht gemacht, sodass es sich um einseitige Anwendungsvorschriften handelt.[295] Diese bestimmen lediglich diejenigen Sachverhaltskonstellationen, bei denen die Normen des Sekundärrechtsakts gelten, jedoch nicht, wann sich fremdes

---

292 *Heckmann*, Geltungskraft und Geltungsverlust von Rechtsnormen, 1997, S. 171; *Reimer*, Juristische Methodenlehre, 2016, C., Rn. 205.

293 Bejahend *Leible/Lehmann*, RIW 2008, 528 (531); *Rauscher/Thorn*, EuZPR/EuIPR, Art. 23 Rom I-VO Rn. 6; Magnus, IPRax 2010, 27 (32); a.A. *Sonnenberger* in: *Baetge/Hein/Hinden*, Die richtige Ordnung, 2008, S. 227 (232), der nicht die RL-Vorschrift selbst, sondern die nationale Umsetzungsnorm als maßgeblich erachtet.

294 *Rauscher/Thorn*, EuZPR/EuIPR, Art. 23 Rom I-VO Rn. 6.

295 *Basedow*, NJW 1996, 1921 (1929); vgl. auch *Gounalakis/Radke*, ZVglRWiss, 98 (1999), 1 (26).

Recht durchsetzt.[296] Eine Öffnung gegenüber fremden Rechtsordnungen ist nur implizit zu erkennen; nämlich dadurch, dass die Anwendungsnorm keine universelle Geltung beansprucht, sondern konkrete Konstellationen benennt, die zu einer Geltung der Richtlinie oder der Verordnung führen. Für die übrigen Sachverhalte gilt fremdes Recht. Im materiellen Sekundärrecht der Europäischen Union ist die Verwendung einseitiger Kollisionsnormen unerlässlich, damit sich das Gemeinschaftsrecht von drittstaatlichem Recht abgrenzen kann.[297] Auf der Ebene des IPR finden sich allerdings kaum noch einseitige Kollisionsnormen. Sowohl das Europäische Schuldvertragsübereinkommen (EVÜ) als auch die Rom-Verordnungen verwenden allseitige Anwendungsregeln. Dieses Ergebnis ist darauf zurückzuführen, dass insbesondere in Europa IPR-Regelungen darauf ausgerichtet sind, den „Sitz des Rechtsverhältnisses"[298], also die sachnächste Rechtsordnung,[299] zu ermitteln, und das Kollisionsrecht nicht aus einer rein unilateralen Perspektive betrachtet wird.[300] Das IPR hat sich dementsprechend hin zu einem multilateralen System entwickelt, welches die Anwendung fremder Rechtsordnungen akzeptiert und anordnet, sofern es die Umstände des Sachverhalts erfordern. Vor diesem Hintergrund ist die Kritik an unilateralen Kollisionsvorschriften in Sekundärrechtsakten durchaus nachvollziehbar, da sie den Anschein vermitteln, fremde Rechtsordnungen zu ignorieren. Es fehlt ihnen an Neutralität – ein charakteristisches Merkmal von allseitigen Normen des Internationalen Privatrechts[301] – gleich in zweifacher Hinsicht: einerseits in Bezug auf ausländische Rechtsordnungen und andererseits im Hinblick auf das anzuwendende Sachrecht, mit dem sie schon aufgrund ihrer Systematik eng verknüpft sind. Allerdings darf dieses Urteil nicht voreilig gefällt werden. Es besteht ein entscheidender Unterschied zwischen allgemeinen IPR-Vorschriften und Rechtsnormen, die auch IPR enthalten, darüber hinaus jedoch auch

---

296 *Kropholler*, Internationales Privatrecht, 6., neubearb. Aufl., 2006, § 13 III, S. 106; *Kegel/Schurig*, Internationales Privatrecht, 9. neubearbeitete Aufl., 2004, I § 6, S. 301 f.

297 *Basedow*, NJW 1996, 1921 (1929).

298 *Savigny*, System des heutigen Römischen Rechts, Bd. 1, 1840, S. 28, 108, 118.

299 *Neuhaus*, Die Grundbegriffe des Internationalen Privatrechts, 2. Aufl., 1976, S. 43.

300 *Reimann*, Conflict of laws in Western Europe, 1995, S. 107.

301 *Francq* in: *Šarčević/Volken/Bonomi*, Yearbook of Private International Law, 2006, S. 333 (336); hiermit ist keine Wertneutralität gemeint, sondern eine Neutralität gegenüber der Verweisung; zur Gerechtigkeit als objektives Ideal des Kollisionsrechts siehe *Neuhaus*, Die Grundbegriffe des Internationalen Privatrechts, 2. Aufl., 1976, S. 42; *Arnold* in: *Arnold*, Grundfragen des Europäischen Kollisionsrechts, 2016, S. 23 (25 f.).

öffentlich-rechtliche Belange regulieren.[302] Letztere stellen zivilrechtliche Normen dar, mithilfe derer der Gesetzgeber öffentliche Interessen durchsetzen und in welcher er eigene Wertvorstellungen einfließen lassen möchte.[303] Eine damit verfolgte materielle Gerechtigkeit steht im Widerspruch zu dem Ziel des IPR, welches sich loslöst von nationalen Interessen und sich auf das einzelne Rechtssubjekt fokussiert. Daher passt der Zweck allseitiger Kollisionsnormen, der in einer Austauschbarkeit der Rechtsordnungen liegt, nicht in das Konzept des ordnungsrelevanten Privatrechts, sodass hier weiterhin auf einseitige Verweisungsnormen zurückgegriffen wird.

Anwendungsregeln in Richtlinien oder Verordnungen können auch gezielt genutzt werden, um bestimmte politische Ziele zu verfolgen.[304] So kann berechtigterweise die Frage gestellt werden, ob die EU bewusst ihre Kompetenz zum Aufstellen von IPR-Normen nutzt, um ihre Politik auf Drittstaaten ausstrahlen zu lassen und eigene Standards dorthin zu exportieren, indem sie mithilfe dieser Normen den Zugang zum EU-Binnenmarkt von bestimmten Bedingungen abhängig macht.[305] Dieses Ansinnen ist auch im Zusammenspiel der Kollisionsnormen und der Vorschriften über die Datenübermittlung in Drittstaaten zu erkennen.[306] Jedoch dürfen bei einer solchen Unterstellung nicht die Einschränkungen übersehen werden, die das Setzen von ordnungsrelevantem Recht mit sich bringt. Dieses wäre letztlich überflüssig, wenn der Gesetzgeber es nicht durch einseitige Kollisionsnormen in den beabsichtigten Fallkonstellationen zur Anwendung gelangen ließe.

Nicht jede sekundärrechtliche Anwendungsnorm stellt zugleich eine Kollisionsregel dar. Dazu bedarf es darüber hinaus einer Verweisung in der Norm für den Fall eines Normenkonflikts. Daher ist auch die Stellung der europäischen Anwendungsvorschriften im System des internationalen Privatrechts nicht eindeutig. Wie schon in Bezug auf Art. 4 DSRL[307] besteht auch hinsichtlich

---

302 Dazu ausführlich *Ellger*, Der Datenschutz im grenzüberschreitenden Datenverkehr, 1990, S. 600 ff.

303 *Ellger*, Der Datenschutz im grenzüberschreitenden Datenverkehr, 1990, S. 599; auch bereits *Savigny*, System des heutigen Römischen Rechts, Bd. 1, 1840, Bd 1, S. 61; Bd. 2, S. 90 ff.; Bd. 8, S. 33.

304 *Mills*, I.C.L.Q., 65 (2016), 541 (562).

305 *Mills*, I.C.L.Q., 65 (2016), 541 (543).

306 Siehe dazu B. IV.

307 S. dazu *Kuipers*, EU law and private international law, 2012, S. 184, a.A. *Brkan*, EDPL, 2 (2016), 324 (?); *Kuczerawy* in: *Bezzi/Duquenoy/Fischer-Hübner*, Privacy and Identity Management for Life, 2010, S. 75 (79); *Sonnenberger*, ZVglRWiss 1996, 3 (31) hält sogar die Bezeichnung als Norm für unzutreffend.

Art. 3 DSGVO Uneinigkeit über dessen Wesen und Funktion im System des IPR. Zum Teil wird Art. 3 DSGVO die Eigenschaft einer Kollisionsnorm abgesprochen, da die Norm nicht die Vor- und Nachrangigkeit der Verordnung, sondern deren grundsätzliche Anwendbarkeit bestimme.[308] Dieses Argument kann jedoch schon aufgrund der im allgemeinen IPR bestehenden Unterscheidung zwischen ein- und zweiseitigen Kollisionsnormen[309] nicht überzeugen. Während zweiseitige Kollisionsnormen auch ausländisches Recht für anwendbar erklären können, regeln einseitige Kollisionsnormen nur die Anwendbarkeit des eigenen nationalen Rechts.[310] Dennoch sind auch einseitige Rechtsanwendungsnormen grundsätzlich anerkannte IPR-Normen.[311]

Es handelt sich bei Art. 3 DSGVO folglich um eine eigenständige Kollisionsnorm. Bildet eine Datenverarbeitung Teil eines schuldvertraglichen Verhältnisses, könnte diese aufgrund der lex specialis-Regelung die allgemeinen Vorschriften der Rom I-Verordnung verdrängen.

Allerdings konnte weder Art. 4 DSRL noch kann Art. 3 DSGVO als eine spezielle Kollisionsnorm „über vertragliche Schuldverhältnisse“ bezeichnet werden, welche einen Vorrang vor den Rom-I-Vorschriften begründen kann. Der Umstand, dass die betroffenen datenschutzrechtlichen Kollisionsnormen auch auf Privatrechtsverhältnisse anwendbar sind, macht sie noch nicht zu speziellen vertragsrechtlichen Vorschriften. Vielmehr bestimmen sie den Anwendungsbereich der DSGVO anhand von IÖR-Grundsätzen,[312] und kommen darüber

---

308 *Wieczorek*, DuD 2013, 644 (648); *Schilling*, EuZW 2011, 776 (781) erkennt allgemein Normen, die den Anwendungsbereich von Sekundärrechtsakten definieren, nicht als Kollisionsnormen an.

309 Keine einheitliche Begrifflichkeit, unterschieden wird z.T. auch zwischen einseitigen oder allseitigen, unvollständigen und vollständigen Kollisionsnormen.

310 *Bamberger/Roth/Lorenz*, BeckOK BGB, Einleitung zum IPR Rn. 45; *Kropholler*, Internationales Privatrecht, 6., neubearb. Aufl., 2006, § 13, S. 106 f.; *Kegel/Schurig*, Internationales Privatrecht, 9. neubearbeitete Aufl., 2004, S. 301 ff.

311 Statt vieler siehe *Kropholler*, Internationales Privatrecht, 6., neubearb. Aufl., 2006, § 13 III, S. 106; *Kegel/Schurig*, Internationales Privatrecht, 9. neubearbeitete Aufl., 2004 I § 6, S. 301 f.

312 *Steinrötter*, EWS 2015, 83 (89) mit Verweis auf Art. 4 Abs. 1 lit. b DSRL; dieser entspricht Art. 3 Abs. 3 DSGVO, wenn auch der Verweis auf das IÖR durch einen Verweis auf das Völkerrecht ersetzt wurde; i. E. auch *Kremer*, RDV 2014, 73 (77); die Trennung zwischen IPR und IÖR ignoriert *Heiderhoff*, Berichte der Deutschen Gesellschaft für Völkerrecht Heidelberg 2016, 35 (50), indem sie den Vorrang des BDSG u.a. damit begründet, dass der EuGH in seiner Google Spain – Entscheidung keinen Rückgriff auf die Rom I – VO macht.

hinaus zur Anwendung, wenn zwischen zwei Privatsubjekten keine vertragliche Beziehung besteht. Zudem ruft Art. 3 DSGVO nicht europäisches Recht im Allgemeinen zur Anwendung, sondern lediglich die Vorschriften der DSGVO und bildet somit keine Kollisionsnorm für Vertragsverhältnisse.[313] Art. 23 Rom I-VO als Ausnahme zu dem angestrebten Ziel einer Zentralisierung europäischer IPR-Normen[314] ist grundsätzlich eng zu verstehen.

Ein genereller Vorrang des Datenschutzrechtsstatuts gegenüber dem Vertragsstatut aufgrund von Art. 23 Rom I-VO scheidet somit aus.

Anders ist das Verhältnis des Art. 3 DSGVO zu den Verweisungsnormen für außervertragliche Schuldverhältnisse zu beurteilen. Die DSGVO stellt in erster Linie Normen für die Rechtsbeziehung, die durch eine Verarbeitung personenbezogener Daten entsteht, auf; eine vertragliche Bindung zwischen den Parteien ist dafür keine Voraussetzung. Da jedoch Schuldverhältnisse aus der Verletzung der Privatsphäre und der Persönlichkeitsrechte vom sachlichen Anwendungsbereich der Rom II-VO ausgenommen sind, ist es unerheblich, ob Art. 3 DSGVO eine lex specialis-Regelung im Sinne von Art. 27 Rom II-VO darstellt. Kollisionen können allenfalls mit nationalen Verweisungsnormen entstehen, welche jedoch in dem Umfang, in denen sie sich mit dem Unionsrechtsakt decken, hinter den Unionsvorschriften zurücktreten müssen.[315]

III. Möglichkeit einer Rechtswahl im privaten Datenschutzrecht

Wie oben dargelegt, stellt Art. 3 DSGVO keine Spezialnorm zum schuldvertragsrechtlichen Kollisionsrecht im Sinne von Art. 23 Rom I-VO dar. Dementsprechend ist bei einer Datenverarbeitung zwischen Privaten auf Grundlage eines Vertrags zur Bestimmung des anwendbaren Rechts zunächst die Rom I-VO heranzuziehen, welche es den Parteien grundsätzlich erlaubt, das Vertragsstatut selbst zu bestimmen. Hierbei stehen sich regelmäßig ein gewerbsmäßiger Datenverarbeiter und eine Privatperson gegenüber, sodass die speziellen Regelungen in Bezug auf den Schutz des Verbrauchers zu beachten sind.[316]

---

313 *Ziebarth*, ZD 2013, 375 (376); im Ergebnis wohl auch *Lüttringhaus*, ZVglRWiss 2018, 50 (73).

314 Vgl. EG 40 Rom I-VO.

315 *MüKo/Junker*, BGB, Art. 40 EGBGB Rn. 16.

316 Allgemein zum Verhältnis zwischen Verbraucherschutz- und Datenschutzrecht *Svantesson*, CLSR 2018, 25 (28 ff.); *Buchner*, Informationelle Selbstbestimmung im Privatrecht, 2006, S. 109 ff.

1. Art. 3 DSGVO als zwingendes Verbraucherrecht im Sinne von Art. 6 Abs. 2 Rom I-VO

Das Prinzip der Parteiautonomie gilt auch für Verbraucherverträge. Schranken erfährt dieses „Basisprinzip des IPR“[317] vor allem in den Fällen, in denen die Ausgangslage einer Partei schwächer ist – sei es aufgrund von Informationsasymmetrien oder unterschiedlich ausgeprägten Machtverhältnissen. Allerdings heben die Sondervorschriften die Rechtswahlfreiheit nicht auf, sondern lassen an vielen Stellen das Recht, welches ohne eine Rechtswahl zur Anwendung gelangt wäre, die Parteiautonomie durchbrechen. Die Parteien werden insofern daran gehindert, zwingendes Recht des Staates, in dem der Verbraucher seinen gewöhnlichen Aufenthalt hat, abzuwählen.[318] Entscheidend ist, dass für die schwächere Partei jeweils die günstigere Regelung zur Anwendung gelangt. Auf diese Weise wird sichergestellt, dass der Schutzstandard des Heimatrechts der unterlegenen Partei nicht unterschritten wird.[319]

Die Vorschriften der DSGVO stellen zumindest zugunsten des von einer Datenverarbeitung Betroffenen zwingendes Recht dar.[320] Dies erschließt sich vor allem aus der angedrohten Sanktionierung für datenschutzwidriges Verhalten, welche schon ihrem Wesen nach einem öffentlichen Interesse dienen und von den Parteien nicht abbedungen werden können.[321] Neben öffentlichen Belangen steht die DSGVO gleichermaßen für den Schutz des Betroffenen ein und erfüllt in diesem Sinne auch Individualschutzzwecke. Auch diese stehen nicht zur Disposition für die Parteien.[322]

Das Recht, welches auf den Vertrag zwischen einem Unternehmer und einem Verbraucher anzuwenden ist, bestimmt sich nach Art. 6 Rom I-VO. Danach können die Parteien das Recht, das auf ihren Vertrag angewendet werden soll, frei bestimmen, wobei die gewählte Rechtsordnung nicht weniger Schutz gewähren darf als das Recht des Staates, in dem der Verbraucher seinen gewöhnlichen Aufenthalt hat. Dieser Günstigkeitsvergleich führt dazu, dass sich zwingendes Verbraucherrecht des Aufenthaltsstaates gegenüber dem gewählten

---

317 *Bratvogel*, Rechtswahlfreiheit, 2016, S. 237.

318 *Bamberger/Roth/Spickhoff*, BeckOK BGB, Art. 6 Rom I-VO Rn. 31.

319 *Bratvogel*, Rechtswahlfreiheit, 2016, S. 224.

320 *Wolff/Brink/Hanloser*, BeckOK DatenschutzR, Art. 3 Rn. 7; *Wendehorst/Westphalen*, NJW 2016, 3745 (3748).

321 *Sädtler*, Rechtskonformes Identitätsmanagement im Cloud Computing, 2017b, S. 77.

322 Dies ergibt sich u.a. aus Art. 5 DSGVO i.V.m. Art. 7, 8 EU-GRCh, die den Kernbestand und damit den zwingenden Teil des Datenschutzrechts bestimmen.

Recht durchsetzt. Voraussetzung für die Normen, die sich gemäß Art. 6 Abs. 2 Rom I-VO durchsetzen, ist nur, dass sie auf nationaler Ebene durch die Parteien nicht abbedungen werden können und sie den Zweck verfolgen, die Position der schwächeren Partei auszugleichen.[323] Da die DSGVO nicht ausschließlich ordnungsrechtliche Ziele verfolgt, sondern eben auch die Stärkung der Betroffenenrechte forciert,[324] stellt sie ein Normenwerk dar, das dem Schutz einer schwächeren Partei dient. Insbesondere das Marktortprinzip kommt vornehmlich im Geschäftsverkehr zwischen Unternehmer und Verbraucher zur Geltung und führt zu einer Begünstigung des Betroffenen als schwächere Partei.[325]

Art. 3 DSGVO erfüllt ähnliche Funktionen wie Art. 6 Rom I-VO.[326] Dies ist auch bei einem Vergleich der Normstrukturen beider Vorschriften erkennbar. Für den Fall, dass die Vertragsparteien keine Rechtswahl getroffen haben, verweist Art. 6 Abs. 1 Rom I-VO auf das Recht des Staates, in dem der Verbraucher seinen gewöhnlichen Aufenthalt hat. Einerseits gilt diese Verweisung für den Fall, dass der Unternehmer in diesem Staat seine gewerbliche Tätigkeit ausübt und andererseits, wenn er seine Tätigkeit auf diesen Staat ausrichtet. Auch die DSGVO erklärt sich auf der einen Seite dann für anwendbar, wenn der Verantwortliche personenbezogene Daten in der Union verarbeitet und auf der anderen Seite, wenn dieser sein Waren- oder Dienstleistungsangebot an Personen in der Union richtet. Beide Normen unterscheiden somit zwischen den Alternativen einer Anknüpfung an den Ort der Tätigkeitsausübung und dem Ort, auf den sich die Tätigkeit ausrichtet. Die Anknüpfungspunkte unterscheiden sich allerdings leicht. Während Art. 6 Abs. 1 Rom I-VO an den gewöhnlichen Aufenthaltsort des Verbrauchers anknüpft, spielen für die Anwendung der DSGVO nach Art. 3 Abs. 1 DSGVO personengebundene Faktoren keine Rolle. Es ist allein maßgebend, dass die Datenverarbeitung im Rahmen der Tätigkeiten einer Niederlassung des Verantwortlichen oder eines Auftragsverarbeiters stattfindet. Diese Abweichung ist darauf zurückzuführen, dass die DSGVO eine Ausprägung des Art. 8 GRCh darstellt. Danach ist jeder Person, unabhängig ihres Wohn- oder Aufenthaltsortes, der Schutz ihrer personenbezogenen Daten

323 *Bratvogel*, Rechtswahlfreiheit, 2016, S. 225.

324 Vgl. EG 11 DSGVO.

325 *Heiderhoff*, Berichte der Deutschen Gesellschaft für Völkerrecht Heidelberg 2016, 35 (53).

326 *Heiderhoff*, Berichte der Deutschen Gesellschaft für Völkerrecht Heidelberg 2016, 35 (53).

zu gewähren. Eine Anknüpfung an den Betroffenen würde den Schutzumfang somit unzulässig einengen.

Für den Fall, dass der Verantwortliche bzw. der Unternehmer keine Niederlassung in der Union betreibt, ändert sich die Situation. Hier knüpft keine der beiden Normen an den Betroffenen bzw. den Verbraucher an, sondern an den Marktort, an welchen sich die unternehmerische bzw. datenverarbeitende Tätigkeit richtet. Insofern handelt es sich bei Art. 6 Rom I-VO und Art. 3 DSGVO um strukturell annähernd gleich ausgestaltete Normen. Auch wenn der persönliche Anwendungsbereich der DSGVO weiter gefasst ist als derjenige des Art. 6 Rom I-VO, rechtfertigt dieser Umstand nicht, die Beschränkung der Parteiautonomie unterschiedlich zu beurteilen.

Eine Rechtswahl zwischen den Parteien hätte sodann zur Folge, dass – ganz gleich welche Rechtsordnung gewählt wird – die Vorschriften der DSGVO insoweit zur Anwendung gelangten, als dass sie im Vergleich zu der gewählten Rechtsordnung für den Betroffenen günstiger ausfielen. Eine derartige Öffnung für eine Rechtswahl im Datenschutzrecht hätte nicht zuletzt auch einen symbolischen Charakter: Das europäische Datenschutzrecht vermittelte sodann nicht mehr den Eindruck, allein den höchstmöglichen Betroffenenschutz zu bieten, sondern öffnete sich für die Möglichkeit, dass andere Rechtsordnungen einen weitergehenden Schutz bereitstellen könnten, und gäbe Letzteren in diesem Fall auch Vorrang.

2. *Keine Eingriffsnorm im Sinne von Art. 9 Rom I-VO*

Die vorstehende Analyse wäre allerdings belanglos, wenn Art. 3 DSGVO als Eingriffsnorm im Sinne des Art. 9 Rom I-VO einzuordnen wäre. Eingriffsnormen stellen international zwingendes Recht dar, das – unabhängig von dem auf einen Vertrag anzuwendenden Recht – unmittelbar zur Anwendung gelangt.[327] Vorschriften, die im öffentlichen Interesse den Wirtschaftsverkehr regulieren, besitzen regelmäßig Eingriffsnormcharakter.[328] Dahingegen erfordern Normen, die sowohl einem öffentlichen als auch einem privaten Interesse dienen, eine differenzierte Anknüpfung je nach dem in Frage stehenden Schutzinteresse.[329]

---

327 *Bamberger/Roth/Spickhoff*, BeckOK BGB, Art. 9 Rom I-VO Rn. 8; *Spindler/Schuster/Weller/Nordmeier*, Recht der elektronischen Medien, Art. 9 Rom I-VO Rn. 3;

328 *Spindler/Schuster/Weller/Nordmeier*, Recht der elektronischen Medien, Art. 9 Rom I-VO Rn. 3.

329 *Bamberger/Roth/Spickhoff*, BeckOK BGB, Art. 9 Rom I-VO Rn. 15; *Zeppenfeld*, Allseitige Anknüpfung, 2001, S. 32.

Da Art. 3 DSGVO einen solchen kumulierten Schutz bietet, kann nicht per se darauf geschlossen werden, dass die Norm eine Eingriffsnorm im Sinne des Art. 9 Rom I-VO darstellt.

Dennoch ist es insbesondere der Schutz von Allgemeinwohlbelangen, der in der Literatur immer wieder zu dem Ergebnis gelangen lässt, bei Art. 3 DSGVO und damit letztendlich auch bei der gesamten DSGVO handele es sich um Eingriffsnormen im Sinne von Art. 9 Rom I-VO.[330] Dieser Ansicht ist aus mehreren Gründen nicht zu folgen: Zunächst ist zu beachten, dass es sich bei der Berücksichtigung von Eingriffsnormen um einen Ausnahmetatbestand handelt, der die Funktion hat, möglicherweise auftretende Schwächen der Parteiautonomie ausgleichen zu können. Die Norm ist daher – wie alle Ausnahmevorschriften – restriktiv auszulegen.[331] Dieses Erfordernis erfährt gerade keine Beachtung, wenn die Eingriffsnorm einen Anwendungsbefehl gerichtet auf eine gesamte Verordnung beinhaltet. Vielmehr erfordert die Einordnung als Eingriffsnorm eine Analyse jeder einzelnen Vorschrift dahingehend, ob ihr ein international zwingender Gehalt zukommt. Ferner würde ein solches Vorgehen die Vielschichtigkeit der DSGVO untergraben. Wie bereits dargelegt, stehen nicht alle Vorschriften vorrangig im Gemeinwohlinteresse. Ohne eine Differenzierung könnte die Anwendung der Verordnung denjenigen Vorgaben, die in erster Linie dem Interesse der betroffenen Person dienen, nicht gerecht werden.

Wird einer Norm übereilt ein Eingriffscharakter attestiert, stellt dies einen übermäßigen Eingriff in die Rechtswahlfreiheit als Leitprinzip der Rom-Verordnung dar.[332] Dies schließt allerdings nicht aus, dass Einzelvorschriften der DSGVO die Qualifikation einer Eingriffsnorm zugeteilt wird. Insbesondere die Straf- und Bußgeldvorschriften könnten durch eine solche Zuordnung das von der DSGVO geschaffene Datenschutzniveau auch effektiv durchsetzen.[333]

IV. Zwischenergebnis

Die Anwendungsregeln der DSGVO gelten nicht absolut. Art. 3 DSGVO stellt eine Kollisionsnorm dar, die sich in der Datenverarbeitung durch private Verantwortliche in das harmonisierte internationale Privatrecht einfügt. Dies umfasst

330 So z. B. *Jotzo*, Der Schutz personenbezogener Daten in der Cloud, 2013, S. 121; *Brkan*, EDPL, 2 (2016), 324 (339).

331 So auch *Ferrari/Staudinger*, Int. VertragsR, Art. 9 Rom I-VO Rn. 23; *Steinrötter*, MMR 2013, 691 (693 f.).

332 *Steinrötter*, MMR 2013, 691 (693).

333 Vgl. *Lüttringhaus*, ZVglRWiss 2018, 50 (74).

auch die Möglichkeit der Vertragsparteien – also der betroffenen Person und dem Verantwortlichen – innerhalb der Schranken des Art. 6 Rom I-VO das Recht zu wählen, welches auf einen Vertrag, bei dem die Datenverarbeitung ein zentraler Vertragsgegenstand ist, Anwendung finden soll. Es ist also durchaus denkbar, dass sich Verantwortlicher und Betroffener auf die Anwendung US-amerikanischen Rechts einigen. Da der Wesensgehalt des Art. 8 GRCh der Rechtswahl im Datenschutzrecht einige Schranken aufweist, ist die DSGVO auch in einem solchen Fall teilweise anwendbar. Zudem gilt sie bei Verbraucherverträgen insoweit, als dass die Verordnung im Vergleich zur gewählten Rechtsordnung für den Verbraucher günstiger ist. Ergänzend setzen sich die Eingriffsnormen der DSGVO gegenüber der gewählten Rechtsordnung generell durch. Wenn auch nicht gänzlich, so ermöglicht der weit gefasste räumliche Anwendungsbereich doch, dass sich das europäische Datenschutzrecht zu einem Großteil auch über die territorialen Grenzen der EU erstreckt. Dies spiegelt sich auch in den Regelungen des grenzüberschreitenden Datentransfers wider.

C. Die Regulierung grenzüberschreitender Datenflüsse

Allerdings muss Art. 3 Abs. 2 DSGVO stets in Verbindung mit den Vorschriften über die Datenübermittlung in Drittländer gesehen werden. Die große Bedeutung, welche der Gesetzgeber diesen Regelungen beimisst, lässt sich unter anderem an dem Aufbau dieses Kapitels erkennen: Den Vorschriften ist mit Art. 44 DSGVO zunächst eine Einführungsnorm vorangestellt, welche klarstellt, dass die Verordnung auf alle Übermittlungsvorgänge in Drittländern Anwendung findet. Da gemäß Art. 4 Abs. 2 DSGVO die Offenlegung durch Übermittlung eine Form der Datenverarbeitung darstellt und diese Begriffsbestimmung nicht danach differenziert, ob die Daten nur Empfängern innerhalb oder auch außerhalb der EU offengelegt werden,[334] wäre die erneute Feststellung in Art. 44 S. 1 DSGVO eigentlich überflüssig gewesen. Der Gesetzgeber misst einem Drittlandtransfer jedoch einen erhöhten Gefährdungsgrad für die Rechte und Freiheiten der betroffenen Person bei und hat diesen Fall der Übermittlung daher durch ein eigenes Kapitel gesondert hervorgehoben.

---

334 *EuGH*, Urt. v. 6.10.2015 – C-362/14, *Schrems*, ECLI:EU:C:2015:650 Rn. 45; *EuGH*, Urteil v. 30.05.2006 – C-317/04, C-318/04, *Parlament / Rat*, EU:C:2006:346 Rn. 56; a. A. *Wolff/Brink/Kamp*, BeckOK DatenschutzR, Art. 44 DSGVO Rn. 14, der darauf hinweist, dass in der englischen Fassung der DSGVO der Übermittlungsbegriff in Art. 4 Abs. 2 nicht auftaucht, was darauf hindeuten könne, dass der Gesetzgeber den Bereich der grenzüberschreitenden Datenflüsse gesondert regeln wollte.

Diese gesetzgeberische Wertung erlangt kollisionsrechtlich nur dann Geltung, wenn Art. 44 S. 1 DSGVO als Eingriffsnorm qualifiziert und damit einer Rechtswahl durch die Parteien entzogen wird. Der Zweck des Kapitels V besteht ausweislich Art. 44 S. 2, EG 101 S. 3 DSGVO darin, ein Untergraben des gewährleisteten Schutzniveaus durch eine Verlagerung der Daten außerhalb der EU zu verhindern. Eine Öffnung für die Anwendung ausländischer Rechtsordnung mit möglicherweise geringerem Schutzniveau torpedierte dieses Ziel.

Abgesehen davon, dass bei Beteiligung einer öffentlichen Stelle ohnehin kein Raum für die Anwendung der allgemeinen IPR-Vorschriften besteht, dürfte Art. 44 DSGVO auch bei rein privatrechtlichen Verhältnissen einen Rückgriff auf die Rom-Verordnungen verbieten.

Das europäische Datenschutzrecht sichert somit seine Anwendung bei grenzüberschreitenden Sachverhalten auf doppelte Art und Weise: Neben der Definition ihres eigenen Anwendungsbereichs durch die Marktortregel in Art. 3 Abs. 2 DSGVO enthält die Verordnung außerdem zwingende Vorschriften für die Übermittlung personenbezogener Daten in Drittstaaten. Dabei überschneiden sich beide Regelungen in ihrer Funktion.[335] Beide Mechanismen sollen verhindern, dass grenzenüberschreitende Datenverarbeitung dazu führen, dass die betroffenen Personen Schutzeinbußen hinnehmen müssen und Datenverarbeiter so den europäischen Datenschutzanforderungen entgehen können.[336]

Während Art. 3 DSGVO die Anwendung der DSGVO auf nicht in Drittländern niedergelassenen Verantwortliche von der Ausrichtung auf den europäischen Markt abhängig macht, bildet bei den Bestimmungen der Art. 44 ff. DSGVO die Übermittlung in einen Drittstand das entscheidende Kriterium.[337] Durch die Kombination eines weiten Anwendungsbereichs und der erhöhten Anforderungen an eine Drittlandübermittlung erreicht die DSGVO eine doppelte Sicherung des Schutzes personenbezogener Daten in grenzüberschreitenden Sachverhalten. So geht beispielsweise die Erhebung personenbezogener Daten in der Europäischen Union und Speicherung dieser Daten auf einem außereuropäischen Server zwangsläufig mit einer Übermittlung in ein Drittland im Sinne von Art. 44 DSGVO einher. Ein Verantwortlicher muss sich folglich zunächst auf einen allgemeinen Zulässigkeitstatbestand für die Verarbeitung

---

335 *Kuner*, Transborder Data Flows and Data Privacy Law, 2013, S. 121.

336 Vgl. Art. 44 S. 2 DSGVO; *Kuner*, Transborder Data Flows and Data Privacy Law, 2013, S. 126; ähnlich auch *Engel*, Reichweite und Umsetzung des Datenschutzes, 2003, S. 62.

337 Die Anknüpfung bei drittstaatlicher Datenverarbeitung mit Niederlassung in der EU erfolgt anhand einer Datenverarbeitungstätigkeit, was sich mit dem Kriterium der Übermittlung deckt.

personenbezogener Daten stützen können und dann zusätzlich die notwendigen Voraussetzungen für eine Übermittlung nach Kapitel V erfüllen.

Anders als bei den Vorschriften über den Anwendungsbereich erscheint es aber im Kontext grenzüberschreitender Datenflüsse weniger verwunderlich, dass das europäische Datenschutzrecht für diese zusätzliche Voraussetzungen aufstellt. Zum einen stellt eine Datenübermittlung eine Verarbeitung im Sinne des Art. 4 lit. 2 DSGVO dar. Zum anderen droht die Gefahr eines Schutzverlustes für den Fall, dass andere Rechtsordnungen – beispielsweise die Rechtsordnung des Empfängerstaates – an den Datentransfer geringere Anforderungen stellen. Vor allem unter Berücksichtigung der zunehmenden Internationalisierung und Delokalisierung von Datenverarbeitungsvorgängen ist eine Schutzerhaltung zwingend erforderlich. Damit können die zwingenden Vorgaben des Kapitels V auch als Ausübung der Schutzpflicht im europäischen Ausland und damit außerhalb des Geltungsbereichs des EU-Rechts betrachtet werden.[338]

I. Der Begriff der Datenübermittlung

Die Vorschriften des Kapitels V DSGVO gelangen erst zur Anwendung, wenn personenbezogene Daten übermittelt werden. Durch eine Übermittlung in ein Drittland verlassen die personenbezogenen Daten den durch das EU-Recht geschützten Bereich, d. h. den Durchsetzungsbereich des EU-Rechts. Dementsprechend verlieren EU-Behörden ihre Befugnisse. Die Regelungen der Art. 44 ff. DSGVO versuchen mit einer Erweiterung des Geltungsbereichs der DSGVO diese Folge zu kompensieren, indem sie jedwede Übermittlung unter ein grundsätzliches Verbot stellen und nur dann zulassen, wenn auch über den Geltungsbereich der DSGVO hinaus der vorgesehene Schutzstandard eingehalten wird. Zusammen mit der Bestimmung des „angemessenen Schutzniveaus" bildet die Übermittlung daher den Dreh- und Angelpunkt des Kapitels V. Diese beiden zentralen Begriffe führen in Zeiten von Globalisierung auch immer wieder zu der Frage, ob ein an Staatsgrenzen anknüpfendes Datenschutzrecht überhaupt mit den Gegebenheiten des digitalen Zeitalters in Einklang zu bringen ist.[339]

Der Begriff der Datenübermittlung schließt gemäß Art. 44 DSGVO auch eine Weiterübermittlung durch einen Drittstaat mit ein. So wird eine Erhaltung des Schutzniveaus auch auf solche Vorgänge übertragen, bei welchen weder der Übermittelnde noch der Übermittlungsempfänger dem EU-Recht unterstellt

338 *Wagner*, Der Datenschutz in der Europäischen Union, 2015, S. 186.

339 *LeSieur*, IDPL 2012, 93 (101); siehe dazu auch Teil 3 V 2.

sind. Diese Erweiterung ist aus gesetzgeberischer Perspektive alternativlos, da anderenfalls die personenbezogenen Daten durch eine Weiterübermittlung jeglichen Schutz verlören. Auch wenn sie sich erst seit Inkrafttreten der DSGVO in dem Wortlaut des EU-Datenschutzrechts wiederfindet, stellt die drittstaatliche Regulierung einer Weiterübermittlung seit jeher eine wichtige Voraussetzung für einen Angemessenheitsbeschluss der Kommission dar.[340] So sieht bereits Art. 12 Abs. 3 lit. b Europäische Datenschutzrechtskonvention eine Ausnahme von der prinzipiellen Zulässigkeit einer Datenübermittlung an einen anderen Vertragsstaat für den Fall vor, bei dem die Übermittlung lediglich als Zwischenstation für eine Weiterübermittlung in einen Drittstaat fungiert. Mit der ausdrücklichen Ergänzung in der DSGVO werden die Anforderungen in diesem Bereich erneut verschärft. Dies bildet ein weiteres Element der schrittweisen Ausdehnung des europäischen Datenschutzrechts. Somit entfaltet die DSGVO auch über Art. 3 DSGVO hinaus eine extraterritoriale Wirkung.[341] Die Weiterübermittlung untersteht zwar gemäß Art. 44 S. 1 HS. 2 den Vorschriften der DSGVO, Durchsetzungsmöglichkeiten sind in diesem Kontext jedoch begrenzt. Auch wenn die übermittelnde Stelle in einem Drittland selbst gemäß Art. 3 Abs. 1 oder Abs. 2 DSGVO an die Vorschriften der DSGVO gebunden ist, so steigt doch mit jeder weiteren Übermittlung die Gefährdung für den Schutz der personenbezogenen Daten mangels Kontroll- und Durchsetzungsbefugnissen seitens der ursprünglichen Übermittlungsstelle in der EU sowie der für die Weiterübermittlung verantwortlichen Stelle im Drittland.

1. Die Lindqvist-Entscheidung

Um den Tatbestand der Übermittlung zu erfüllen, bedarf es keines räumlichen Datentransfers. Es genügt, dass einem drittstaatlichen Empfänger personenbezogene Daten zugänglich gemacht werden.[342] Auch eine Grenzüberschreitung ist nicht zwingend notwendig; der Empfänger muss lediglich einer anderen Rechtsordnung unterstehen.[343] Wann personenbezogene Daten konkret zugänglich

---

340 *Gunasekara*, Int'l J.L. & Info. Tech. 2007, 363 (380).

341 *Rüpke/Lewinski/Eckhardt,* Datenschutzrecht, 2018, § 18. Übermittlung personenbezogener Daten in die USA Rn. 15.

342 *Paal/Pauly/Pauly,* DS-GVO, Art. 44 Rn. 4; *Simitis/Hornung/Spiecker/Schantz,* Datenschutzrecht, Art. 44 DSGVO Rn. 10.

343 *Baumann,* Datenschutzkonflikte zwischen der EU und den USA, 2016, S. 46 f.; a. A. *Draf,* Die Regelung der Übermittlung personenbezogener Daten in Drittländer nach Art. 25, 26 der EG-Datenschutzrichtlinie, 1999, S. 27; wohl auch *Engel,* Reichweite und Umsetzung des Datenschutzes, 2003, 78.

gemacht werden, ist insbesondere bei Internetsachverhalten nicht immer leicht zu bestimmen. Der EuGH bekam in der Rechtssache *Lindqvist*[344] Gelegenheit, hierzu Stellung zu nehmen. Im Zentrum der Entscheidung stand die Frage, ob das Hochladen personenbezogener Daten auf einer privat eingerichteten Webseite gegen die DSRL verstößt. Eine Schwedin, die in ihrer Freizeit als Katechetin tätig war, stellte auf einer selbst errichteten Webseite den Konfirmanden ihrer Gemeinde Informationen zur Verfügung. Die Internetseiten erhielten darüber hinaus persönliche und teilweise sensible Informationen über ihre Kollegen, ohne dass deren Einverständnis zuvor eingeholt worden war. Von besonderem Interesse für das schwedische Gericht war daher auch die Frage, ob durch die Veröffentlichung der personenbezogenen Daten eine Übermittlung im Sinne der DSRL vorliegt.

Der EuGH gelangte zu dem Ergebnis, dass das Hochladen von Inhalten auf eine Webseite durch eine Privatperson selbst noch keine Übermittlung im Sinne der DSRL darstellt.[345] Der Gerichtshof folgerte dies aus den technischen Besonderheiten einer Internetveröffentlichung, bei welcher die hochzuladenden Inhalte zunächst an einen Host-Service-Provider weitergeleitet werden. Dieser ermöglicht dann den Abruf der Inhalte durch eine weitere mit dem Internet verbundene Person.[346] Die hochladende und die abrufende Person tauschen die Inhalte somit lediglich mittelbar aus. Daher könne – so der EuGH – eine Übermittlung nur über die EDV-Infrastruktur des Host-Service-Providers stattfinden, nicht hingegen unmittelbar zwischen den beiden Privatpersonen.[347] Insofern löst die Veröffentlichung von personenbezogenen Daten im Internet nach Ansicht des EuGH nicht per se die Anwendung der EU-Regeln für eine Datenübermittlung aus.

Dieses Ergebnis bewahrt die betroffenen Internetnutzer vor der sie sonst treffenden Verpflichtung, geeignete Garantien im Sinne des Art. 46 DSGVO für alle Drittländer vorzusehen, die über das Internet Zugang zum Provider haben und für die kein Angemessenheitsbeschluss im Sinne von Art. 45 DSGVO vorliegt.[348] Dass eine solche Verpflichtung den Internetverkehr hemmt und obendrein für einzelne Personen unmöglich zu erfüllen ist, liegt auf der Hand. Daher erscheint das Ergebnis des EuGH durchaus nachvollziehbar.

---

344 *EuGH,* Urt. v. 6.11.2003 – C-101/01, *Bodil Lindqvist,* ECLI:EU:C:2003:596.
345 *EuGH,* Urt. v. 6.11.2003 – C-101/01, *Bodil Lindqvist,* ECLI:EU:C:2003:596, Rn. 68 f.
346 *EuGH,* Urt. v. 6.11.2003 – C-101/01, *Bodil Lindqvist,* ECLI:EU:C:2003:596, Rn. 61.
347 *EuGH,* Urt. v. 6.11.2003 – C-101/01, *Bodil Lindqvist,* ECLI:EU:C:2003:596, Rn. 61.
348 *EuGH,* Urt. v. 6.11.2003 – C-101/01, *Bodil Lindqvist,* ECLI:EU:C:2003:596, Rn. 69.

In den knapp 15 Jahren seit der Lindqvist-Entscheidung haben sich jedoch die Gegebenheiten verändert. Diese Veränderung betrifft weniger die technischen Abläufe als vielmehr das Ausmaß, das die Internetnutzung in der Gesellschaft angenommen hat. Es ist daher durchaus fragwürdig, ob die Begründung des Gerichtshofs unter der Datenschutz-Grundverordnung weiterhin haltbar ist. Der EuGH führte in seiner Begründung nämlich insbesondere den Entwicklungsstand zur Entstehungszeit der DSRL an, welcher darauf hindeute, dass der Upload von Webinhalten kein Aspekt war, den der Gesetzgeber bei dem Begriff der Datenübermittlung im Blick hatte beziehungsweise haben konnte.[349] Außerdem enthalte Kapitel IV der DSRL keine Vorschriften über die Benutzung des Internets.[350] Es mag zwar durchaus zutreffen, dass das Internet bei der Entstehung der DSRL noch keine übermäßige Berücksichtigung fand. Aus dem Fehlen spezieller Regelungen zur Benutzung des Internets kann dieser Schluss jedoch gerade nicht gezogen werden, da dies aus der Technologieneutralität rührt, zu der sich auch schon die DSRL bekannte.[351] Auch die DSGVO ist weitestgehend technikneutral formuliert, weswegen ihre Vorschriften in gleichem Maße auf die explizite Nennung einzelner Technologien und dem Internet im Speziellen verzichten.

In seiner *Lindqvist*-Entscheidung beließ es der EuGH bei der Feststellung, die Privatperson, die Inhalte im Internet veröffentliche, erfülle selbst nicht den Tatbestand der Übermittlung. Der Gerichtshof legte dabei ein Begriffsverständnis zugrunde, welches nicht nur ein Bereitstellen beziehungsweise Offenlegen der personenbezogenen Daten, sondern auch deren tatsächlichen Abruf umfasst.[352] Ein derartiges Verständnis zwang den Gerichtshof zu einer Analyse auf Basis der technischen Voraussetzungen einer Datenübertragung im Internet, da der Datenabruf notwendigerweise eine Anfrage beim Provider erfordert.

Der Gerichtshof unterließ es jedoch, die datenschutzrechtliche Relevanz der Tätigkeit des Providers zu konkretisieren. Es ist davon auszugehen, dass zumindest das Abrufen von in der EU gespeicherten Daten durch Drittländer den Übermittlungstatbestand erfüllt, da hierbei ein aktives Übersenden der Daten in ein Drittland notwendig ist. Darüber hinaus ist die Anwendung der DSGVO auch dann nicht ausgeschlossen, wenn die Daten auf Servern außerhalb der

349 *EuGH,* Urt. v. 6.11.2003 – C-101/01, *Bodil Lindqvist,* ECLI:EU:C:2003:596, Rn. 68; vgl. *Plath/von dem Bussche,* DSGVO/BDSG, Art. 44 Rn. 9, der diese Begründung ebenfalls für nicht mehr haltbar erachtet.

350 *EuGH,* Urt. v. 6.11.2003 – C-101/01, *Bodil Lindqvist,* ECLI:EU:C:2003:596, Rn. 67.

351 *Simitis/Scholz,* BDSG, § 3a Rn. 430.

352 *EuGH,* Urt. v. 6.11.2003 – C-101/01, *Bodil Lindqvist,* ECLI:EU:C:2003:596, Rn. 59.

EU gespeichert werden.[353] So fällt die Datenverarbeitung des Providers gemäß Art. 3 Abs. 2 lit. a DSGVO jedenfalls dann unter die Verordnung, wenn sich sein Kunde in der EU befindet und der Provider diesem seinen Dienst anbietet. Nach dieser Beurteilung wäre allein der Provider für die Einhaltung der datenschutzrechtlichen Vorgaben verantwortlich, wohingegen der Internetnutzer, der personenbezogene Daten zur Veröffentlichung an den Provider sendet, nicht von der DSGVO umfasst wäre. Dies erscheint vor dem tatsächlichen Einfluss, den der Provider auf die Inhalte ausüben kann, nicht zweckgemäß. Der Provider nimmt bei dem Abrufprozess lediglich eine Mittlerrolle ein, bei der sein tatsächlicher Entscheidungsspielraum in Bezug auf die Auswahl der potenziellen Abrufe erheblich eingeschränkt ist.[354] Dieser wird vielmehr durch den Inhalt der Internetveröffentlichung bestimmt. Durch das Bereitstellen schafft der Webseitenbetreiber die Möglichkeit, die betroffenen Daten abzurufen. Er setzt also durch sein Verhalten die notwendige Voraussetzung dafür, dass der Übermittlungstatbestand vollständig verwirklicht werden kann. Die technische Ausgestaltung des Internets, die sich durch zwischengeschaltete Provider charakterisiert, führt nicht automatisch zu einer Übertragung der datenschutzrechtlichen Verantwortung des Hochladenden auf die abrufende Person. Diese Sichtweise fügt sich zudem in die deutsche Rechtsprechung zu der Verantwortlichkeit von Providern und ihrer Nutzer in Bezug auf den Inhalt hochgeladener Dateien ein. Obgleich den Provider bestimmte Prüfpflichten treffen, macht der Nutzer – und nicht der Provider – die Dateien durch den Upload der Öffentlichkeit zugänglich.[355] Eine etwaige Urheberrechtsverletzung fällt somit in erster Linie in den Verantwortungsbereich des Hochladenden. Aus dieser Perspektive heraus betrachtet, lässt sich kaum vertreten, dass der Nutzer eines Providers personenbezogene Daten nicht im Sinne der Art. 44 ff. DSGVO übermittelt, wenn er diese auf einer Internetseite hochlädt.[356]

---

353 *Brühann*, DuD 2004, 201 (204).

354 *Alich/Nolte*, CR 2011, 741 (743); *Poullet*, JICLT 2007, 141 (149); *Brühann*, DuD 2004, 201 (204), der die Rolle des Host-Service-Providers mit der eines Auftragsverarbeiters vergleicht.

355 BGH, Urt. v. 12.7.2012 – I ZR 18/11, GRUR 2013, 370 (371) Rn. 16; OLG Hamburg, Beschl. v. 8.7.2008 – 7 W 69/08, ZUM-RD 2008, 527; LG München I, Beschl. v. 12.7.2011 – 7 O 1310/11, NJOZ 2012, 546 (550) a.A. OLG Hamburg Urt. vom 14.3.2012 – 5 U 87/09, ZUM 2013, 303 (313 f.), die auf die Veröffentlichung des Download-Links abstellen.

356 Vgl. *Engel*, Reichweite und Umsetzung des Datenschutzes, 2003, S. 60; *Poullet*, JICLT 2007, 141 (144).

Dabei hat diese Verantwortungs-Zuordnung keinen Einfluss auf die Verantwortlichkeit des Providers, welcher allein durch die Speicherung der Daten vom Anwendungsbereich der DSGVO umfasst ist und zum Beispiel bei einer Weiterleitung auf andere Server auch unter die Vorgaben des Kapitels V fällt.

In der Konsequenz stellt jede Internetveröffentlichung personenbezogener Daten eine potenzielle Übermittlung dieser Daten gemäß Kapitel V DSGVO dar, die sich im Falle eines Abrufs durch eine in einem Drittstaat ansässige Person, verwirklicht. Da eine solche „Weltgeltung" des europäischen Datenschutzrechts jedoch politisch unerwünscht ist,[357] bedarf es rechtlicher Möglichkeiten, dieses Ergebnis auf solche Konstellationen zu beschränken, die eine hinreichend enge Verbindung zur EU haben.

Wie schon der DSRL, fehlt es auch der DSGVO an einer Legaldefinition für die Übermittlung von personenbezogenen Daten. Der Gesetzgeber berücksichtigte bei der Entwicklung der DSGVO explizit die Risiken der Internetbenutzung für den Schutz personenbezogener Daten, wie insbesondere EG 9 verdeutlicht. Dass er dennoch darauf verzichtet hat, den Begriff der Übermittlung zu konkretisieren, ist bedauerlich. Freilich ist immer noch davon auszugehen, dass es nicht Sinn und Zweck der DSGVO ist, die Zulässigkeit jedweden Hochladens in das Internet davon abhängig zu machen, dass alle Staaten, von denen aus auf diese Inhalte zugegriffen werden kann, ein angemessenes Schutzniveau haben. Der Ausschluss der Verantwortlichkeit des Webseiten-Betreibers trägt allerdings gerade vor dem Hintergrund der großen Bedeutung des Internets zu einer Öffnung des ansonsten sehr rigiden Schutzsystems bezüglich Drittstaatentransfers bei, die in diesem Umfang nicht nachvollziehbar ist. Indem der Webseitenbetreiber personenbezogene Daten in Drittländern ansässigen Personen zum Abruf zur Verfügung stellt, riskiert er, dass die Daten auch in Länder ohne angemessenes Schutzniveau gelangen und infolgedessen keinen den Art. 7, 8 EU-GRCh entsprechenden Schutz erhalten.

Zudem erreichte das Recht auf Schutz personenbezogener Daten inzwischen auch auf europarechtlicher Ebene Grundrechtsstatus. Eine rein ergebnisorientierte Betrachtungsweise, bei der einzelne Sachverhaltskonstellationen bewusst aus dem Anwendungsbereich der Datenschutzvorschriften herausgenommen werden,[358] ist hiermit nicht mehr vereinbar. Dies vermag auch ein Grund dafür

---

357 *EuGH*, Urt. v. 6.11.2003 – C-101/01, *Bodil Lindqvist*, ECLI:EU:C:2003:596, Rn. 69.

358 Der EuGH argumentierte in seiner Lindqvist-Entscheidung mit den Folgen einer Auslegung, die das Hochladen auf eine Webseite unter die Vorschriften über die Übermittlung von Daten in ein Drittland umfasst. Dies würde dazu führen, dass die Mitgliedstaaten verpflichtet wären, jede Aufnahme personenbezogener Daten zu

sein, dass die Rechtsprechung des EuGH bezogen auf den Datenschutz im Internet rigider geworden ist.[359]

Betrachtet man den Begriff der Übermittlung in der Systematik der DSGVO, fällt insbesondere in der englischen Sprachfassung auf, dass dieser (engl. *transfer*) allein im Zusammenhang mit Drittländern auftaucht.[360] Wie bereits in der DSRL ist der *data transfer* auch in der Grundverordnung nicht als Variante einer Datenverarbeitung in die Begriffsbestimmungen aufgenommen worden. Dort findet sich lediglich die *disclosure by transmission*, die zwar in der deutschen Fassung mit „Offenlegung durch Übermittlung" übersetzt wurde, aber dennoch nicht auf eine Datenübermittlung im Sinne von Kapitel V verweist. Während *transmit* das Auf-den-Weg-bringen von Daten meint, ohne dabei den konkreten Empfänger im Vorfeld bestimmt zu haben, drückt der Begriff *transfer* das zielgerichtete Übertragen von Daten an einen anderen Ort aus.[361] Diese Abgrenzung erinnert an die deutsche Umsetzung der DSRL, die in § 3 Abs. 4 Nr. 3 BDSG aF für eine Übermittlung einen bestimmten Empfänger voraussetzte. Ein solches Erfordernis geht aus den Begriffsbestimmungen des Art. 4 DSGVO allerdings nicht hervor,[362] sodass diese keine Eingrenzung des Übermittlungsbegriffs leisten können. Der EuGH scheint den Begriff *transfer* so zu verstehen, dass er ein aktives Übertragen der Daten mit einer konkreten Zielrichtung beschreibt.[363] Letztere wird durch den einzelnen Abruf geschaffen.

Letztendlich muss man davon ausgehen, dass die unterschiedliche Begriffsverwendung zumindest nicht dazu führen kann, dass die Zweistufenprüfung

---

überprüfen, da nicht jedes Drittland ein angemessenes Datenschutzniveau hat, vgl. *EuGH*, Urt. v. 6.11.2003 – C-101/01, *Bodil Lindqvist*, ECLI:EU:C:2003:596, Rn. 69 f.

359 So auch *Tzanou*, Hum. Right Law Rev., 17 (2017), 545 (553); vgl. zudem *Kuner*, German Law Journal, 18 (2017), 881 (893) der Zweifel daran äußert, dass der EuGH die *Lindqvist*-Rechtssache heute genauso entscheiden würde.

360 *Wolff/Brink/Kamp*, BeckOK DatenschutzR, Art. 44 DSGVO Rn. 14 ff,; deutlich wird die Unterscheidung vor allem in EG 48: „Controllers that are part of a group of undertakings […] may have a legitimate interest in **transmitting** personal data within the group of undertakings […] The general principles for the **transfer** of personal data […] to an undertaking located in a third country remain unaffected." [Hervorhebungen durch den Verfasser].

361 „transmit, v.", OED Online, Oxford University Press, http://www.oed.com/view/Entry/204911?rskey=6FIo78&result=2 (Stand: 02.03.2019); „transfer, v.", OED Online, Oxford University Press, http://www.oed.com/view/Entry/204699?rskey=OJSaqe&result=2 (Stand: 02.03.2019); *Fechner*, JZ 2004, 246 (247).

362 Art. 4 Nr. 3 spricht lediglich von „Offenlegung durch Übermittlung".

363 Vgl. *Poullet*, JICLT 2007, 141 (149).

zur Zulässigkeit einer Drittlandsübermittlung aufgehoben wird. Obgleich die Begriffe nicht deckungsgleich sind, stellt ein *transfer* eine Datenverarbeitung im Sinne von Art. 4 Nr. 2 DSGVO dar. Die Aufzählung der Verarbeitungsformen in Art. 4 Nr. 2 DSGVO ist nicht abschließend. Die Begriffsähnlichkeit von *transfer* und *transmission* lässt eine Zuordnung zu dem Katalog der Verarbeitungsformen daher zu.

2. *Einschränkung der Verantwortlichkeit durch Privilegierungen*

Einige Internetveröffentlichungen fallen bereits ihres Inhalts wegen nicht in den datenschutzrechtlichen Verantwortungsbereich.[364] Gemäß Art. 85 Abs. 2 DSGVO können Mitgliedstaaten Ausnahmen von Kapitel V für die Datenverarbeitung zu journalistischen, künstlerischen oder wissenschaftlichen Zwecken vorsehen.[365] Diese dienen dazu, einen Ausgleich zu anderen Grundrechten, insbesondere dem Recht auf Meinungsfreiheit, dem Recht auf Informationsfreiheit und der Kunst- und Wissenschaftsfreiheit, herzustellen.[366]

Diese Privilegierung erfasst zwar nur einen kleinen Teil aller Veröffentlichungen im Internet, darunter aber durchaus solche, die regelmäßig personenbezogene Daten enthalten. Im Zusammenhang mit Internetveröffentlichung stellt die Datenverarbeitung zu journalistischen Zwecken sicherlich die bedeutendste Gruppe dar. Allerdings bergen die Privilegierungstatbestände je nach nationaler Ausgestaltung auch ein großes Potenzial, die Vorschriften des Kapitels V zu umgehen und werden daher zumindest in Deutschland eng ausgelegt.[367] Voraussetzung für die Privilegierung zu journalistischen Zwecken ist, dass ein zentrales Anliegen darin besteht, mithilfe der Internetveröffentlichung zur demokratischen Meinungsbildung beizutragen.[368] Die Verarbeitungszwecke der Tätigkeit, die durch Art. 85 DSGVO privilegiert werden, muss sich auf die genannten Zwecke beschränken, da andernfalls der Anwendungsbereich der Ausnahmevorschrift nicht übermäßig ausgedehnt würde.[369]

---

364 Vgl. *Brühann*, DuD 2004, 201 (207 f.).

365 *Taraschka*, CR 2004, 280 (285).

366 *DWWS/Weichert*, DSGVO/BDSG-neu, Art. 85 Rn. 2; *Ehmann/Selmayr/Schiedermair*, DS-GVO, Art. 85 Rn. 2; *Sydow/Specht/Bienemann*, EU-DSGVO, Art. 85 Rn. 1; *Gola/Pötters*, DS-GVO, Art. 85 Rn. 3 f.

367 *BGH*, Urt. v. 23.06.2009 – VI ZR 196/08, *Spickmich.de*, ZUM 2009, 753 (756); *Wolff/Brink/Schantz*, BeckOK DatenschutzR, 23. Ed., § 4b BDSG, Rn. 16.

368 Vgl. EG 153.

369 Vgl. *Kühling/Buchner/Buchner/Tinnefeld*, DS-GVO, Art. 85 Rn. 25.

3. *Anwendung der Art. 44 ff. DSGVO auf Internetveröffentlichungen*

Die große Masse der Internetveröffentlichungen fällt heutzutage in den Bereich Cloud Computing. Der Speicherort deckt sich nicht zwangsläufig mit dem Sitz des Betreibers, sondern die Daten befinden sich in der Regel auf verschiedenen Servern, auf welche Internetnutzer aus allen Teilen der Welt zugreifen können. Insbesondere die Sparte der sozialen Netzwerke beruht geradezu auf personenbezogenen Daten, die ihre Nutzer über Dritte posten, d. h. veröffentlichen. Befinden sich diese Server in einem Drittland, findet mit dem Hochladen von Webinhalten automatisch eine Übermittlung dieser Daten in ein Drittland statt. Trotz einiger Ausnahmen übt die Mehrheit der Nutzer dabei keine ausschließlich journalistische Tätigkeit im Sinne von Art. 85 Abs. 2 DSGVO aus, sodass auch Privatnutzer nach dem hier vertretenen Verständnis unter die Vorschriften der Art. 44 ff. DSGVO fallen. Anders als bei privaten Cloud-Speichern, bei welchen der Hochladende durch Erteilung einer Freigabe steuern kann, wer die Möglichkeit zum Datenabruf erhält, sind die sozialen Netzwerke in der Regel so ausgestaltet, dass eine unüberschaubare Anzahl anderer Nutzer die hochgeladenen Inhalte abrufen kann. Es ist auch nicht kontrollierbar, aus welcher Jurisdiktion die Daten abgerufen werden und ob diese ein angemessenes Datenschutzniveau aufweisen. Folglich muss die hochladende Person nach Art. 46 Abs. 1 DSGVO geeignete Garantien vorsehen, um den Schutz der Daten zu gewährleisten, sofern sie keine Einwilligung der betroffenen Person im Sinne von Art. 49 Abs. 1 lit. a DSGVO eingeholt hat. Die in Art. 46 Abs. 2 DSGVO enthaltene Auflistung unterschiedlicher Formen zur Umsetzung des Garantieerfordernisses ist nicht abschließend. Sie ist außerdem nicht auf Einzelpersonen ausgelegt, sondern sieht zum einen zuvor genehmigte Regelungen wie Standarddatenschutzbestimmungen oder genehmigte Verhaltensregeln und zum anderen Selbstverpflichtungen der Verantwortlichen aus dem Drittland in Form eines Dokuments zwischen Behörden oder einseitig von dem drittstaatlichen Empfänger vor. Die einzelne Privatperson wird diesen Anforderungen aber kaum gerecht werden können. Es bedarf daher eigener Garantien, mithilfe derer auch Privatpersonen ihrer Verantwortung für die personenbezogenen Daten anderer Menschen nachkommen können.

Diese müssen insbesondere die technischen Möglichkeiten berücksichtigen, die Privatpersonen zur Verfügung stehen. Geeignete Garantien könnten beispielsweise darin bestehen, bestimmte Inhalte zu verschlüsseln und auf diese Weise nur einem begrenzten Kreis von Empfängern zur Verfügung zu stellen. Ein ähnlicher Effekt kann auch durch den Einsatz von Geoblocking-Tools erzielt werden.[370] Darüber hinaus besteht die Möglichkeit, von den abrufenden

370 Vgl. *Svantesson*, Extraterritoriality in Data Privacy Law, 2013, S. 173 ff.

Personen eine Selbstverpflichtung einzuholen. Vorstellbar wäre die Einbindung eines Pop-Up-Fensters beim Aufruf der betroffenen Seite, welches die eigentlichen Webseiten-Inhalte erst dann sichtbar macht, wenn der Abrufende sich dazu verpflichtet, die enthaltenen personenbezogenen Daten nur unter Wahrung der Schutzbestimmungen der DSGVO zu verarbeiten.

Die Veröffentlichung personenbezogener Daten auf einer Webseite kann darüber hinaus auch durch die in Art. 49 DSGVO aufgelisteten Tatbestände legitimiert werden. Kann der Hochladende die geeigneten Garantien nicht sicherstellen, bleibt ihm die Möglichkeit, eine Einwilligung von der betroffenen Person einzuholen. Sofern auch die Ausnahmetatbestände des Art. 49 Abs. 1 lit. a-g DSGVO nicht herangezogen werden können, erlaubt Art. 49 Abs. 1 UAbs. 2 DSGVO als Auffangtatbestand in Einzelfällen eine Übermittlung personenbezogener Daten, wenn zwingende berechtigte Interessen des Verantwortlichen die Betroffeneninteressen überwiegen.

II. Der Standard des angemessenen Schutzniveaus

Wie bereits die DSRL macht auch die DSGVO die Zulässigkeit einer Übermittlung personenbezogener Daten von dem Datenschutzniveau des außereuropäischen Empfängerstaates abhängig. Allerdings spielt das Angemessenheitskriterium formal betrachtet keine absolut zentrale Rolle mehr.[371] Während Art. 25 DSRL noch ausdrücklich ein angemessenes Datenschutzniveau des Datenempfängers voraussetzte, verlangt Art. 44 DSGVO lediglich, dass die Bestimmungen des Kapitels zur Datenübermittlung eingehalten werden, damit das durch die Verordnung geschaffene Schutzniveau nicht untergraben wird. Auf diese Weise schließt Art. 44 DSGVO erstmals auch diejenigen Erlaubnistatbestände mit ein, auf welche unabhängig von der Angemessenheit des beim Datenempfänger herrschenden Schutzniveaus zurückgegriffen werden kann. Dennoch bildet die Schaffung eines angemessenen Schutzniveaus weiterhin den Regelfall für eine Datenübermittlung in ein Drittland. Dies zeigt sich bereits an denen als Ausnahmen formulierten übrigen Erlaubnistatbeständen, die erst zur Anwendung gelangen, falls kein Angemessenheitsbeschluss vorliegt. In der Praxis spiegelt sich dieses Regel-Ausnahme-Verhältnis jedoch nicht wieder.[372]

Das Datenschutzniveau eines Vertragsstaates war bereits in der Datenschutzkonvention des Europarats eines der Zulässigkeitskriterien für den

---

371 *Lynskey*, The Foundations of EU Data Protection Law, 2015, S. 44.

372 *Kühling/Buchner/Schröder*, DSGVO, Art. 49 Rn. 2; in Bezug auf die Vorgängerregelung des Art. 26 DSRL bereits *Simitis/Simitis*, BDSG, § 4c Rn. 1.

internationalen Datenverkehr. Allerdings kommt das darin verlangte „gleichwertige Schutzniveau“ zunächst nur als Begrenzungsschranke für Datenübermittlungen zwischen zwei Vertragsstaaten zur Anwendung. Erst mit Art. 2 des Zusatzprotokolls aus dem Jahr 2001 erhält die Konvention eine eigene Vorschrift für den grenzüberschreitenden Datenverkehr, die – angelehnt an die DSRL – auf ein „angemessenes Schutzniveau“ des Staates oder der Organisation abstellt, welchem oder welcher der Datenempfänger untersteht.

Der Bezug auf das Datenschutzniveau des Empfängers bietet im Gegensatz zu konkreten Vorgaben an das jeweilige Datenschutzrecht den Vorteil, dass es auch auf solche Datenschutzsysteme anwendbar ist, welche grundsätzlich anders aufgebaut sind als das der EU. Diese Flexibilität ermöglicht es, statt auf konkrete Instrumente auch auf die Effektivität der gewählten Instrumente abzustellen.[373] Dennoch ist die Prüfung und Feststellung der Angemessenheit von Datenschutzregimen ganzer Staaten mit einem erheblichen finanziellen und zeitlichen Aufwand verbunden. Die explizite Möglichkeit des Art. 45 Abs. 1 DSGVO, solche Entscheidungen auch für Gebiete, spezifische Sektoren oder internationale Organisationen zu erlassen,[374] ist insofern zu begrüßen.

1. *Kriterien zur Bestimmung eines angemessenen Schutzniveaus*

Die inhaltliche Ermittlung eines angemessenen Datenschutzniveaus ist umso schwieriger, je größer die konzeptionellen Unterschiede zweier Rechtsordnungen sind. Die heranzuziehenden Kriterien für die Anwendung des Angemessenheitsbegriffs ergeben sich teilweise aus der DSGVO selbst und teilweise aus der Konkretisierung durch den EuGH. Während sich die DSRL noch auf eine knappe Aufzählung datenschutzspezifischer Kriterien beschränkte, lässt die DSGVO seitens des Gesetzgebers ein stärkeres Bewusstsein über die Bedeutung grenzüberschreitender Datenflüsse erkennen. So hat die Kommission in ihrer Entscheidung über die Angemessenheit eines Drittlandes oder einer internationalen Organisation gemäß Art. 45 Abs. 2 DSGVO insbesondere die grundrechtliche Ebene des Datenschutzes, Rechtsstaatlichkeit sowie allgemeine

373 Dies hat der EuGH in der Rs. Schrems gezeigt: *EuGH,* Urt. v. 6.10.2015 – C-362/14, *Schrems,* ECLI:EU:C:2015:650 (885).

374 Praktisch wurde dies auch schon unter der DSRL so gehandhabt, vgl. Entscheidung der Kommission vom 20. Dezember 2001 gemäß der Richtlinie 95/46/EG des Europäischen Parlaments und des Rates über die Angemessenheit des Datenschutzes, den das kanadische Personal Information Protection and Electronic Documents Act bietet (2002/2/EG), Abl 2002 L 2, 13.

Grund- und Menschenrechte zu berücksichtigen. In Übereinstimmung mit Art. 8 Abs. 2 GRCh ist danach für die Angemessenheit des Datenschutzes auch die Aufsicht einer wirksamen unabhängigen Behörde entscheidend. Zudem erfuhr die Vorschrift in der Spätphase der Trilog-Verhandlungen noch eine wesentliche Ergänzung mit dem Hinweis, dass auch staatliche Zugriffsrechte in die Angemessenheitsprüfung einbezogen werden müssen. Dieser Zusatz geht auf die Veröffentlichungen zu Abhörtätigkeiten amerikanischer Nachrichtendienste und der in diesem Zusammenhang ergangenen EuGH-Entscheidung in der Rechtssache Schrems zurück.[375] Trotz der Konkretisierung lässt sich eine drittstaatliche Rechtsordnung nur schwer anhand der Vorgaben des Art. 45 Abs. 2 DSGVO überprüfen. Das liegt vor allem an den sehr allgemein gehaltenen Formulierungen, die sich stark an den Art. 2, 6 und 21 EUV sowie an Art. 7, 8 GRCh orientieren und sich somit auf fundamentale EU-Grundsätze stützen, diese jedoch inhaltlich nicht weiter ausfüllen.[376]

2. Das Schrems-Urteil

Der Begriff der Angemessenheit erfordert eine wertende Gesamtbetrachtung der rechtlichen Situation in dem Drittland, Sektor oder Gebietes, in welchem der Datenempfänger ansässig ist.[377] Der EuGH hat den Anforderungen an diese Analyse in der Rechtssache Schrems[378] deutliche Konturen verliehen. Gegenstand der Entscheidung war die Übermittlung personenbezogener Nutzerdaten durch das soziale Netzwerk Facebook in die USA, wo sich der Hauptsitz des Unternehmens befindet, auf Grundlage des sogenannten Safe Harbor Abkommens.[379] Letzteres erlaubte es den teilnehmenden US-amerikanischen Unternehmen, unter Einhaltung der in dem Abkommen festgelegten Bestimmungen personenbezogene Daten aus der EU in die USA zu übermitteln. Das Verfahren baute auf der Selbstzertifizierung der Unternehmen und einer stichprobenartigen Überprüfung durch die amerikanischen Behörden auf. Schon kurz nach

---

375 *Kühling/Buchner/Schröder*, DS-GVO, Art. 45 Rn. 15; *Paal/Pauly/Pauly*, DS-GVO, Art. 45 Rn. 5; *Gola/Klug*, DSGVO, Art. 45 Rn. 6.

376 *Wagner*, IDPL 2018, 318 (322).

377 *Kühling/Buchner/Schröder*, DS-GVO, Art. 45 Rn. 15; *Gola/Klug*, DSGVO, Art. 45 Rn. 5; *Weniger*, Grenzüberschreitende Datenübermittlungen, 2005, S. 398.

378 *EuGH*, Urt. v. 6.10.2015 – C-362/14, *Schrems*, ECLI:EU:C:2015:650 Rn. 70 ff.

379 Entscheidung 2000/520/EG der *Kommission* v. 26.7.2000 gem. der RL 95/46 über die Angemessenheit des von den Grundsätzen des „sicheren Hafens“ und der diesbezüglichen „Häufig gestellten Fragen“ (FAQ) gewährleisteten Schutzes, vorgelegt vom *Handelsministerium der USA* (ABl. L 215, S. 7).

seinem Inkrafttreten äußerten Kritiker Bedenken dahingehend, ob das Safe Harbor Abkommen einen angemessenen Schutzstandard schaffen konnte.[380] Mit den Snowden-Enthüllungen traten dann weitere Anhaltspunkte hinzu, die an der Konformität mit der DSRL zweifeln ließen.[381] In der Rechtssache *Schrems* urteilte der EuGH schließlich, das Safe Harbor Abkommen sei nicht geeignet, ein angemessenes Schutzniveau im Sinne der DSRL herzustellen.[382] Im Kern stellte der Gerichtshof in seiner Entscheidung fest, ein Schutzniveau sei angemessen, wenn es dem in der EU garantierten Schutz der Sache nach „gleichwertig" sei.[383] Obwohl der Gerichtshof betont, dass kein identisches Schutzniveau verlangt werden könne, schränkt er durch das Gleichwertigkeitserfordernis die Abweichungsmöglichkeiten von drittstaatlichen Datenschutzregimen deutlich ein. So müssen diese Rechtsordnungen zumindest in der Wirksamkeit mit den europäischen Regeln identisch sein.[384] In welchem Umfang wirtschaftliche Interessen berücksichtigt werden können, macht das Gericht jedoch nicht deutlich, sondern konzentriert sich fast ausschließlich auf die Interessenlage der Betroffenen. Damit trägt sie letztendlich nur bedingt zu einer Konkretisierung des Angemessenheitserfordernisses bei.[385]

Aufgrund ihrer Folgen für den wirtschaftlich bedeutenden Datentransfer zwischen der EU und den USA gilt die Entscheidung in der Rechtssache Schrems als eines der wichtigsten datenschutzrechtlichen Urteile der letzten Jahre. Insbesondere die Berücksichtigung staatlicher Überwachungsmaßnahmen sowie der Hinweis in den Gründen des EuGH, dass ein Selbstzertifizierungsverfahren wirksame Kontroll- und Überwachungsmechanismen bedürfe, fand positive Kritik.[386] Dennoch erfuhr vor allem die Tatsache, dass das Gericht keine Übergangsregelung für den transatlantischen Datenverkehr vorsah, Ablehnung.[387] Zudem fand vielen Kritikern zufolge keine ausreichende Auseinandersetzung

380 Zusammenfassend dazu *Cunningham*, Santa Clara Int'l L., 11 (2013), 421 (438 ff.) sowie Thomale, in: Auerhammer, BDSG, 4. Aufl. 2014, § 4b BDSG Rn. 17 f.

381 *Art.-29-Datenschutzgruppe, Art.-29-Datenschutzgruppe*, Stellungnahme 04/2014 zur Überwachung der elektronischen Kommunikation zu nachrichtendienstlichen und nationalen Sicherheitszwecken, WP 215, S. 17.

382 *EuGH*, Urt. v. 6.10.2015 - C-362/14, *Schrems*, ECLI:EU:C:2015:650, Rn. 97.

383 *EuGH*, Urt. v. 6.10.2015 - C-362/14, *Schrems*, ECLI:EU:C:2015:650, Rn. 73.

384 *EuGH*, Urt. v. 6.10.2015 - C-362/14, *Schrems*, ECLI:EU:C:2015:650, Rn. 74; *Kühling/Buchner/Schröder*, DS-GVO, Art. 45 Rn. 12.

385 So auch *Kühling/Heberlein*, NVwZ 2016, 7 (9).

386 *Borges*, NJW 2015, 3617 (3620 f.).

387 So z. B. *Lewinski*, EuR 2016, 405 (410).

mit dem tatsächlichen Datenschutzniveau der USA statt.[388] Während der EuGH einerseits die grundrechtliche Bedeutung des europäischen Datenschutzrechts unterstreicht und somit auch gegenüber der Wirtschaftsmacht USA bekräftigt, schafft die Entscheidung andererseits eine Situation der Unsicherheit auch in Bezug auf Nachfolgeabkommen wie das derzeitig laufende Privacy Shield.[389] An der grundsätzlichen datenschutzrechtlichen Dogmatik des US-amerikanischen Rechts wird sich auch unter einer neuen Regelung zum Datenverkehr mit der EU nichts ändern, sodass einige der Bedenken gegen das Safe Harbor Abkommen auch für Folgeregelungen herangezogen werden.[390]

3. *Völkerrechtlich zulässiges Druckmittel*

Das Angemessenheitskriterium stellt auf den ersten Blick ein flexibles Instrument dar, mithilfe dessen der Schutzstandard auch über die EU-Grenzen hinaus gewahrt werden kann. In der Praxis relativieren ein erheblicher Ressourcenaufwand und Durchsetzungsschwierigkeiten jedoch diesen Eindruck.[391] Davon zeugt auch die relativ geringe Anzahl an Angemessenheitsbeschlüssen,[392] die die Kommission bislang getroffen hat. Insbesondere für große und wirtschaftlich bedeutende Staaten stößt das Verfahren regelmäßig an seine Grenzen, obwohl bei diesen der Bedarf am höchsten ist.[393]

Positiv stellt sich die Spezifizierung der zu berücksichtigenden Kriterien bei der Angemessenheitsprüfung in der DSGVO da. Diese erhöht die Rechtssicherheit für diejenigen Staaten, die den Angemessenheitsstatus anstreben. Darüber hinaus trägt sie aber auch zu einer Ausweitung des europäischen Datenschutzstandards bei. Letzteres geschieht weniger ausdrücklich, als vielmehr dadurch, dass Anwärterstaaten – um ein möglichst rasches und reibungsloses Verfahren

388 *Bender*, IDPL 2016, 117 (118).

389 Siehe dazu *Padova*, IDPL 2016, 139 (160).

390 Dies zeigt u.a. die Anfrage der EP-Abgeordneten Grapini an die Kommission nach der Konformität des EU-US Datenschutzschildes mit der DSGVO, http://www.europarl.europa.eu/doceo/document/E-8-2017-000300_EN.pdf (Stand: 02.03.2019).

391 Siehe dazu auch *Kuner* in: *Gutwirth/Poullet/Hert u. a.*, Reinventing Data Protection?, 2009, S. 263 (263 ff.).

392 Derzeit sind dreizehn Angemessenheitsbeschlüsse in Kraft in Bezug auf die Länder Andorra, Argentinien, Guernsey, Faröer Inseln, Isle of Man, Israel, Japan, Jersey, Kanada, Neuseeland, Schweiz, Vereinigte Staaten von Amerika (Privacy Shield), Uruguay.

393 *Kuner* in: *Gutwirth/Poullet/Hert u. a.*, Reinventing Data Protection?, 2009, S. 263 (265 f.).

zu begünstigen – die festgelegten Kriterien erfüllen, indem sie die europäischen Regelungen möglichst unverändert übernehmen.[394] Auf diese Weise trägt das Angemessenheitssystem zu einer indirekten Ausweitung der europäischen Datenschutzregelungen bei, die jedoch in dieser Wirkung völkerrechtlich unbedenklich ist. Es findet weder eine direkte Einmischung in die Angelegenheiten fremder Staaten noch eine Tangierung drittstaatlicher Souveränitätsrechte statt. Die Europäische Union stellt ihre Handelspartner aber in eine *take-it-or-leave-it*-Position, bei welcher diesen nur ein marginaler eigener Spielraum gelassen wird. Die Union gibt den Standard vor, an dem sich Drittstaaten zu orientieren haben. Fraglich bleibt also, ob die EU mit dem Modell des angemessenen Schutzniveaus aus globaler Perspektive *good practice* betreibt oder ob dieses enge Konzept nicht eher provokantes Verhalten eingestuft werden müsste. An dieser Stelle ist noch einmal auf den Grundrechtsstatus des Datenschutzrechts hinzuweisen.

Zwar mag die konkrete Ausgestaltung der Drittlandsübermittlung aus einem außereuropäischen Blickwinkel durchaus anmaßend wirken, es ist jedoch nicht im Interesse des internationalen Rechts, solche Praktiken zu verhindern, die dem effektiven Schutz eines national und international anerkannten Grundrechts dienen.

Angesichts des großen Aufwands, den eine Angemessenheitsprüfung mit sich bringt, spielen für den Wirtschaftsverkehr ohnehin diejenigen Instrumente eine weitaus wichtigere Rolle, mit denen Datenexporteur und -importeur gemäß Art. 46 DSGVO geeignete Garantien für den Schutz der personenbezogenen Daten herstellen können. Der große Vorteil dieser als Ausnahmen vom Übermittlungsverbot konstruierten Erlaubnistatbestände liegt darin, dass sie auf die Übermittlungen selbst anwendbar sind und das Schutzniveau lediglich durch den Datenempfänger sichergestellt werden muss. Defizite in den landesspezifischen Datenschutzgesetzen aus EU-Perspektive spielen dann eine Rolle, wenn sie nicht durch die gewählten Garantien ausgeglichen werden können.

III. Legitimation

Im Gegensatz zu den Vorschriften über den räumlichen Regelungsbereich des EU-Datenschutzrechts stellen die Regelungen über grenzüberschreitende Datenübermittlungen keine explizite extraterritoriale Ausdehnung des Geltungsbereichs dar.[395] So führen die Vorschriften nicht zu einer Einschränkung der Souveränität von Drittstaaten, da sie allein an die Belegenheit der

394 *Lynskey*, The Foundations of EU Data Protection Law, 2015, S. 43.
395 *Poullet*, JICLT 2007, 141 (145).

Daten anknüpfen. Ihre Wirkung auf Staaten außerhalb der EU drückt sich vielmehr in Form eines Handlungs- und Anpassungsdrucks aus, dem sie alle drittstaatsangehörigen Handelspartner aussetzen.[396] Hierbei ist weder von einem Datenschutzimperialismus[397] der EU auszugehen, noch sind die extraterritorialen Auswirkungen lediglich als „notwendiges Nebenprodukt"[398] des Ziels eines hohen Betroffenenschutzes zu sehen. Die stärkere Betonung des Grundrechtsschutzes als Basis für das europäische Datenschutzrecht macht eine Erweiterung des Schutzes über die EU-Staatsgrenzen vielmehr zwingend notwendig. So würde es insbesondere seit der Rechtsverbindlichkeit der GRCh und deren gewichtigeren Berücksichtigung in der DSGVO dem Grundrechtsschutz nicht gerecht werden, wenn diese an das Territorium der EU gebunden wäre, da ein solcher mit einem grenzenlosen Datenverkehr nur schwer zu vereinen ist.[399]

Der gewählte Weg bleibt jedoch riskant. Die Reaktion eines Drittstaates besteht entweder aus einer Übernahme der europäischen Regelungen oder aber auch in einem Beharren auf dem eigenen Verständnis von Privatsphäre und Datenschutz. Letzteres kann – wie am Beispiel mit den USA sichtbar ist – zu einer durchaus verfahrenen Situation und der Gefahr von Einschränkungen der Wirtschaftsbeziehungen führen. Zwar mag der internationale Wirtschaftsverkehr in einigen Bereichen auch ohne eine regelmäßige Übermittlung personenbezogener Daten auskommen. So konnte China beispielsweise zu einem der wichtigsten Handelspartner Deutschlands werden, ohne dass der internationale Datenverkehr durch einen Angemessenheitsbeschluss legitimiert wird. Allerdings erlaubt die DSGVO in diesen Fällen keine regelmäßige Datenübermittlung, sondern lediglich eine Übermittlung „für den bestimmten Fall" (Art. 49 Abs. 1 UAbs. 2 DSGVO). Kommt es im Rahmen der Handelsbeziehungen also auf einen regelmäßigen Datenaustausch an, bleibt es bei der geschilderten Drucksituation.

---

396 *Bradford*, NULR, 107 (2012), 1 (6); *Mills*, I.C.L.Q., 65 (2016), 541 (542); *Poullet*, JICLT 2007, 141 (145).

397 So aber *Colonna*, JITPL, 30 (2013), 227 (250).

398 *Lynskey*, The Foundations of EU Data Protection Law, 2015, S. 43.

399 *LeSieur*, IDPL 2012, 93 (101).

D. Durchsetzung

Vollzugsschwächen werden dem Datenschutzrecht schon seit seiner Entstehung attestiert.[400] Die Verbreitung des Internets verstärkt dieses Defizit vor allem dadurch, dass Verarbeitungswege für die Betroffenen undurchsichtiger werden und eine Verfolgung von Datenschutzverstößen häufig an den territorialen Zuständigkeitsgrenzen der Aufsichtsbehörden scheitert. Neben den völkerrechtlichen Beschränkungen sind auch fehlende Anreize auf Seiten der betroffenen Person für die Durchsetzungsschwierigkeiten verantwortlich. Eine Verbesserung dieser Situation versprechen sich einzelne Mitgliedstaaten unter anderem durch eine Stärkung der datenschutzrechtlichen Verbandsklagebefugnisse sowie über eine Durchsetzung datenschutzrechtlicher Ansprüche mithilfe des Wettbewerbsrechts.[401] Die DSGVO setzt insbesondere auf einen Entscheidungseinklang der nationalen Aufsichtsbehörden durch eine engere Kooperation mit dem sogenannten „One-Stop-Shop-Mechanismus“ sowie dem Kohärenzverfahren.

I. Völkerrechtliche Grenzen der Durchsetzung

Während Staaten grundsätzlich frei sind, Normen mit grenzüberschreitender Wirkung zu erlassen, ist die staatliche Durchsetzung an das Staatsgebiet geknüpft. Nur auf dem eigenen Territorium ist es Staaten erlaubt, hoheitlich tätig zu werden. Dieser Grundsatz kann gerade unter Berücksichtigung der prinzipiellen Freiheit der *extraterritorial jurisdiction to prescribe* als ein notwendiges Instrument dienen, die staatliche Regelungshoheit zu begrenzen und dem einzelnen Rechtssubjekt eine gewisse Rechtssicherheit zu ermöglichen.[402]

Außerhalb der eigenen Staatsgrenzen bedarf die Ausübung von Hoheitsgewalt der ausdrücklichen Genehmigung des fremden Staates.[403] Das gilt sowohl für Realakte als auch für den Erlass oder die Vollstreckung von Verwaltungsakten.[404]

---

400 *Weichert*, NStZ 1999, 490 (492); *Roßnagel/Roßnagel*, Hb. DatenschutzR, 3.4 Konzepte des Selbstdatenschutzes Rn. 18; aktuell dazu auch *Kühling/Buchner/Schröder*, DS-GVO, Art. 50 Rn. 6; *Auernhammer/Lewinski*, DSGVO/BDSG, Art. 3 Rn. 4.

401 Zum datenschutzrechtlichen Verbandsklagerecht in Deutschland siehe u.a. *Halfmeier*, NJW 2016, 1126.

402 *Pichler*, Internationale Zuständigkeit im Zeitalter globaler Vernetzung, 2008, Rn. 99 f.

403 *Dahm/Delbrück/Wolfrum*, Völkerrecht, Band I/1, 2. Aufl., 1989, Bd I/1, S. 326; *Grabnitz/Hilf/Nettesheim/Röben*, EUV/AEUV, Art. 89 AEUV Rn. 3; *Rossi*, AdV 2007, 115 (124).

404 *Ohler*, Die Kollisionsordnung des Allgemeinen Verwaltungsrechts, I/1, 2005, S. 329.

Diese Begrenzung der Staatsgewalt ist völkerrechtlich unstreitig[405] und fand bereits in der *Lotus*-Entscheidung lediglich einen klarstellenden Eingang.[406] Auch nachfolgende Entscheidungen lassen an dieser Regel keine Zweifel offen.[407]

Zweifelhaft kann hingegen sein, auf welche Handlung dabei konkret abgestellt wird. Da es für den Zugang zu elektronisch gespeicherten Daten im Ausland nicht zwingend notwendig ist, dass die Staatsgewalt auf fremdem Staatsgebiet handelt, erfordert eine Analyse hinsichtlich der Verletzung ausländischer Souveränitätsrechte die Betrachtung technischer Vorgänge.[408] Staatliches Handeln kann hierbei entweder bereits in dem Kopieren der Daten im Ausland bestehen, oder aber erst mit der eigentlichen Analyse der Daten auf dem eigenen Territorium.[409] Eine vermittelnde Ansicht stellt auf beide Vorgänge ab.[410] Die aus datenschutzrechtlicher Perspektive vorzugswürdige Meinung ist das Abstellen auf den Datenzugriff. Bei im Ausland gespeicherten Daten liegt staatliches Handeln dieser Ansicht zufolge bereits vor, wenn Daten auf inländische Speichermedien kopiert werden, auch ohne vorherige Sichtung. Dieses Ergebnis ist vor allem relevant für die grenzüberschreitende Arbeit staatlicher Ermittlungsbehörden. Das Kopieren und anschließende Übermitteln der Daten stellt eine Verarbeitung dar, durch welche die personenbezogenen Daten dem nationalen Schutz- und Einflussbereich entzogen werden. Dies erschwert es dem Betroffenen, den Kreis derjenigen Verantwortlichen nachzuvollziehen, die seine Daten verarbeiten. Also haben bereits die Auswahl und das Kopieren der Daten eine datenschutzrechtliche Relevanz. Ein hoheitliches Handeln dennoch zu verneinen, stünde hierzu im Widerspruch und würde darüber hinaus die Bedeutung des Datenschutzrechts in Frage stellen.

Die Zulässigkeit der extraterritorialen Durchsetzungshandlung hängt dann davon ab, ob das staatliche Handeln souveränitätsverletzend ist. Obwohl teilweise für eine differenzierende Haltung plädiert wird, die erst bei einem großen Einfluss auf die fremde digitale Infrastruktur eine unzulässige Handlung erkennt,[411]

---

405 *Menzel,* Internationales Öffentliches Recht, 2011, S 313; *Rudolf,* Berichte der Deutschen Gesellschaft für Völkerrecht Tübingen 1987, 7 (33); *Schweisfurth,* Völkerrecht, 2006, 9. Kapitel Rn. 168.

406 *IGH,* Urt. v. PCIJ Reports, Series A, No 10, *SS Lotus* 1927, 1 (3).

407 Vgl. u. a. *IGH,* Urteil v. 14.02.2002, *Democratic Republic of Congo v Belgium*, ICJ Rep. 2002, 3 (28 ff.).

408 *Osula*, CLSR 2015, 719 (723).

409 *Young*, MTTLR 2003, 140 (161 f.).

410 *Osula*, CLSR 2015, 719 (724).

411 *Osula*, CLSR 2015, 719 (726).

hängt eine Verletzung ausländischer Souveränitätsrechte nicht unbedingt von den tatsächlichen Auswirkungen ab. Völkerrechtswidriges staatliches Handeln kann vorliegen, auch ohne dass dies tatsächliche Veränderungen herbeiführt. Es genügt ein Eingriff in die Integrität der nationalen Infrastruktur.[412] Greift eine Behörde gezielt auf Daten zu, die auf fremdem Territorium gespeichert sind, und kopiert diese anschließend, ist hierin ein solcher Eingriff zu sehen.

Staatliche Souveränität beinhaltet das Recht, den Zugang zum eigenen Territorium und diesem zugeordnete Personen und Sachen selbst zu regulieren. Eine Einmischung durch fremde Staaten schließt dieses Recht grundsätzlich aus, sodass jegliche hoheitliche Tätigkeit auf einem ausländischen Staatsgebiet gegen das Einmischungsverbot verstößt und damit eine Verletzung der territorialen Souveränität des ausländischen Staates darstellt.[413] Nur wenn der fremde Staat zustimmt – sei es im Einzelfall oder mithilfe internationaler Abkommen für eine Vielzahl von Fällen – kann eine Behörde völkerrechtskonform auf Daten, die in Drittstaaten gespeichert sind, zugreifen.

Datenschutzaufsichtsbehörden geraten im Zuge ihrer Tätigkeiten mitunter an die völkerrechtlichen Grenzen der Datenschutzdurchsetzung. Sie unterliegen als staatliche Institutionen ebenso dem Völkerrecht. Die damit verbundene Beschränkung in der räumlichen Regelungsweite der Datenschutzregelungen wird dann deutlich, wenn ein Datenverarbeiter seinen Sitz außerhalb der EU hat. Eine Ausweitung des Anwendungsbereichs, wie die DSGVO vorsieht, liefe jedoch ins Leere, wenn der Vollzug der Vorschriften denselben Grenzen unterläge wie unter der Vorgängerregelung der DSRL. Aus diesem Grund spielte bei der Entwicklung der DSGVO insbesondere eine Verbesserung der grenzüberschreitenden Durchsetzung der Datenschutzregelung eine gewichtige Rolle.[414] Da der Gesetzgeber hierzu auf die Kooperation von Drittstaaten angewiesen ist, fordert er in Art. 50 lit. a DSGVO lediglich dazu auf, Mechanismen zur erleichterten Durchsetzung von Datenschutzvorschriften zu entwickeln und die Amtshilfe auszubauen.

---

412 *Heintschel von Heinegg* in: *Czosseck*/Ottis, R., Ziolkowski, K, 4th International Conference on Cyber Conflict, 2012, S. 7 (11 ff.).

413 *Arnauld,* Völkerrecht, 3., neu bearb. Aufl., 2016, Rn. 344; a. A. , *Epping* in: *Ipsen*, Völkerrecht, 2018, § 7 Rn. 72, der nur dann einen Verstoß gegen das Einmischungsverbot annimmt, wenn Zwang gegen den anderen Staat ausgeübt wird.

414 *Kühling/Buchner/Dix,* DS-GVO, Art. 62 Rn. 1; *Gola/Eichler,* DSGVO, Art. 60 Rn. 1.

1. Räumliche Kompetenzen der Datenschutz-Aufsichtsbehörden

Gemäß den völkerrechtlichen Vorgaben begrenzt Art. 55 DSGVO die Zuständigkeit der nationalen Aufsichtsbehörden auf das Hoheitsgebiet ihres jeweiligen Mitgliedstaats.[415] Diese explizite Betonung des Territorialitätsgrundsatzes gilt sowohl für den internationalen Bereich als auch für das Unionsgebiet. Dass die DSGVO keine Ausnahmen für das Handeln einer Aufsichtsbehörde auf dem Gebiet eines anderen Mitgliedstaats erlaubt, ist auf den Wunsch der Mitgliedstaaten zurückzuführen.[416] Eine Zusammenarbeit, die auch extraterritoriales Handeln nationaler Aufsichtsbehörden beinhaltet, kam nicht zustande. Vermutlich wurde hierin ein übermäßiger Eingriff in die territoriale Souveränität gesehen. Obwohl gerade auf dem Unionsgebiet eine Lockerung der territorialen Beschränkung der Aufsichtsbehörden sicherlich zu einer effektiveren Durchsetzung der DSGVO-Vorschriften hätte führen können, ist die Entscheidung der Mitgliedstaaten insofern nachvollziehbar, als dass es ein nicht unwesentlicher Verzicht auf die eigene Selbstbestimmung darstellt, wenn ein Staat einer fremden Hoheitsgewalt erlaubt, auf ihrem Gebiet so umfangreich tätig werden zu können, wie es die DSGVO für die Aufsichtsbehörden festschreibt. Im Verhältnis zu Drittstaaten wäre eine solche Entscheidung ohnehin aus völkerrechtlichen Gründen nicht möglich gewesen. Eine Ausnahme vom Verbot der *extraterritorial jurisdiction to enforce* setzt immer eine Zustimmung des fremden Staates voraus.[417]

a. Prüfpflicht

Obgleich die Behörden aufgrund dieser territorialen Beschränkung keine Verwaltungsakte außerhalb ihres Staatsgebiets erlassen dürfen, obliegt ihnen bei Beschwerden durch Betroffenen eine generelle Prüfpflicht, auch wenn auf die Datenverarbeitung ein fremdes Recht anwendbar ist.[418] Diese begründete der EuGH mit der Verpflichtung aus Art. 8 Abs. 3 GRCh – ein weiterer Beleg für die

415 *Weber* in: *Svantesson/Kloza*, Trans-Atlantic Data Privacy Relations as a Challenge for Democracy, 2017, S. 5 (19).

416 *Kühling/Buchner/Boehm,* DS-GVO, Art. 55 Rn. 8.

417 *Mann,* Further studies in international law, 1990, S. 22; *Dahm/Delbrück/Wolfrum,* Völkerrecht, Band I/1, 2. Aufl., 1989, Bd I/1, S. 326; *Grabnitz/Hilf/Nettesheim/Röben,* EUV/AEUV, Art. 89 AEUV Rn. 3; *Rossi,* AdV 2007, 115 (124).

418 *EuGH,* Urt. v. 1.10.2015 - C-230/14, *Weltimmo,* ECLI:EU:C:2015:639 (915), Rn. 54; *EuGH,* Urt. v. 28.7.2016 - C-191/15, *Verein für Konsumenteninformation,* ECLI:EU:C:2016:612.

grundrechtsfreundliche Auslegung des Datenschutzrechts durch den Gerichtshof. In der Rechtssache *Schrems* machte der EuGH deutlich, dass diese Prüf- und Kontrollpflicht nicht nur innereuropäisch, sondern auch im Verhältnis zu Drittstaaten besteht. Die Aufsichtsbehörden sind also bei Vorliegen einer Beschwerde auch dann verpflichtet, die Angemessenheit des Datenschutzschutzniveaus eines Drittstaates zu überprüfen, wenn diese bereits durch die Kommission festgestellt wurde und ein entsprechender Angemessenheitsbeschluss existiert.[419] Hält sie das untersuchte Schutzniveau für unangemessen, muss ihr zudem ein Klagerecht vor nationalen Gerichten zustehen.[420]

Allerdings sind die Aufsichtsbehörden wegen der völkerrechtlichen Beschränkungen bei sämtlichen Prüf- und Kontrollpflichten auf internationale Kooperation mit drittstaatlichen Behörden angewiesen. Zudem ist insbesondere die Sanktionsgewalt auf das eigene Territorium beschränkt,[421] sodass es für eine effektive Durchsetzung auch weiterhin an notwendigen Druckmitteln fehlt. Die tatsächlichen Durchsetzungsmöglichkeiten außerhalb der Union hängen insofern von der Bereitschaft der betroffenen Drittstaaten ab, mit den europäischen Aufsichtsbehörden zusammenzuarbeiten. Art. 50 DSGVO formuliert diesbezüglich Zielvorgaben für eine verstärkte internationale Zusammenarbeit. Neben der Entwicklung von Mechanismen für eine effektivere Zusammenarbeit bei der Durchsetzung der Datenschutz-Vorgaben stehen dabei insbesondere Verbesserungen der zwischenstaatlichen Amtshilfe im Fokus.

b. Verhängung von Sanktionen

Die nationalen Aufsichtsbehörden sind befugt, eine Aussetzung der Übermittlung personenbezogener Daten an einen drittstaatlichen Empfänger anzuordnen, sofern dieser gegen die Vorschriften des Kapitels V verstößt. In einem solchen Fall können zudem Bußgelder in der Höhe von bis zu 20.000.000 € oder 4% des Jahresumsatzes verhängt werden. Allerdings ist die räumliche Reichweite dieser Sanktionierungsmaßnahmen erneut vor einem völkerrechtlichen Hintergrund zu betrachten. Der Verwaltungsakt, den die Aufsichtsbehörde erlässt, um eine Sanktion zu verhängen, stellt einen nationalen Hoheitsakt dar, welcher sich auf einen drittstaatlichen Datenverarbeiter bezieht und damit notwendigerweise eine extraterritoriale Wirkung hat. Während im Unionsgebiet eine Verpflichtung der nationalen Behörden zur Verfolgung und Sanktionierung von

---

419 *EuGH,* Urt. v. 6.10.2015 – C-362/14, *Schrems,* ECLI:EU:C:2015:650 Rn. 57.
420 *EuGH,* Urt. v. 6.10.2015 – C-362/14, *Schrems,* ECLI:EU:C:2015:650 Rn. 65.
421 *EuGH,* Urt. v. 1.10.2015 – C-230/14, *Weltimmo,* ECLI:EU:C:2015:639 (915).

Datenschutzverstößen besteht, sind sie bei Adressaten mit Sitz außerhalb der EU erneut auf die Zusammenarbeit mit dem Drittland angewiesen. Allerdings kann die Verhängung von Bußgeldern – trotz der Vollstreckungshindernisse im Ausland – durchaus effektiv sein. Erfüllt ein drittstaatlicher Verantwortlicher die gegen ihn verhängten Sanktionen nicht, kann dies ggf. zu einer Pfändung seines in der EU belegenen Eigentums oder Verweigerung von staatlichen Genehmigungen führen, was wiederum einen nicht unbeachtlichen Druck auszuüben vermag.[422] Alternativ hält die DSGVO auch Sanktionen bereit, die am europäischen Markt selbst ansetzen und auf diese Weise einen Konflikt mit den völkerrechtlichen Grenzen der Zwangsvollstreckung im Drittstaat vermeiden. Gemäß Art. 58 Abs. 2 lit. f DSGVO kann die zuständige Aufsichtsbehörde ein vorübergehendes oder dauerhaftes Verarbeitungsverbot gegen den Verantwortlichen verhängen. Der europäische Markt kann sich so gegen solche Datenschutzpraktiken abschotten, die der DSGVO in grundlegender Weise zuwiderlaufen.[423] Von dieser Möglichkeit sollten die Aufsichtsbehörden aufgrund ihres sehr defensiven und abschottenden Charakters aber nur zurückhaltend Gebrauch machen.

2. *Territorialhoheit als unüberwindbare Durchsetzungsgrenze*

Die als Erfolg gefeierte Stärkung der nationalen Aufsichtsbehörden durch die DSGVO muss im Lichte völkerrechtlicher Verpflichtungen betrachtet werden. Die tatsächliche Kontrolle und Sanktionierung von drittstaatlichen Verantwortlichen hängen davon ab, ob das Drittland einer hoheitlichen Maßnahme durch die Aufsichtsbehörde zustimmt. Wenn der Verantwortliche keine Niederlassung in der Union unterhält, muss die Behörde bei einem Verstoß gegen die DSGVO zwangsläufig auf fremdem Staatsgebiet tätig werden, was ohne Vorliegen einer Erlaubnis stets zu einer Verletzung der Territorialhoheit führte. Darüber hinaus geraten drittstaatliche Verantwortliche in ein Befolgungsdilemma, wenn eine an sie gerichtete Anordnung einer EU-Aufsichtsbehörde zwar ausschließlich im EU-Inland belegene personenbezogene Daten betrifft, der Heimatstaat diesen Akt aber nicht anerkennt.

Als Ausweg aus dieser konfliktträchtigen Situation wurde im anglo-amerikanischen Rechtsraum die sogenannte *Act-of-State-Doktrin* entwickelt, welche darauf abzielt, die starren Grenzen der *jurisdicion to enforce* zu überwinden. In Kontinentaleuropa wurde die *Act-of-State-Doktrin* bislang nicht anerkannt und

422 Vgl. *Ryngaert,* Jurisdiction in International Law, 2. Aufl., 2015, S. 32.
423 Vgl. *Däubler,* RIW 2018, 405 (411).

führt daher in der hiesigen Fachdiskussion ein Schattendasein.[424] Die Doktrin sieht vor, das Handeln einer ausländischen Staatsgewalt auf ihrem eigenen Territorium grundsätzlich zu respektieren und anzuerkennen. Ausländische Hoheitsakte können danach ihre Wirkung auch im Inland entfalten, was letztlich zu einer Überwindung des Territorialitätsprinzips führen soll.[425]

Die *Act-of-State-Doktrin* wurde durch die Rechtsprechung entwickelt und fand schließlich auch Eingang in § 433 des Restatements (Third) und § 221 des Restatements (Forth) of Foreign Relations Law. Die US-amerikanischen Gerichte setzten eine ursprünglich englische Rechtsprechungslinie[426] fort, welche auf dem Gedanken der Staatensouveränität und -immunität fußt. Mit der Anerkennung fremder Hoheitsakte solle zum einen der internationale Frieden gewahrt und zum anderen auf nationaler Ebene ein Einmischen der Judikative in außenpolitische Angelegenheiten der USA vermieden werden, welche hauptsächlich im Kompetenzbereich der Exekutive liegen.[427] Ein Gericht darf danach das Wirksamwerden eines fremden Hoheitsaktes auch nicht aus Gründen der öffentlichen Ordnung untersagen.[428]

Anwendungsvoraussetzung der *Act-of-State-Doktrin* ist das Vorliegen eines intraterritorialen Hoheitsaktes, also einer fremdstaatlichen Maßnahme, mit welcher sich der fremde Staat auf sein eigenes Hoheitsgebiet beschränkt.[429] Extraterritoriale Akte sind somit zumindest von der uneingeschränkten Anwendung der *Act-of-state-Doktrin* ausgeschlossen. Es ist allerdings nicht eindeutig geklärt, wann ein Hoheitsakt innerhalb des Territoriums unternommen wird. Auch ein extraterritorialer Hoheitsakt wird in der Regel im eigenen Staat erlassen, sodass es bei dem Kriterium der Territorialität nicht auf den Ort des Erlasses, sondern vielmehr auf den Gegenstand der Maßnahme und deren Wirkungsort

---

424 *Hobe,* Einführung in das Völkerrecht, 10. Aufl., 2014, S. 295; Für eine der wenigen Analysen siehe Berentelg, Die Act of State-Doktrin als Zukunftsmodell für Deutschland?, 2010; *Holstein,* Act of State im U.S.-amerikanischen Recht: Eine Doktrin vor dem Zerfall?, 1998.

425 *Fikentscher,* Wirtschaftsrecht, 1983, Bd. 1, § 4 Überblick und Grundbegriffe, S. 76.

426 Zu der Entwicklung der *Act-of-State-Doktrin* siehe *Berentelg,* Die Act of State-Doktrin als Zukunftsmodell für Deutschland?, 2010, S. 29 ff.

427 *Berentelg,* Die Act of State-Doktrin als Zukunftsmodell für Deutschland?, 2010, S. 52, 56 f.

428 *Dodge* in: *Bonomi/Romano,* Yearbook of Private International Law Vol. XVIII – 2016/2017, 2017, S. 143 (156).

429 *Berentelg,* Die Act of State-Doktrin als Zukunftsmodell für Deutschland?, 2010, S. 83.

ankommen muss.[430] Betrifft das staatliche Handeln die Enteignung von Immobilien, so bestehen keine Zweifel an der Territorialität, wenn die betroffenen Immobilien auf dem Gebiet des ausländischen Staates belegen sind.

Bei Daten, welche als solche grundsätzlich keinem Staat zugehörig sind,[431] ist die Zuordnung jedoch schwieriger. Stellt man auf den Speicherort der Daten ab, so könnte zum Beispiel die Anordnung einer Datenschutzbehörde an ein US-amerikanisches Unternehmen als fremdstaatlicher hoheitlicher Akt im Sinne der *Act-of-state-Doktrin* gelten – sofern die Daten auf dem Gebiet der EU gespeichert sind. Entscheidend dafür ist, dass es sich bei der Anordnung nicht um einen extraterritorialen Hoheitsakt handelt, sondern der Effekt des staatlichen Handelns vollständig auf dem Hoheitsgebiet dieses Staates eintritt (*Complete Fruition Test)*, ohne dass es auf die Mithilfe des anderen Staates ankommt.[432] Bußgeldanordnungen durch Aufsichtsbehörden von EU-Mitgliedstaaten fallen somit nicht unter die Doktrin, da es für die endgültige Verwirklichung auf die Kooperation des Drittstaats ankommt.

Eine andere Beurteilung ist hingegen angezeigt, wenn die Behörden die Aussetzung der Datenverarbeitung durch einen drittstaatlichen Verantwortlichen anordnen. Wendet sich der Verantwortliche nun gerichtlich gegen diese Anordnung, sodass ein US-amerikanisches Gericht mit der Sache betraut wird, hängt die Anwendung der *Act-of-state-Doktrin* davon ab, wo die betroffenen Daten belegen sind. Sind die Daten auf Servern innerhalb der EU gespeichert, so ist das Territorialitätskriterium erfüllt; d. h. der Hoheitsakt entfaltet seine Wirkung auf dem eigenen Territorium (intraterritorialer Hoheitsakt). Umkehrt schließt die Speicherung auf US-amerikanischen Servern die Anwendung der Doktrin aus. Problematisch erscheinen solche Speichermodelle, bei denen die Daten nicht an einem Ort bzw. in einer Jurisdiktion verweilen, sondern an ständig wechselnden Orten gespeichert werden. Hierbei kann die Territorialität eben nicht anhand der Belegenheit der Daten bestimmt werden. Auch ein Abstellen auf die schwerpunktmäßige Lokalisierbarkeit erscheint in diesen Fällen wenig aussichtsreich.[433] Vielmehr sollte in Anlehnung an Art. 3 Abs. 2 DSGVO auf den Marktort abgestellt werden. Dieser stellt insofern den Wirkungsort des Hoheitsaktes dar,

---

430 *Berentelg,* Die Act of State-Doktrin als Zukunftsmodell für Deutschland?, 2010, S. 85 m.w.N.

431 Vgl. *Daskal,* Yale L. J. 2015, 326 (365 ff.).

432 *Holstein,* Act of State im U.S.-amerikanischen Recht: Eine Doktrin vor dem Zerfall?, 1998, S. 185 f.

433 So vorgeschlagen von *Berentelg,* Die Act of State-Doktrin als Zukunftsmodell für Deutschland?, 2010, S. 262.

als dass der Eingriff in das Persönlichkeitsrecht der betroffenen Person durch die Datenverarbeitung dort stattfindet. Die Anordnung der Aufsichtsbehörden schafft zwar für sich betrachtet noch keine vollendeten Tatsachen, eine Mitwirkung der USA wird aber erst dann notwendig, wenn zusätzlich eine Bußgeldanordnung vorliegt.

Somit bietet die *Act-of-state-Doktrin* eine Möglichkeit, die Anforderungen der DSGVO an Verantwortliche aus Drittstaaten ohne Niederlassung in einem EU-Mitgliedstaat vor US-amerikanischen Gerichten durchzusetzen. Allerdings ist die Doktrin auch auf US-amerikanischer Seite weder klar abgegrenzt noch einhellig akzeptiert.[434] Darüber hinaus finden die Interessen derjenigen Personen oder Unternehmen, an welche sich der jeweilige Hoheitsakt richtet, keine Berücksichtigung. Rechtssicherheit vermag die *Act-of-state-Doktrin* somit nicht zu geben.

II. Instrumente der DSGVO zur Durchsetzung des weiten Anwendungsbereichs

Die Beschränkungen vor allem im behördlichen Vollzug des europäischen Datenschutzrechts waren dem Gesetzgeber der DSGVO bekannt.[435] Angesichts der Schwierigkeit, globale Abkommen zu schließen, nutzte er die gesetzesinternen Stellschrauben, um dennoch auch außerhalb der Union den betroffenen Personen die größtmögliche Selbstbestimmung zu gewährleisten.

1. *Vertreterpflicht gemäß Art. 27 DSGVO*

Eine Möglichkeit, um den weiten Regelungsanspruch trotz der territorialen Beschränkung der Aufsichtsbehörden dennoch durchsetzen zu können, bietet Art. 27 DSGVO, welcher den Verantwortlichen ohne Niederlassung in der EU dazu verpflichtet, einen Vertreter in der Union zu benennen. Diese Verpflichtung existierte bereits unter der DSRL, war dort jedoch wesentlich schwächer und – mangels effektiver Sanktionsmöglichkeiten – vermeintlich unverbindlicher ausgestaltet.[436] Der Vertreter hat insbesondere die Aufgabe, die Kommunikation zwischen den Behörden und dem Verantwortlichen zu erleichtern sowie

---

434 Vgl. *Berentelg*, Die Act of State-Doktrin als Zukunftsmodell für Deutschland?, 2010, S. 126 ff.

435 Vgl. EG 7 DSGVO; einen Überblick liefert *Lindhorst*, Sanktionsdefizite im Datenschutzrecht, 2010, S. 35 ff.

436 *Kühling/Buchner/Hartung*, DS-GVO, Art. 27 Rn. 2; *Gola/Piltz*, DSGVO, Art. 27 Rn. 2.

als Ansprechpartner für die von der Datenverarbeitung Betroffenen zu dienen.[437] Die Pflichten gegenüber den betroffenen Personen beschränken sich mangels einer echten Stellvertreterposition allerdings auf die Auskunft über die DSGVO-konforme Datenverarbeitung.[438] Der Vertreter nimmt auch nicht die Rolle eines „Verpflichtungs- und Vollstreckungssubjekts"[439] ein, die es den betroffenen Personen ermöglichen könnte, ihre Betroffenenrechte direkt gegenüber dem Vertreter geltend zu machen. Dies folgt bereits aus der Systematik der DSGVO, die allein dem Verantwortlichen sowie dem Auftragsverarbeiter Pflichten sanktionsbewehrte und einklagbare Pflichten auferlegt.[440]

Im Verhältnis zu den Aufsichtsbehörden ändert sich durch die größere Bedeutung des EU-Vertreters wenig. So nehmen die Vertreter auch nicht die Rolle des Sanktionsadressaten ein, wenn drittstaatliche Verantwortliche gegen Bestimmungen der DSGVO verstoßen.[441] Allerdings sieht EG 80 vor, den Vertreter bei Verstößen durch den Verantwortlichen einem „Durchsetzungsverfahren" zu unterwerfen. Auch wenn Art. 27 DSGVO diesen Hinweis in keiner Vorschrift direkt aufgreift, scheint sich der Gesetzgeber damit eine Möglichkeit eröffnen zu wollen, Datenschutzverstöße des Verantwortlichen oder Auftragsverarbeiters innerhalb des territorialen Zuständigkeitsbereichs der Aufsichtsbehörden durchsetzen zu können, auch wenn es sich um einen drittstaatlichen Verantwortlichen ohne Niederlassung in der Union handelt. Für welche Verstöße ein Vertreter behördlichen Durchsetzungsverfahren unterworfen werden kann, geht aus EG 80 nicht eindeutig hervor. Ihm wird in der DSGVO lediglich die Verpflichtung zur Informationsbeschaffung gemäß Art. 58 Abs. 1 lit. a DSGVO zugeschrieben. Hierbei handelt es sich zwar um eine Pflicht, die im Falle eines Verstoßes von der zuständigen Aufsichtsbehörde sanktioniert werden kann. Allerdings beziehen sich die in EG 80 angesprochenen Durchsetzungsverfahren ausdrücklich auf Fälle, bei denen der Verantwortliche oder Auftragsverarbeiter und nicht der Vertreter gegen Datenschutzvorschriften verstößt. Gleichwohl berührt dies nicht die Haftung des Verantwortlichen selbst.[442] In welchen Fällen

437 *Kühling/Buchner/Hartung,* DS-GVO, Art. 27 Rn. 1; *Paal/Pauly/Martini,* DS-GVO, Art. 27 Rn. 6 f; *Gola/Piltz,* DSGVO, Art. 27 Rn. 7.

438 *SJTK/Kremer,* DS-GVO/BDSG, Art. 27 DSGVO; *Gola/Piltz,* DS-GVO, Art. 27 Rn. 7.

439 *Wolff/Brink/Hanloser,* BeckOK DatenschutzR, Art. 27 Rn. 10.

440 Vgl. *Paal/Pauly/Martini,* DS-GVO, Art. 27 Rn. 50; *Lantwin,* ZD 2019, 14 (17).

441 *Kühling/Buchner/Hartung,* DS-GVO, Art. 27 Rn. 24; *Paal/Pauly/Martini,* DS-GVO, Art. 27 Rn. 6.

442 EG 80 S. 4.

Behörden gegen Vertreter nun also verwaltungsrechtlich vorgehen können, bleibt unklar.

Jedoch ist nicht davon auszugehen, dass der Vertreter-Begriff stets auch die Legitimation umfasst, den Verantwortlichen verwaltungsrechtlich und gerichtlich zu vertreten. Gerade diese Funktion ist laut EuGH unter anderem zu berücksichtigen, wenn zu entscheiden ist, ob ein Verantwortlicher eine Niederlassung im Unionsgebiet betreibt, welche die Anwendung der europäischen Datenschutzregelungen auslöst.[443] Der EuGH sieht den dauerhaft tätigen Vertreter dann selbst als Niederlassung im Sinne von Art. 3 Abs. 1 DSGVO an. Würde mit der Pflicht zur Vertreter-Bestellung ein solch weites Verständnis einhergehen, könnte dies zu einer Abwertung des Marktortprinzips führen, da die betroffenen Verantwortlichen regelmäßig gleichzeitig das Niederlassungsprinzip erfüllten. Die zusätzliche Gewährleistungsfunktion des Art. 27 DSGVO für die Durchsetzung der DSGVO bei drittstaatlichen Verantwortlichen würde so enorm an Bedeutung verlieren, da der Verantwortliche bei einer auf Dauer angelegten Bestellung eines Vertreters die Voraussetzungen des Art. 3 Abs. 1 DSGVO erfüllte und von den zusätzlichen Anforderungen des Art. 27 sowie Art. 58 Abs. 1 lit. a DSGVO befreit wäre.[444] In der Konsequenz führt eine solch weite Begriffsauslegung zu einer tatsächlichen Einschränkung des Marktortprinzips gemäß Art. 3 Abs. 2 DSGVO, welches ein wesentliches Anliegen bei der Reform des europäischen Datenschutzrechts war. Insofern ist bei der Auslegung des Vertreterbegriffs besondere Vorsicht geboten. Es erscheint nicht nur schwierig, einen Vertreter als Niederlassung im Sinne von Art. 3 Abs. 1 DSGVO anzusehen und dafür geeignete Kriterien aufzustellen, sondern auch, eine klare Abgrenzung zu dem Vertreter nach Art. 27 DSGVO vorzunehmen. Eine Reflexwirkung[445] zwischen Art. 3 Abs. 1 und Abs. 2 DSGVO ist jedenfalls unerwünscht.[446] Maßgeblich für die Annahme einer Niederlassung werden dann vor allem auch formale Kriterien sein. Die Vertreter-Bestellung gemäß Art. 27 DSGVO verlangt, dass der Verantwortliche seinen Vertreter ausdrücklich und schriftlich beauftragt, in seinem Namen bei der Erfüllung der DSGVO-Verpflichtungen zu handeln.[447] Hat der Verantwortliche

---

443 *EuGH,* Urt. v. 1.10.2015 – C-230/14, *Weltimmo,* ECLI:EU:C:2015:639 (915), Rn. 41.

444 Vgl. *Klar,* DuD 2017, 533 (536); bezogen auf die DSRL schon *Kartheuser/Schmitt,* ZD 2016, 155 (158); *Gömann,* CLMR 2017, 567 (575); a.A. offenbar *Däubler,* RIW 2018, 405 (409).

445 *Wolff/Brink/Hanloser,* BeckOK DatenschutzR, Art. 3 Rn. 15.

446 So auch *Gola/Piltz,* DSGVO, Art. 27 Rn. 18; a.A. offenbar *Kühling/Buchner/Bergt,* DS-GVO, Art. 79 Rn. 16; *Gömann,* CLMR 2017, 567 (575).

447 EG 80.

einen Vertreter gerade aus dem Grund bestellt, um seiner Verpflichtung nach Art. 27 DSGVO nachzukommen, steht eine Annahme eben dieses Vertreters als Niederlassung dem Sinn und Zweck des Art. 27 entgegen. Der Verantwortliche ist der DSGVO dann weiterhin gemäß Art. 3 Abs. 2 unterworfen. Nur eine solche Auslegung kann der Funktion des Art. 27 gerecht werden.

2. Berücksichtigung im Rahmen der Angemessenheitsprüfung

Eine Übermittlung personenbezogener Daten in Drittländer ist nur dann uneingeschränkt[448] zulässig, wenn die Kommission für das betreffende Drittland, ein Gebiet oder einen spezifischen Sektor in diesem Drittland ein angemessenes Datenschutzniveau feststellt. Rechtsschutzmaßnahmen für die betroffenen Personen stellen hierbei ein bedeutsames Kriterium dar.[449] Darüber hinaus nutzt die Kommission ihre Kompetenz bei der Verabschiedung dieser Beschlüsse sowie bilateraler Abkommen, um die Gebietsgebundenheit der *jurisdiction to enforce* zu überkommen. Dies wird deutlich bei einer näheren Betrachtung des Privacy Shields zwischen der EU und den USA. Das Abkommen sieht die Einrichtung einer Ombudsstelle vor, an welche sich andere Regierungen wenden können, wenn sie datenschutzrechtliche Bedenken hinsichtlich der Aktivität von Geheimdiensten haben. Für betroffene Personen leitet eine eigens eingerichtete EU-Stelle entsprechende Beschwerden an die Ombudsperson weiter. Auf diese Weise wird ein festes Verfahren eingerichtet, welches eine grenzüberschreitende Durchsetzung ermöglichen sowie mangelnde Rechtsschutzmöglichkeiten der betroffenen Personen ausgleichen soll. Zwar bleiben die Befugnisse der Ombudsstelle hinter dem zurück, was aus europäischer Perspektive für einen Rechtsschutz gegen unzulässige Überwachungsmaßnahmen erforderlich wäre,[450] sie stellt jedoch einen – ausbaufähigen – Mechanismus dar, um grenzüberschreitenden Rechtsschutz zu ermöglichen.

Die Pflicht, die Durchsetzung der Datenschutzregelungen im internationalen Bereich zu stärken, ist zudem gemäß Art. 50 lit. a und c DSGVO ein ausgewiesenes Ziel des Gesetzgebers.

---

448 Uneingeschränkt lediglich in Bezug auf die Zulässigkeit der Übermittlung (2. Stufe); der Verantwortliche muss nichtsdestotrotz die Bestimmungen zur Zulässigkeit der Verarbeitung (1. Stufe) beachten.

449 Vgl. Art. 45 Abs. 2 lit. a DSGVO sowie *Paal/Pauly/Pauly*, DS-GVO, Art. 45 Rn. 5a.

450 Vgl. *Art.-29-Datenschutzgruppe*, EU-U.S. Privacy Shield - First annual Joint Review, 2017, WP 255, S. 18 f.

Allerdings erweist sich die Einordnung eines Datenschutzregimes im Rahmen einer Angemessenheitsprüfung als äußerst komplex. Ebenso unwahrscheinlich wie ein Angemessenheitsschluss in Bezug auf ein Drittland oder Gebiet, deren Datenschutzverständnis sich fundamental von dem europäischen unterscheidet, ist in diesem Fall auch eine bilaterale Übereinkunft, die beiden Parteien gerecht wird. Selbst der EuGH unterlässt es in der *Schrems*-Entscheidung, sich eingehend mit dem US-amerikanischen Recht zu befassen.[451] Stattdessen fokussiert er sich auf die Anforderungen des EU-Rechts. Mit der Forderung eines „in der Sache nach gleichwertigen" Datenschutzrechts, welches „hinsichtlich [...] der Grundrechte von Personen" zu beurteilen sei, festigt der EuGH die Ansicht, dass eine Rechtsordnung, in welcher der Schutz personenbezogener Daten keinen Grundrechtsrang besitzt, im Sinne der EU kein angemessenes Datenschutzniveau aufweist. Auf diese Weise verpflichtet er Verantwortliche der EU, bei grenzüberschreitenden Verarbeitungsvorgängen mit eben diesen Drittstaaten auf geeignete Garantien im Sinne von Art. 46 DSGVO zurückzugreifen und so einen grundrechtsähnlichen Schutz zu gewährleisten. Auch wenn die DSGVO durch die Wahlmöglichkeiten im Rahmen der geeigneten Garantien flexibel erscheint, so stellt die Verordnung tatsächlich doch ein sehr rigides System dar, welches hinsichtlich seines Grundrechtsschutzes so gut wie keine Zugeständnisse an andere Rechtsordnungen zulässt. Lediglich die Ausnahmetatbestände des Art. 49 DSGVO können einen Ausweg darstellen, welche jedoch aufgrund der gebotenen engen Auslegung dieser Erlaubnistatbestände und der hohen Anforderungen an die Interessenabwägung nach Art. 49 Abs. 1 UAbs. 2 DSGVO keine wirkliche Alternative darstellen.[452]

3. *Das Recht auf Auslistung*

Betroffene Personen haben nach den Vorschriften des Kapitels III der DSGVO das Recht, Auskunft über eine Verarbeitung ihrer personenbezogenen Daten zu erhalten oder eine Löschung, Berichtigung oder Einschränkung der Verarbeitung zu erwirken. Diese Rechte können grundsätzlich gegenüber dem für die Verarbeitung Verantwortlichen geltend gemacht werden. Insbesondere im Internet reicht ein solcher Anspruch aber nicht immer aus. Zu der Beziehung zwischen Betroffenem und Verantwortlichen treten Intermediäre, welche in erster Linie eine Informationsvermittlungsfunktion erfüllen.[453] Diese besteht darin,

451 Siehe dazu eingehend *Bender*, IDPL 2016, 117.

452 *Wolff/Brink/Lange/Filip*, BeckOK DatenschutzR, Art. 49 Rn. 2.

453 Zum Begriff und Abgrenzungen siehe *Hartl*, Suchmaschinen, Algorithmen und Meinungsmacht, 2017, S. 40 ff.

dem Nutzer zu einem von ihm bestimmten Stichwort gesammelte Informationen zu bereiten, welche regelmäßig Links enthalten, mithilfe derer der Nutzer zu der Primärquelle dieser Informationen gelangt.

Suchmaschinen stellen eine Hauptgruppe dieser Internet-Intermediären dar. Um Suchergebnisse präsentieren zu können, muss eine Suchmaschine sämtliche Webseiten mitsamt den darin enthaltenen personenbezogenen Daten erfassen.[454] Sie wird damit automatisch zu einer datenverarbeitenden Stelle und fällt – sofern sich die Dienstleistung auch an EU-Bürger richtet – unter den Anwendungsbereich der DSGVO. Folgerichtig erkennt der EuGH den betroffenen Personen das Recht an, einen Löschungsanspruch in Bezug auf ein Sucherergebnis, einen sogenannten Auslistungsantrag[455], auch gegenüber einer Suchmaschine geltend zu machen.[456] Die Umsetzung dieses Betroffenenrechts birgt grundsätzlich das Potenzial, weltweit zu gelten.[457] Das liegt in der Tatsache begründet, dass das europäische Datenschutzrecht seine Anwendung in erster Linie nicht an die betroffene Person sondern an die Datenverarbeitungstätigkeit anknüpft. Es bedarf also zur Geltendmachung von Betroffenenrechten keines Nachweises darüber, ob die betroffene Person ihren Wohnsitz in der EU hat oder die Staatsangehörigkeit eines EU-Mitgliedstaats besitzt. Die Umsetzung des Rechts auf Vergessenwerden ist somit geeignet, die Beziehung zwischen Betroffenen, Suchmaschinenbetreibern und -nutzern bestimmen, von denen niemand eine Verbindung zur EU aufweist.[458] Einer solch umfassenden Reichweite des Rechts auf Vergessenwerden stellte sich der EuGH allerdings entgegen: Der Gerichtshof entschied, dass ein Suchmaschinenbetreiber, wenn er einem Auslistungsantrag stattgibt, die Auslistung grundsätzlich nur in allen mitgliedstaatlichen Versionen seiner Suchmaschine vorzunehmen hat.[459] Dies folge aus der Tatsache, dass

---

454 *Elixmann*, Datenschutz und Suchmaschinen, 2012, S. 46.

455 Entgegen dem vom Gesetzgeber in Art. 17 DSGVO gewählten Begriff des „Rechts auf Vergessenwerden" spricht der EuGH vom „Recht auf Auslistung", vgl. *EuGH*, Urt. v. 24.09.2019 – C-136/17, *Google*, ECLI:EU:C:2019:772 Rn. 40 ff.; dieser Begriffswahl wird gefolgt: Der Löschanspruch gegenüber einer Suchmaschine zielt auf die Auslistung eines personenbezogenen Datums ab. Da dieses jedoch nur vom Suchmaschinenbetreiber, nicht aber von dem Verantwortlichen, der das personenbezogene Datum ursprünglich im Internet veröffentlicht hat, gelöscht werden muss, führt der Anspruch nicht zu einem Vergessenwerden im eigentlichen Wortsinn, sondern allenfalls dazu, dass das Datum nur schwer aufzufinden ist.

456 *EuGH*, Urt. v. 13.5.2014 – C-131/12, *Google Spain*, ECLI:EU:C:2014:317 Rn. 97 f.

457 *Taylor*, EDPL 2017, 195 (198).

458 Vgl. *Taylor*, EDPL 2017, 195 (205).

459 *EuGH*, Urt. v. 24.09.2019 – C-136/17, *Google*, ECLI:EU:C:2019:772 Rn. 65 f.

das Recht auf Schutz personenbezogener Daten kein uneingeschränktes Recht sei, sondern im Hinblick auf seine gesellschaftliche Funktion gesehen und gegen andere Grundrechte abgewogen werden müsse.[460] Der europäische Gesetzgeber habe eine solche Abwägung lediglich für die Union, nicht aber für Drittstaaten getroffen; daher könne sich die aus Art. 17 DSGVO ergebende Pflicht zur Löschung grundsätzlich auch nur auf mitgliedstaatliche Websites erstrecken.[461] Allerdings verbiete die DSGVO den Aufsichts- oder Justizbehörden auch nicht, im Einzelfall eine weltweite Auslistung anzuordnen.[462]

Zwar ist die Auslegung des EuGH aufgrund ihres vermittelnden Ansatzes im Ergebnis nachvollziebar, angesichts des deutlichen extraterritorialen Anwendungsbereichs der DSGVO war sie jedoch nicht zwingend.[463] Vorangegangene Entscheidungen betonten eine weite räumliche Reichweite des europäischen Datenschutzrechts. Dass der EuGH diese Linie nun gerade in Bezug auf die Durchsetzung von Betroffenenrechten nicht fortführt, ist bedauerlich. Statt – vor dem Hintergrund des grundsätzlich grenzenlosen Internets – konkrete Kriterien für eine Grundrechtsabwägung im Rahmen des Art. 17 Abs. 3 lit. a DSGVO aufzustellen, belässt er es bei einer rein territorialen Abgrenzung der EU-Verordnung. Wenngleich Verantwortliche nach dem derzeitigen Stand der Technik wohl nicht in der Lage sind, wie vom EuGH gefordert, Maßnahmen zu treffen, die EU-Bürger davon abhalten, auf die nicht-gelöschten Daten auf den drittstaatlichen Domains der Suchmaschine zuzugreifen,[464] so zeichnet sich an der Entscheidung eine einschränkende Auslegung der Betroffenenerechte zugunsten einer Selbstbeschränkung ab, um Informationsmöglichkeiten in Drittstaaten nicht zu versperren. Vorstellbar – aber nicht wünschenswert – ist, dass der EuGH diese nicht lediglich auf das Recht auf Auslistung beschränkt, sondern aus Gründen der „gesellschaftlichen Funktion"[465] des Datenschutzrechts auch bei der Durchsetzung anderer Betroffenenrechte fortführt. Ein solcher argumentativer Rückgriff ist geeignet, den indivualrechtlichen Gehalt des Datenschutzrechts zu relativeren.[466] Vor dem Hintergrund von nicht nur rein territorialen Bedrohungen für das Persönlichkeitsrecht wäre es außerdem nicht nachvollziehbar, wenn

460 *EuGH*, Urt. v. 24.09.2019 – C-136/17, *Google*, ECLI:EU:C:2019:772 Rn. 60.
461 *EuGH*, Urt. v. 24.09.2019 – C-136/17, *Google*, ECLI:EU:C:2019:772 Rn. 61.
462 *EuGH*, Urt. v. 24.09.2019 – C-136/17, *Google*, ECLI:EU:C:2019:772 Rn. 72.
463 Vgl. dazu *Pollmann*, DuD 2020, 365 (367).
464 Die derzeit zur Verfügung stehenden Maßnahmen wie das Geoblocking sind leicht zu umgehen und können die Maßgaben des EuGH daher nicht erfüllen.
465 *EuGH*, Urt. v. 24.09.2019 – C-136/17, *Google*, ECLI:EU:C:2019:772 Rn. 60.
466 *Ukrow*, ZD 2020, 31 (35).

der EuGH den extraterritorialen Gehalt der DSGVO zu Lasten der betroffenen Personen nicht ausschöpft.

4. *Zivilrechtliche Durchsetzungsmechanismen*

Im Gegensatz zu der Anordnung von Bußgeldern durch die Aufsichtsbehörden unterliegt eine grenzüberschreitende, individuelle Anspruchsdurchsetzung nicht denselben engen Grenzen des Territorialitätsprinzips.[467] Das harmonisierte Zuständigkeitsrecht nimmt explizit diejenigen Fälle aus ihrem Anwendungsbereich heraus, bei denen der Beklagte seinen Wohnsitz außerhalb der EU hat. So schreibt Art. 6 Brüssel Ia-VO hierfür die Anwendung der nationalen Zuständigkeitsregelungen vor. Diese Öffnung umfasst auch extraterritoriale Regelungen der nationalen Rechtsordnungen, welche Klagen gegenüber Beklagten ohne Wohnsitz in der EU regeln,[468] sodass ein drittstaatlicher Datenverarbeiter auch außerhalb seines Sitzlandes verklagt werden kann.

a. *Klagebefugnis des Betroffenen nach der DSGVO*

Die Wirksamkeit des durch die DSGVO geschaffenen Datenschutzstandards hängt in großem Maße davon ab, ob die betroffene Person diesen auch gegenüber einem Verantwortlichen durchsetzen kann. Die DSGVO bestimmt dazu in Art. 79 Abs. 2 einen eigenen Klägergerichtsstand, der es der betroffenen Person erlaubt, Klagen gegen einen Verantwortlichen entweder an dessen Niederlassungsort in der Union oder an ihrem gewöhnlichen[469] Aufenthaltsort zu erheben.

Eine Niederlassung im Sinne der DSGVO ist bei jeder festen Einrichtung anzunehmen, von welcher ausgehend eine Tätigkeit effektiv und tatsächlich ausgeübt wird, ohne dass es hierbei auf die Rechtsform der Einrichtung ankommt.[470] Diese Voraussetzungen können in Einzelfällen bereits durch einen einzigen Vertreter in einem anderen Mitgliedstaat erfüllt sein.[471] Mit der Einbeziehung dieses weiten Begriffs geht die Gerichtsstandbestimmung des Art. 79 Abs. 2 DSGVO weit über den allgemeinen Gerichtsstand der Brüssel Ia-VO hinaus.[472] Letzterer

---

467 Vgl. *Lüttringhaus*, ZVglRWiss 2018, 50 (81).

468 *Rauscher/Mankowski*, EuZPR-EuIPR, Art. 6 Brüssel Ia-VO Rn. 1.

469 Die deutsche Fassung der DSGVO spricht nur von „Aufenthaltsort“, worunter aber der „gewöhnliche Aufenthaltsort zu verstehen ist, vgl. *Kühling/Buchner/Bergt*, DS-GVO, Art. 79 Rn. 17; *Wolff/Brink/Mundil*, BeckOK DatenschutzR, Art. 79 Rn. 18.

470 Vgl. EG 22; siehe auch Kapitel 1, III 2.

471 *EuGH*, Urt. v. 1.10.2015 – C-230/14, *Weltimmo*, ECLI:EU:C:2015:639 Rn. 29 f.

472 *Feiler/Forgó*, EU-DSGVO Art. 79 Rn. 5.

umfasst neben dem Wohnort des Verbrauchers bei juristischen Personen gemäß Art. 63 Abs. 1 Brüssel Ia-VO lediglich den satzungsgemäßen Sitz, die Hauptverwaltung oder die Hauptniederlassung. Entscheidet sich die betroffene Person, ihre Rechte nach der DSGVO gegenüber dem Verantwortlichen gerichtlich durchzusetzen, darf sie dies gemäß Art. 79 Abs. 2 DSGVO aber auch überall dort tun, wo das Unternehmen Tochtergesellschaften unterhält.

Auf diese Weise setzt der Gesetzgeber stärkere Anreize für die individuelle Durchsetzung von Ansprüchen der betroffenen Person. Denn grundsätzlich darf im europäischen Zuständigkeitsrecht eine Person, die ihren Wohnsitz in einem EU-Mitgliedstaat hat, in einem anderen Mitgliedstaat nur unter den explizit aufgeführten Ausnahmen der Abschnitte 2–7 Brüssel Ia-VO[473] verklagt werden. Datenschutzrechtliche Sachverhalte könnten dabei allenfalls unter Art. 7 lit. 2 Brüssel Ia-VO subsumiert werden, die im Falle einer unerlaubten Handlung eine Klageeinreichung am Ort des schädigenden Ereignisses erlaubt. Die betroffene Person sieht sich auch dann unter Umständen einer fremden Rechtsordnung und evtl. einer anderen Sprache gegenüber, was sie an der Durchsetzung ihrer Rechte hemmen könnte.[474] Dieses Hindernis entfällt mit der Möglichkeit des Betroffenen, datenschutzrechtliche Verstöße wahlweise am Ort seines gewöhnlichen Aufenthaltes oder einem der Niederlassungsorte der gegnerischen Partei einklagen zu können. Allerdings schließt Art. 79 Abs. 2 HS. 2 DSGVO diese Möglichkeit für Klagen gegen Behörden in Ausübung ihrer hoheitlichen Befugnisse aus.

Art. 79 Abs. 2 DSGVO verdrängt die Vorgaben der Brüssel Ia-VO nicht. Letztere bestehen neben den speziellen Vorgaben der DSGVO und dienen diesen als Ergänzung.[475]

Wie auch in Bezug auf Art. 82 DSGVO bezweckt der Gesetzgeber mit Art. 79 Abs. 2 DSGVO nicht nur, rein individuelle Interessenlagen zu regulieren, sondern verfolgt auch ordnungspolitische Ziele. Diese wären vor allem dann in Gefahr, wenn eine vertragliche Gerichtsstandvereinbarung im Sinne

---

473 Verordnung (EU) Nr. 1215/2012 des Europäischen Parlaments und des Rates vom 12. Dezember 2012 über die gerichtliche Zuständigkeit und die Anerkennung und Vollstreckung von Entscheidungen in Zivil- und Handelssachen.

474 Dazu könnte es kommen, weil die DSGVO keine Kollisionsnorm für die Anwendung der nationalen Umsetzungsgesetze enthält und das anwendbare Recht sich somit teilweise nach nationalem Kollisionsrecht bestimmt, vgl. *GSSV/Koreng*, DS-GVO, Art. 79 Rn. 18.

475 *Lüttringhaus*, ZVglRWiss 2018, 50 (69); *Feiler/Forgó*, EU-DSGVO, Art. 79 Rn. 8; *Gola/Werkmeister*, DS-GVO, Art. 79 Rn. 15.

des Art. 25 Brüssel Ia-VO die Wahlmöglichkeiten des Art. 79 Abs. 2 DSGVO wieder einschränken würde. Insofern sind lediglich solche Gerichtsstandvereinbarungen mit Art. 79 Abs. 2 DSGVO vereinbar, welche einen weiteren Gerichtsstand, nicht hingegen einen ausschließlichen Gerichtsstand, vorsehen.[476] Handelt es sich bei der betroffenen Person um einen Verbraucher, ist zudem Art. 19 Nr. 3 Brüssel Ia-VO als Auffangnorm zu berücksichtigen, welcher eine Gerichtsstandvereinbarung nur dann zulässt, wenn beide Vertragspartner ihren Wohnsitz oder gewöhnlichen Aufenthaltsort zum Zeitpunkt des Vertragsschlusses in demselben Mitgliedstaat haben und die Vereinbarung die Zuständigkeit der Gerichte dieses Mitgliedstaats begründet. Da die Vorschrift lediglich auf den Wohnsitz, nicht aber auf den Niederlassungsort des Unternehmens abstellt, ist diese Option datenverarbeitenden Unternehmen aus Drittstaaten nicht zugänglich.

b. Vollstreckung

Die Vollstreckung von Gerichtsentscheidungen im Ausland erfordert zunächst eine vorherige Anerkennung durch ein ausländisches Gericht. Voraussetzung dafür ist, dass der erstrittene Titel unter der fremden Rechtsordnung anerkannt ist. So ist in der US-amerikanischen Rechtsordnung Schadensersatz grundsätzlich in Form eine Geldzahlung zu leisten,[477] während zum Beispiel die deutsche Zivilrechtsordnung vom Prinzip der Naturalrestitution geleitet ist. Im Datenschutzrecht ist jedoch ohnehin ein Geldersatz zweckmäßiger, da der Sinn und Zweck des Schadensersatzanspruchs nicht darin besteht, alle Folgen der unerlaubten Datenverarbeitung rückgängig zu machen,[478] was in vielen Fällen auch schlicht unmöglich wäre – vor allem dann, wenn die Weitergabe der Daten nicht mehr nachvollzogen werden kann. Insofern stehen die prozessualrechtlichen Unterschiede zumindest der Durchsetzung eines Schadensersatzanspruchs in Form einer Geldleistung nicht entgegen.

Für die Anerkennung eines ausländischen Urteils in den USA bedarf es mangels internationaler Übereinkommen einer Vollstreckungsklage.[479] Die

476 *Lüttringhaus*, ZVglRWiss 2018, 50 (69); a. A. *Gola/Werkmeister*, DS-GVO, Art. 79 Rn. 8.

477 Dies ist ein grundsätzlicher Unterschied zwischen Ländern des *civil law* und Ländern des *common law* Rechtskreises, siehe *Treitel* in: *Mehren*, International Encyclopedia of Comparative Law, 2008, Chapter 16–11.

478 *Pötters* in: *Thüsing*, Beschäftigtendatenschutz und Compliance, 2014, S. 399.

479 *Schack*, Einführung in das US-amerikanische Zivilprozessrecht, 4. Aufl., 2011 Rn. 191 f.

inhaltlichen Voraussetzungen sind auf der Ebene der Bundesstaaten geregelt, wobei einige Bundesstaaten den *Uniform Foreign Money-Judgements Recognition Act*[480] übernommen haben.[481] Hiernach sind ausländische Urteile ebenso durchsetzungsfähig wie inländische Urteile, sofern nicht einer der aufgelisteten Versagungsgründe einschlägig ist oder Zuständigkeitserfordernisse nicht vorliegen. Einen absoluten Versagungsgrund stellt unter anderem ein Verstoß des geltend gemachten Anspruchs gegen das ordre public des Bundesstaats an, in welchem das Urteil durchgesetzt werden soll.[482]

Insgesamt ist die Anerkennung und Vollstreckung eines auf der DSGVO beruhenden Urteils in einem Drittstaat mit einigen Hürden verbunden.

5. *Internationale Übereinkünfte*

Sowohl der erweiterte Anwendungsbereich der DSGVO als auch die Ausdehnung der Bestimmungen über die Datenübermittlung in Drittländer lösen zwangsläufig Spannungen zu anderen Rechtsordnungen aus. Es ist daher nur logisch, dass die EU auch eine völkerrechtliche Harmonisierung im Bereich des Datenschutzrechts vorantreiben möchte. In diesem Sinne beauftragt Art. 50 DSGVO die Kommission und die Aufsichtsbehörden der Mitgliedstaaten, die internationale Zusammenarbeit in Bezug auf die Durchsetzung der datenschutzrechtlichen Bestimmungen durch geeignete Maßnahmen zu fördern. Dazu müssen die Kommission bzw. die Aufsichtsbehörden internationale Übereinkünfte mit Drittländern oder Regionen in Drittländern schließen. Auch wenn Art. 50 DSGVO ausdrücklich das Ziel verfolgt, die Durchsetzung der DSGVO zu verbessern, sollte bei der Analyse dieser Norm nicht außer Acht gelassen werden, dass zwischenstaatliche Übereinkünfte bedeutend zur Beilegung von Zuständigkeitskonflikten beitragen können und so zwischenstaatliche Krisen vorbeugen, abwenden oder zumindest abmildern können.

Notwendigerweise stellt sich allerdings die Frage, inwieweit die durch Art. 50 DSGVO geforderte Außenhandlung durch die EU-Verträge kompetenziell abgedeckt ist.

---

480 Der Uniform Foreign Money-Judgements Recognition Act wurde von der National Conference of Commissions on Uniform State Laws (NCCUSL) entwickelt und den Bundesstaaten zur Vereinheitlichung der Gesetzgebung vorgeschlagen.

481 *Schack*, Einführung in das US-amerikanische Zivilprozessrecht, 4. Aufl., 2011 Rn. 192.

482 *Böhm*, Amerikanisches Zivilprozessrecht, 2005, Rn. 20; zum ordre public im US-amerikanischen Recht siehe *Bruns*, JZ 1999, 278 (284 ff.).

Sofern das Primärrecht keine explizite Außenkompetenz vorsieht, ist die Union gemäß Art. 216 Abs. 1 AEUV zumindest soweit berechtigt, internationale Übereinkommen zu schließen, wie diese dazu beitragen, ein in den Verträgen festgelegtes Ziel zu verwirklichen. Diese „implizite Vertragsschlusskompetenz" erfordert nach der EuGH-Judikatur zunächst eine Innenkompetenz der EU.[483] Für den Erlass datenschutzrechtlicher Bestimmungen bieten Art. 16 Abs. 2 DSGVO sowie Art. 39 EUV die notwendigen Kompetenzgrundlagen. Das angestrebte Ziel darf zudem nicht durch Ausübung der Innenkompetenz zu erreichen sein, sondern muss den Abschluss internationaler Abkommen erfordern.[484] Dies ist aufgrund der dem Datenschutzrecht inhärenten Inter- und Transnationalität zweifellos gegeben.

Ein umfassender Schutz personenbezogener Daten lässt sich nicht allein mit internen Rechtssetzungsmaßnahmen gewährleisten. Vor allem die zunehmende Bedeutung internationaler Datenflüsse für den grenzüberschreitenden Handel erfordert den Einsatz bi- oder multilateraler Instrumente, um ein gemeinsames Level-playing-field[485] zu schaffen und so die mit der Sicherstellung eines angemessenen Datenschutzniveaus verbundenen Kosten zu reduzieren. Neben den wirtschaftlichen Vorteilen kann – vorausgesetzt europäisches Datenschutzrecht setzt sich durch – der Abschluss internationaler Verträge auch den Betroffenenschutz stärken, da eine Standardisierung der Rechtsetzung und -durchsetzung die Effektivität der europäischen Regelungen erhöht. Die notwendige Innenkompetenz stellt im Allgemeinen Art. 16 Abs. 2 AEUV und bezogen auf die Gemeinsame Außen- und Sicherheitspolitik (GASP) Art. 39 EUV bereit. Folglich sind die Voraussetzungen für eine Anwendung des Art. 216 Abs. 1 AEUV erfüllt.

---

483 *Calliess/Ruffert/Schmalenbach,* EUV/AEUV, Art. 216 AEUV Rn. 12; vgl. *Wagner,* Der Datenschutz in der Europäischen Union, 2015, S. 223; EuGH, C-431/05, Merck Genéricos, 2007, Slg. 2007, I-7001; Gutachten 1/03, Slg. 2006, I-1145, Rn. 114 (Vertrag von Lugano).

484 *Calliess/Ruffert/Schmalenbach,* EUV/AEUV, Art. 216 AEUV Rn. 13; *Pechstein/Nowak/Häde/Giegerich,* Frankfurter Kommentar EUV, GRC, AEUV, Art. 216 AEUV Rn. 99 ff.

485 Die Schaffung eines Level-playing-field für europäische und außer-europäische Unternehmen war ein erklärtes Ziel der Ausweitung des räumlichen Anwendungsbereichs, siehe dazu Reding, The EU Data Protection Regulation: Promoting technological innovation and safeguarding citizens' rights (Brüssel, 4. März 2014), http://europa.eu/rapid/press-release_SPEECH-14-175_en.htm (Stand: 02.03.2019); vgl. auch *Albrecht,* CR 2016, 88 (90).

Aufgrund der Tatsache, dass Art. 16 AEUV keine ausschließliche Kompetenz für die EU normiert,[486] deckt die daran anknüpfende Vertragsabschlusskompetenz des Art. 216 Abs. 1 AEUV auch internationale Übereinkommen zwischen Mitgliedstaaten und Drittländern. Art. 50 DSGVO delegiert diese Kompetenz speziell an die Kommission sowie an die mitgliedstaatlichen Aufsichtsbehörden.

Allerdings verpflichtet Art. 50 DSGVO nicht allein zum Abschluss völkerrechtlicher Abkommen, sondern verlangt von der Kommission und den Aufsichtsbehörden, geeignete Maßnahmen zu treffen. Hiervon sind auch sogenannte soft-law-Instrumente[487] umfasst, die zwar für die teilnehmenden Parteien nicht bindend sind, aber dennoch geeignet sind, die internationale Zusammenarbeit zu verbessern.

Die Förderung der internationalen Zusammenarbeit im Sinne von Art. 50 DSGVO stellt somit eine Konkretisierung der Vertragsabschlusskompetenz gemäß Art. 216 Abs. 1 AEUV dar, geht aber sogar noch hierüber hinaus. Bei jeglichen Maßnahmen unterliegen Kommission und Aufsichtsbehörden der Grundrechtsverpflichtung des Art. 8 GRCh, was den Verhandlungsspielraum entsprechend eng gestaltet.[488] Grundsätzliche Unterschiede im Datenschutzverständnis lassen sich hierdurch kaum überwinden.[489] Insofern fallen die tatsächlichen Auswirkungen der Handlungspflicht gemäß Art. 50 DSGVO vermutlich gering aus.

III. Zwischenergebnis

Die DSGVO enthält zahlreiche Mechanismen, um einer Wirkungslosigkeit bei grenzüberschreitenden Sachverhalten entgegenzuwirken. Die Verordnung setzt dabei vor allem auf eine Stärkung der individuellen Rechtsdurchsetzung, was sie durch einen im Vergleich zum harmonisierten Zuständigkeitsrecht erweiterten Klägergerichtsstand auch erreicht. Außerdem erleichtert die DSGVO den Aufsichtsbehörden die Durchsetzung ihrer Sanktionsbefugnisse, indem sie die Verpflichtung drittstaatlicher Verantwortliche zur Bestellung eines Vertreters konkretisiert und so ein Bindeglied zwischen Aufsichtsbehörde und dem Verantwortlichen schafft.

---

486 *Hijmans*, The European Union as Guardian of Internet Privacy, 2016, S. 128; *Marsch*, Das europäische Datenschutzgrundrecht, 2018, S. 334.

487 Allgemein zu soft law im europäischen Unionsrecht siehe *Müller-Graff*, EuR 2012, 18.

488 Siehe *Wagner*, Der Datenschutz in der Europäischen Union, 2015, S. 238.

489 So auch *Wagner*, Der Datenschutz in der Europäischen Union, 2015, S. 238.

E. Ergebnis zu Teil 2

Der Schutz personenbezogener Daten erlebt in Zeiten eines sich stetig ausweitenden internationalen Datenverkehrs eine Rückbesinnung auf nationale Grenzen. Geprägt von einer Skepsis gegenüber dogmatisch anders funktionierenden Datenschutzregimen übt sich die DSGVO in einer Konzentration auf unilaterale Bestimmung des eigenen Anwendungsbereichs und möglichst der Verhinderung der Anwendung drittstaatlicher Rechtsordnungen. Davon zeugt zum einen die Ausweitung des räumlichen Anwendungsbereichs durch die Einführung des Marktortprinzips, welches verhaltensbasiert über die Anwendung der DSGVO entscheidet. Darüber hinaus beinhaltet die Verordnung einen großen Regelungsbereich, von welchem die Parteien nicht durch privatautonome Vereinbarungen abweichen können. Dies sind vor allem die Vorgaben der einzelnen Erlaubnistatbestände und davon abgeleitete Rechte und Pflichten, die sich als zwingendes Verbraucherrecht zumindest im Verhältnis zwischen Unternehmer und Verbraucher durchsetzen. Auch die Rechtsprechung des EuGH zeichnet sich durch eine datenschutzfreundliche Haltung aus, was nicht zuletzt auch der durch die GRCh gestärkten Grundrechtsposition des Betroffenen ermöglicht wurde.

Trotz einiger – sicherlich auch berechtigter – Bedenken bewegt sich der europäische Gesetzgeber dabei im Bereich des völkerrechtlich Zulässigen.

Teil 3: Extraterritoriale Regelungen des US-amerikanischen Rechts und ihre Konfliktlinien mit dem europäischen Datenschutzrecht

Die europäische Rechtsordnung ist nicht die einzige, die eine extraterritoriale Geltung beansprucht. Im Gegenteil: Viele Rechtsordnungen setzen auf eine *extraterritorial prescriptive jurisdiction*, um Sachverhalte mit internationalen Bezügen angemessen regulieren zu können. Auch die US-amerikanische Rechtsordnung kennt extraterritoriale Regelungen. Gesetzgebung, die aufgrund einer gleichermaßen extraterritorialen Wirkung in den Rechtskreis der EU hineinwirkt, vermag eine Kollisionslage hervorzurufen, die die europarechtlichen Vorschriften unanwendbar macht, wenn ein Gericht zugunsten der fremden Rechtsordnung entscheidet. Eine derartige Situation kann entstehen, wenn ein Drittstaat Regelungen erlässt, die für seine Behörden den Anspruch gegenüber einem anderen Staat, zum Beispiel einem EU-Mitgliedstaat, begründen, bestimmte Daten an ihn zu übermitteln. Hierbei stehen sich regelmäßig demokratisch legitimierte Rechtsordnungen gegenüber, die jeweils für sich betrachtet, einen Sachverhalt in völkerrechtlich zulässiger Weise regulieren. Der Grundsatz der Staatengleichheit verbietet in diesem Fall die Verpflichtung eines Staates, pauschal auf die Durchsetzung seiner eigenen Ordnung zu verzichten.[490]

Die Konfliktträchtigkeit von sich überschneidenden extraterritorialen Regelungen lässt sich anschaulich am Beispiel der USA darstellen, deren Rechtsordnung aufgrund weitereichender Herausgabepflichten sowohl in der Vergangenheit als auch gegenwärtig mit anderen fremden Rechtsordnungen kollidiert. Darüber hinaus unterscheidet sich das US-amerikanische Datenschutzrecht sowohl in seiner Grundlage als auch in seiner Ausgestaltung und Wahrnehmung von der Stellung, die dieses Rechtsgebiet im europäischen Rechtskreis innehat.[491]

---

490 Vgl. *Pichler*, Internationale Zuständigkeit im Zeitalter globaler Vernetzung, 2008, Rn. 214.

491 Allgemein zu den Unterschieden siehe *Genz*, Datenschutz in Europa und den USA, 2004; *Klar/Kühling*, AöR 2016, 165 (173 ff.).

A. Weites Schutzverständnis der US-amerikanischen Rechtsordnung

Aus europäischer Sicht verkörpert die US-amerikanische Rechtsordnung in vielen Rechtsgebieten einen eigenen Geltungsanspruch, welcher sich in vermeintlich ungerechtfertigter Weise extensive Zuständigkeiten anmaßt.[492] Obgleich in der Regel ein *genuine link* zwischen dem zu regelnden Sachverhalt und dem US-amerikanischen Staat besteht, erweckt vor allem die US-amerikanische Rechtsprechung bisweilen den Eindruck, die USA sehe sich selbst als eine Art „Rechtsweltmacht"[493]. Diese Sichtweise wurde vor allem durch die Wettbewerbs- und Kartellrechtsprechung hervorgerufen und bestätigt.[494] Viele der einschlägigen gesetzlichen Vorschriften enthalten keine Bestimmung über ihren extraterritorialen Anwendungsbereich, sodass die Rechtsprechung zu dieser Thematik eine besonders bedeutende Stellung einnimmt.[495] Während der räumliche Geltungsanspruch des Wettbewerbs- und Kartellrechts durch die Anerkennung des Wirkungsprinzips inzwischen weitestgehend geklärt ist, rücken mit der Digitalisierung andere Gesetze in den Fokus. Vor allem Herausgabeansprüche sowohl von öffentlicher als auch von privater Seite sind immer wieder Gegenstand rechtlicher Auseinandersetzungen.

B. Der Stellenwert des Datenschutzes im US-amerikanischen Rechtssystem

An vielen Stellen ist bereits auf die grundlegenden Unterschiede im Datenschutzverständnis der US-amerikanischen und der europäischen Rechtsordnung hingewiesen worden.[496] Obwohl ein Vergleich der beiden Datenschutzregime nicht das Ziel der vorliegenden Arbeit ist, so ist ein Grundverständnis des

---

492 Dazu allgemein *Stürner* in: *Habscheid*, Der Justizkonflikt mit den Vereinigten Staaten von Amerika, 1985, S. 5 (34); *Ziegenhain*, RIW 1993, 897 (900 f.); *Gasteyer* in: *Dieners/Dietzel/Gasteyer*, Liber Amicorum Dolf Weber, 2016, S. 89 (96);

493 *Stürner* in: *Habscheid*, Der Justizkonflikt mit den Vereinigten Staaten von Amerika, 1985, S. 5 (38).

494 Vgl. *Dlouhy*, Extraterritoriale Anwendung des Kartellrechts, 2003, S. 24 f.; *Meng*, Extraterritoriale Jurisdiktion im öffentlichen Wirtschaftsrecht, 1994, S. 375 ff.

495 *Reimann*, in: FS Stürner, 2013, S. 1779 (1781).

496 Vgl. u. a. *Baumann*, Datenschutzkonflikte zwischen der EU und den USA, 2016; *Genz*, Datenschutz in Europa und den USA, 2004; *Hess/Mariottini* (Hrsg.), Protecting Privacy in Private International and Procedural Law and by Data Protection, 1. Aufl. (2015); *Klar/Kühling*, AöR 2016, 165.

US-amerikanischen Privatsphärenschutzes dennoch essentiell, um die Konfliktpunkte zwischen den Rechtsordnungen nachvollziehen und einordnen zu können.

I. Der vierte Verfassungszusatz

Im Gegensatz zur europäischen Rechtsordnung besitzt der Schutz personenbezogener Daten in den USA keinen Grundrechtsstatus. Lediglich der vierte Verfassungszusatz erwähnt das Recht der Menschen auf „Sicherheit ihrer Person, Häuser, Unterlagen und Eigentum gegen unbegründete Durchsuchungen und Beschlagnahmen“[497]. Insbesondere aus dem nicht weiter konkretisierten Begriff „unbegründet“ leitete der Supreme Court im Laufe der Zeit ein Recht auf „informationelle Privatheit“[498] ab, das den Einzelnen vor der Offenbarung personenbezogener Daten schützt.[499] Dieser Schutz besteht grundsätzlich nur gegenüber dem Staat und ist im Vergleich zum Schutzbereich des Art. 8 GRCh sehr eng gefasst.[500] Der US Supreme Court stellte zudem klar, dass der Schutz des vierten Verfassungszusatzes nur dann greife, wenn der Betroffene in der Erwartung gehandelt hat, dass sein Verhalten im Privaten stattfindet und dies auch gesellschaftlich als vernünftig gilt.[501] Ob diese beidseitige Erwartungshaltung gegeben ist, hängt nicht nur vom konkreten Datenempfänger, sondern auch von der Entwicklung der Umstände ab. Führen Letztere zu einer Akzeptanz auf Seiten

---

497 „The Fourth Amendment: The right of the people to be secure in their persons, houses, papers, and effects, against unreasonable searches and seizures, shall not be violated, and no warrants shall issue, but upon probable cause, supported by oath or affirmation, and particularly describing the place to be searched, and the persons or things to be seized.“

498 Engl. „informational privacy“, Übersetzung von *Genz,* Datenschutz in Europa und den USA, 2004, S. 47.

499 Olmstead v. US, 277 US 438 (1928); Whalen v. Roe, 429 US 479 (1965); *Elixmann,* Datenschutz und Suchmaschinen, 2012, S. 179; *Genz,* Datenschutz in Europa und den USA, 2004, S. 47; Zweifel dahingehend, ob der Supreme Court mit seiner Formulierung tatsächlich die Privatsphäre mit einschließen wollte, äußert *Louis,* Datenschutz und Informationsrecht in den USA, 1984, S. 11.

500 Vgl. *Wittmann,* Der Schutz der Privatsphäre vor staatlichen Überwachungsmaßnahmen durch die US-amerikanische Bundesverfassung, 2014, S. 330 ff.; *Genz,* Datenschutz in Europa und den USA, 2004, S. 47; *Elixmann,* Datenschutz und Suchmaschinen, 2012, S. 182; *Alo,* Mich. St. Int'l L. Rev., 22 (2013–2014), 1095 (1101).

501 Katz v. United States, 389 US 347, 361 (1967); *Heberlein,* Datenschutz im Social Web, 2017, S. 245.

des Betroffenen dahingehend, dass sein Verhalten nicht rein privat ist, fällt der Schutz durch den vierten Verfassungszusatz entsprechend gering aus.[502]

Ein kürzlich ergangenes Urteil des US Supreme Courts könnte jedoch dafür sorgen, dass die enge Auslegung zumindest in Bezug auf Standortdaten zukünftig gelockert wird. Das oberste Gericht sprach diesen Daten, die Aufschluss über die Bewegung der betroffenen Person geben, eine besondere Schutzbedürftigkeit zu und ordnete sie dem Schutzbereich des vierten Verfassungszusatzes zu.[503] Hierdurch steigen die datenschutzrechtlichen Anforderungen an die Verarbeitung von Standortdaten durch Unternehmen sowie an den Zugriff durch Strafverfolgungsbehörden im Vergleich zu den einfachgesetzlichen Vorgaben.

II. Einschränkung durch die Third-Party-Doctrine

Der durch die US-amerikanische Verfassung gewährte Schutz der Privatheit erfährt durch die sogenannte Third-Party-Doctrine eine weitere Einschränkung. Danach entfällt bei behördlichen Herausgabepflichten der Schutz des vierten Verfassungszusatzes für diejenigen Daten, die ein Betroffener willentlich an eine dritte Partei weitergegeben hat.[504] Gerade im Internetkontext droht diese Doktrin den ohnehin niedrigen Verfassungsschutz für Betroffene gänzlich unbedeutend werden zu lassen. Um Zugang zum Internet zu erhalten, ist ein Vertrag mit einem Internet-Service-Provider unerlässlich. In Bezug auf personenbezogene Daten, die ein Nutzer diesem zur Diensterbringung übermittelt, besteht nach der Third-Party-Doctrine allerdings keine relevante Erwartungshaltung, sodass diese Daten faktisch ungeschützt sind.[505] Behörden sind somit auch nicht an die vergleichsweise strengen Anforderungen an einen Durchsuchungsbeschluss gebunden, der für Daten unter dem Schutz des vierten Verfassungszusatzes besteht. Ob dies ebenso für Inhaltsdaten, also beispielsweise den E-Mail-Verkehr eines Betroffenen, gilt, ist höchstrichterlich noch nicht entschieden und wird bisweilen uneinheitlich beurteilt.[506] Angesichts der Tatsache, dass – in unterschiedlichen Verarbeitungszusammenhängen – ein Großteil der

---

502 *Heberlein,* Datenschutz im Social Web, 2017, S. 245.

503 Carpenter v. United States, No. 16–404, 585 US 1, 13–15 (2018); Anm. von *Spies*, ZD-Aktuell 2018, 06183.

504 United States v. Miller, 425 US 435, 441–443 (1976); Smith v. Maryland, 442 US 735, 742 (1979).

505 *United States v. Hambrick,* 55 F. Supp.2d 504 (4th Cir. 1999); *Sandfuchs,* Privatheit wider Willen?, 2015, S. 78 f.

506 Dazu ausführlich *Richards*, Washington University Law Review, 94 (2017), 1441 (1474 ff); *Sandfuchs,* Privatheit wider Willen?, 2015, S. 78 ff.

eigenen personenbezogenen Daten Dritten zur Verfügung gestellt wird, hat die Entscheidung dieser Frage ein erhebliche Relevanz. Man denke an die Vielzahl von Cloud Computing-Angeboten. Fielen jegliche darin verarbeiteten personenbezogenen Daten aus dem Schutzbereich des vierten Verfassungszusatzes heraus, könnten Ermittlungsbehörden auch ohne hinreichenden Tatverdacht auf diese Daten zugreifen. Zudem gehen Nutzer berechtigterweise regelmäßig davon aus, dass die den E-Mail-Providern übermittelten Daten im privaten Bereich verbleiben.[507] Warum der gewährte Schutzstandard davon abhängen sollte, welche Infrastruktur die Nutzer für die Kommunikation wählen, leuchtet nicht ein – insbesondere vor dem Hintergrund, dass eine Weitergabe bestimmter personenbezogener Daten an Provider für die meisten Online-Aktivitäten zwingend notwendig ist.

Die bestehende Rechtsunsicherheit in Bezug auf das jeweils geltende Schutzniveau führt aktuell sogar dazu, dass die Behörden Durchsuchungsanordnungen auf einfachgesetzliche Ermächtigungsgrundlagen stützen und damit den niedrigen Schutz sowie die geringsten Anforderungen an eine Durchsuchung wählen.

III. Schutz gegenüber Privaten

In eingeschränkter Form als *„right to be let alone“* erlaubt das US-amerikanische Recht, deliktische Ansprüche aufgrund von Privatsphärenverletzungen auch gegenüber Privaten geltend zu machen.[508] Die Ableitung einer Ausstrahlungswirkung auf Privatrechtsverhältnisse direkt aus der Verfassung erlaubt die US-amerikanische Rechtsordnung indes nicht.[509] In Ermangelung eines übergeordneten, verfassungsrechtlichen Schutzes sind bundesstaatliche Regelungen zum Schutz personenbezogener Daten bereichsspezifisch kodifiziert. Neben einer grundsätzlichen Unterscheidung zwischen dem öffentlichen und privaten Bereich stellt der Gesetzgeber in der Regel darauf ab, wer im Besitz der Daten ist.[510] Dies kann dazu führen, dass demselben Datum je nach Verarbeitungskontext ein anderes Schutzniveau zukommt. Insbesondere der Finanz- und Medizinsektor verfügen über diverse Vorschriften zum Schutz personenbezogener

507 In Bezug auf soziale Netzwerke siehe *Bedi*, B.C.L.Rev., 54 (2013), 1 (38).

508 Sog. Common Law Right of Privacy, siehe dazu *Buchner*, Informationelle Selbstbestimmung im Privatrecht, 2006, S. 11 ff.; *Alo*, Mich. St. Int'l L. Rev., 22 (2013–2014), 1095 (1102).

509 Siehe *Elixmann*, Datenschutz und Suchmaschinen, 2012, S. 185 ff.

510 *Schwartz*, HLR, 126 (2013), 1966 (1974).

Daten.[511] In anderen Bereichen – wie dem Online-Verkehr – herrscht hingegen das Vertrauen auf eine Selbstregulierung der Beteiligten vor.[512] Allerdings gibt es Tendenzen in der Rechtsprechung, auch für den Online-Bereich einen Minimalschutz für personenbezogene Daten, die an Internetdienstleister übermittelt werden, anzuerkennen.[513]

Trotz einiger (noch) zaghafter Entwicklungen bleibt der Datenschutz auf Bundesebene weit hinter dem universellen europäischen Schutz aus Art. 8 GRCh in Verbindung mit der sekundärrechtlichen Ausgestaltung in der DSGVO zurück. Die föderale Struktur der USA erlaubt jedoch den einzelnen Bundesstaaten, über den bundesweiten Schutz hinaus schärfere Datenschutzbestimmungen zu erlassen. Eine Vorreiterrolle übernimmt in diesem Zusammenhang der Bundesstaat Kalifornien, der mit dem California Online Protection Privacy Act 2003 sowie dem California Consumer Privacy Act 2018[514] über ein umfassendes Datenschutzgesetz für den Online-Bereich verfügt.[515] Dieses sieht zwar kein Verbotsprinzip vor, verpflichtet datenverarbeitende Unternehmen aber zu umfangreichen Anzeigepflichten bei Datenmissbrauch und sieht für Betroffene Auskunfts- und Löschungsrechte vor.[516]

C. Extraterritoriale Herausgabeansprüche

Konfliktpunkte mit den europäischen Datenschutzregelungen ergeben sich vor allem durch Herausgabe- und Einsichtsansprüche und -befugnisse für öffentliche oder nicht-öffentliche Stellen, von denen auch solche personenbezogenen Daten betroffen sind, die unter dem Schutz der DSGVO stehen.

---

511 *Palekar*, Duke J. Comp. & Int'l L., 18 (2007–2008), 549 (558); *McMahon*, Fordham Law Review, 86 (2018), 2511 (2537 f.).

512 S. dazu ausführlich *Palekar*, Duke J. Comp. & Int'l L., 18 (2007–2008), 549 (563); eine Ausnahme bildet der Children's Online Privacy Act (COPPA) 15 U.S.C. §§ 6501 bis 6506 aus dem Jahr 1998, der die Verarbeitung von Kinderdaten im Internet regelt.

513 Der Supreme Court von New Jersey sprach US-Bürgern in diesem Sinne eine „reasonable expectation of privacy" zu, *New Jersey v Reid*, Supreme Court of New Jersey (A-105–06) 21 April 2008.

514 Der California Consumer Privacy Act 2018 tritt am 1.1.2020 in Kraft.

515 Die Bundesstaaten Delware und Nevada folgten dem kalifornischen Beispiel mit dem Delaware Online Privacy Protection Act (2016) und dem Nevada Internet privacy bill (2017); zu der Entwicklung in anderen US-Bundesstaaten siehe *McMahon*, Fordham Law Review, 86 (2018), 2511 (2538 ff.).

516 Ausführlich dazu *Orthwein/Rücker*, DuD 2014, 613.

I. Patriot Act

Als Reaktion auf den 11. September 2001 verabschiedete der US-amerikanische Gesetzgeber den US-Patriot-Act[517]. In Form eines Änderungsgesetzes weitete dieser die bestehenden Zugriffsbefugnisse der amerikanischen Sicherheitsbehörden unter dem Foreign Intelligence Security Surveillance Act (FISA) sowie mithilfe von National Security Letters (NSLs) erheblich aus.[518] So erlaubt das Gesetz nunmehr den Zugriff auf Informationen über alle Personen, die keine US-amerikanischen Staatsbürger sind, sofern ein begründeter Verdacht besteht, dass die zu beschlagnahmenden Daten für eine Terrorismus- oder Spionageermittlung relevant sein könnten. Da US-Amerikaner einen besonderen Schutz durch den vierten Verfassungszusatz genießen, sind diese – im Gegensatz zu Angehörigen anderer Staaten – vor einer willkürlichen Durchsuchung ihrer Daten geschützt.[519] Das US-Recht knüpft auf diese Weise an die Nationalität der Betroffenen an, was letztendlich zu einer Diskriminierung aller Drittstaatsangehörigen führt.[520]

II. FISA-Anordnungen und National Security Letters

US-amerikanische Sicherheitsbehörden haben unter dem FISA die Möglichkeit, sowohl mithilfe einer Anordnung eines Sondergerichts (FISA-Court) an Dokumente zu gelangen, als auch direkt mithilfe eines National Security Letters die Offenlegung von Daten anzuordnen. Für beide Anordnungen sieht der Patriot Act ein Schweigegebot vor, nach welchem es dem Adressaten verboten ist, über das Vorliegen und den Inhalt einer Order des Patriot-Acts zu informieren. Ein Zuwiderhandeln gilt als Behinderung der Ermittlungsarbeit und ist strafbewehrt.[521]

Eine Herausgabeanordnung für Dokumente, die sich außerhalb des US-amerikanischen Staatsgebietes befinden, ist unter dem Patriot-Act dann zulässig, wenn der Adressat faktisch die Möglichkeit hat, auf die Daten zuzugreifen.[522] Dies ist immer dann der Fall, wenn ein amerikanisches Unternehmen Daten auf ausländischen Servern speichert.[523] Der amerikanische Gesetzgeber wählte

---

517 H.R.3162 – Uniting and Strengthening America by Providing Appropriate Tools Required to Intercept and Obstruct Terrorism Act of 2001.

518 *Hennrich*, Cloud Computing, 2016, S. 227 ff.; *Becker/Nikolaeva*, CR 2012, 170 (170 ff.).

519 *Kroschwald*, Informationelle Selbstbestimmung in der Cloud, 2016, S. 392.

520 *Börding*, CR 2016, 431 (434).

521 *Becker/Nikolaeva*, CR 2012, 170 (172).

522 *Voigt/Klein*, ZD 2013, 16 (17).

523 *Becker/Nikolaeva*, CR 2012, 170 (170).

somit eine Anknüpfung mithilfe des Personalitätsprinzips und knüpft an den Service-Provider selbst an. Dieser Ansatz ermöglicht es, dass die Herausgabeanordnungen auch Unternehmen treffen, die ihren Sitz außerhalb der USA haben und daher eigentlich nicht der amerikanischen Territorial- und Personalhoheit unterfallen.[524] Dies ist dann der Fall, wenn der Zugriff über ein anderes Unternehmen erfolgen muss, mit dem der Adressat der Anordnung durch die Konzernstruktur verbunden ist. So fallen die von Tochterunternehmen US-amerikanischer Mutterunternehmen gespeicherten personenbezogenen Daten regelmäßig unter die Herausgabeanordnungen auf Grundlage des US-Patriot-Acts. Da jedoch auch im Falle einer umgekehrten Verbindung, bei der ein europäischer Mutterkonzern eine amerikanische Tochterfirma hat, eine faktische Zugriffsmöglichkeit auf die in Europa gelegenen Daten nicht ausgeschlossen werden kann, besteht auch hier die Gefahr eines Durchgriffs.[525]

Unabhängig von den spezifischen Erlaubnistatbeständen der DSGVO stehen die Ansprüche aus dem Patriot-Act im Widerspruch zu wesentlichen datenschutzrechtlichen Prinzipien. Insbesondere das Schweigegebot lässt sich weder mit dem Transparenzgebot gemäß Art. 12 DSGVO noch mit dem Auskunftsrecht gemäß Art. 15 DSGVO des von einer Datenverarbeitung Betroffenen vereinbaren. Die Informiertheit des von einer Datenverarbeitung Betroffenen ist aber nicht nur für die Wahrnehmung spezieller Datenschutzrechte relevant, sondern stellt zugleich die wesentliche Voraussetzung für die Gewährung richterlichen Gehörs dar.[526] Zudem widerspricht die Anknüpfung an den für die Datenverarbeitung Verantwortlichen (speziell dem Service-Provider) dem Gedanken der informationellen Selbstbestimmung, welcher das Datenschutzrecht in Europa leitet.[527]

---

524 *Kroschwald*, Informationelle Selbstbestimmung in der Cloud, 2016, S. 394; *Voigt/Klein*, ZD 2013, 16 (17); *Becker/Nikolaeva*, CR 2012, 170 (172); *Diemar* in: *Borges/Meents*, Cloud Computing, 2016, S. 525 Rn. 39.

525 *Becker/Nikolaeva*, CR 2012, 170 (172).

526 Darauf hinweisend *Sädtler*, Rechtskonformes Identitätsmanagement im Cloud Computing, 2017a; *Sädtler*, Rechtskonformes Identitätsmanagement im Cloud Computing, 2017b, S. 166.

527 *Auernhammer/Lewinski*, DSGVO/BDSG, Einführung Rn. 28; *Weber* in: *Svantesson/Kloza*, Trans-Atlantic Data Privacy Relations as a Challenge for Democracy, 2017, S. 5 (17); speziell zum deutschen Grundrecht auf informationelle Selbstbestimmung siehe *BVerfG*, Urt. v. 15.12.1983, *Volkszählung*, BVerfGE, 65, 1.

III. Stored Communications Act: Die Fälle Microsoft und Google

Eine der für Onlineverkehr bedeutsamsten Herausgabeansprüche des US-Rechts enthält der sogenannte Stored Communications Act (SCA), welcher 1986 vom Kongress neben dem Wiretap Act[528] und dem Pen Register[529] als Reaktion auf den steigenden Bedarf an Privatsphärenschutz in der elektronischen Kommunikation verabschiedet wurde. § 2703(a) SCA erlaubt Regierungsbehörden, von Kommunikationsanbietern mithilfe einer richterlichen Anordnung (*search warrant*) die Offenlegung elektronischer Kommunikationsinhalte zu verlangen. Die Norm stellt eine Ausnahme zu dem gemäß § 2702 SCA grundsätzlichen Verbot für Kommunikationsanbieter dar, Inhaltsdaten herauszugeben.

Die Tatsache, dass viele Anbieter von Kommunikationsdienstleistungen Daten in Cloud-Systemen und damit häufig außerhalb der USA speichern, führte in zwei bedeutenden Fällen zu einer gerichtlichen Auseinandersetzung über die räumliche Reichweite des SCA. Auf Klägerseite befinden sich die Internetriesen Microsoft und Google. Beide Unternehmen wurden unter Vorlage eines *search warrant* im Sinne von § 2703(a) SCA dazu aufgefordert, Kommunikationsinhalte ihrer Nutzer herauszugeben. Eine weitere Gemeinsamkeit der beiden Rechtsstreitigkeiten stellt die Tatsache dar, dass sich die herausverlangten Daten jeweils auf Servern außerhalb der USA befanden. Allerdings nutzen Microsoft und Google verschiedene Cloud-Konzepte, welche sich durch unterschiedliche Speicherkonzepte auszeichnen. Während Microsoft einem lokalbasierten Ansatz folgt, bei dem die Nutzerdaten seines E-Mail-Dienstes ausschließlich in einem bestimmten Land oder Gebiet gespeichert werden, zerlegt Google seine Nutzerdaten in kleine Segmente, verteilt diese auf Servern verschiedener Länder und verschiebt sie zwischen den Speicherorten nach der Logik ihres eigenen Systems.[530]

Da sich sowohl Google als auch Microsoft weigerten, die betroffenen Daten herauszugeben, folgte in beiden Fällen ein Gerichtsverfahren, welches sich um die Frage drehte, ob ein *search warrant* im Sinne von § 2703(a) SCA auch extraterritorial belegene Daten erfassen kann oder ob sich der räumliche Geltungsbereich des SCA auf das Staatsgebiet der Vereinigten Staaten beschränkt.

Bezüglich spezifischer verfahrensrechtlicher Anforderungen an einen *search warrant* verweist § 2703 SCA auf die Vorschriften des US-amerikanischen

528 Kodifiziert in 18 U.S.C. § 2511.

529 Kodifiziert in 18 U.S.C. § 3121 ff.

530 In re Search Warrant No. 16-960-M-01 to Google, 232 F. Supp.3d 708 (E.D. Pa. 2017), p. 7; *Schwartz*, Colum. L. Rev. 2018, 2 (10 ff.).

Strafprozessrechts (Federal Rules of Criminal Procedure), welche in Rule 41(b)(5) den räumlichen Geltungsbereich eines *search warrants* eindeutig auf das Staatsgebiet der Vereinigten Staaten begrenzt.[531] Dennoch überträgt keines der beteiligten Gerichte diese territoriale Begrenzung unverändert auf den Stored Communications Act, sondern bestimmen den räumlichen Anwendungsbereich des SCA autonom.

1. *Presumption against extraterritoriality und der Fokus-Test*

Grundsätzlich gilt in den USA die sogenannte *presumption against extraterritoriality.*[532] Der Regelungsbereich US-amerikanischer Gesetze endet nach dieser Vermutungsregel im Zweifel an den eigenen Staatsgrenzen, es sei denn, eine andere Intention des Gesetzgebers ist erkennbar.[533] Eine solche gesetzgeberische Absicht kann sich entweder aus dem Wortlaut der Norm selbst oder aus anderem „zugänglichen Beweismaterial“[534] ergeben, wobei sie in jedem Fall ausdrücklich bekundet sein muss.[535] Diese richterrechtliche Auslegungsdoktrin bietet durch die starke Fokussierung auf das subjektive Element der gesetzgeberischen Intention einen großen Interpretationsspielraum, was sie letztendlich zu einem unhandbaren Konzept macht.

---

531 (5) [A] magistrate judge having authority in any district where activities related to the crime may have occurred, or in the District of Columbia, may issue a **warrant for property that is located outside the jurisdiction of any state or district**, but **within** any of the following:
(A) a United States territory, possession, or commonwealth;
(B) the premises—no matter who owns them—of a United States diplomatic or consular mission in a foreign state, including any appurtenant building, part of a building, or land used for the mission's purposes; or
(C) a residence and any appurtenant land owned or leased by the United States and used by United States personnel assigned to a United States diplomatic or consular mission in a foreign state [Hervorhebungen durch den Verfasser].

532 American Banana Co. v. United Fruit Co., 213 US 347, 356 (1909).

533 Foley Bros. v. Filardo, 336 US 281, 285 (1949): “[L]egislation of Congress, unless a contrary intent appears, is meant to apply only within the territorial jurisdiction of the United States.”, näher zu diesem Prinzip *Dodge*, BJIL 1998, 85.

534 Sale v. Haitian Centers Council, Inc., 509 US 155, 177 (1993).

535 Morrison v. National Australia Bank, 561 US 247, 255 (2010); EEOC v. Arabian American Oil Co., 499 US 244, 248 (1991).

a. *Entwicklung und Bewertung der Doktrin aus europäischer Sicht*

Die *presumption against extraterritoriality* erfuhr im Laufe ihres Bestehens eine unterschiedlich starke Gewichtung in der US-amerikanischen Rechtsprechung.[536] Versetzt man sich in die Zeit ihrer Entstehung, die stark vom Territorialitätsgedanken geprägt war und in welcher grenzüberschreitende Sachverhalte die Ausnahme waren, erscheint die simpel formulierte Doktrin fast wie eine Selbstverständlichkeit. Die einsetzende Globalisierung veränderte die Gegebenheiten und damit auch den gesetzgeberischen Fokus. Da die *presumption against extraterritoriality* nicht auf Gegebenheiten anwendbar ist, die unter der legislativen Kontrolle der USA stehen,[537] steht die Vermutungsregel stets in Konkurrenz zu neuen Anknüpfungskriterien, mit denen die staatliche *jurisdiction to prescribe* begründet wird. Insbesondere das Wirkungsprinzip als grundlegendes Anknüpfungsprinzip im Wettbewerbsrecht sowie die US-amerikanischen Regeln der *comity* ließen lange keinen Platz für die *presumption against extraterritoriality*.[538]

Erst in der Rechtssache *Aramco* griff der US Supreme Court die Doktrin wieder auf und wendet sie seither regelmäßig an.[539] Bezüglich der Voraussetzungen und Reichweite ist die Anwendung durch das Gericht jedoch von Inkonsistenz geprägt und sorgt dadurch auch bei niederrangigeren Gerichten für Unsicherheiten.[540]

Zudem erscheint die Auslegungsregel aus kontinentaleuropäischer Sicht nicht flexibel genug, um der großen Bandbreite an gesetzlichen Regelungen angemessen zu begegnen. Angesichts einer sich schnell entwickelnden Gesellschaft ist das Recht gefordert, eine Vielzahl an Sachverhalten abzudecken, um Regelungslücken und Rechtsunsicherheit zu vermeiden. Die internationale Verflechtung stellt dabei eine der größten Herausforderungen dar, weil sie fast alle Rechtsbereiche tangiert. Damit auch ältere Rechtsnormen nicht sofort unanwendbar werden, wenn ein grenzüberschreitendes Element hinzutritt, muss die Vorschrift auch im Lichte ihres Sinnes und Zweckes ausgelegt werden. Der Wortlaut und die Normhistorie allein sind nicht nur oft wenig aufschlussreich, sondern werden der Funktion des Rechts als Steuerungsinstrument auch nur unzureichend

536 Einen Überblick darüber geben u. a. *Ward*, University of Cincinnati Law Review, 70 (2002), 715; *Buxbaum*, AJIL Unbound, 110 (2016), 62.

537 EEOC v. Arabian American Oil Co., 499 US 244, 248 (1991).

538 *Ward*, University of Cincinnati Law Review, 70 (2002), 715 (721 f.).

539 EEOC v. Arabian American Oil Co., 499 US 244, 248 (1991); *Dodge*, BJIL 1998, 85 (92 ff.).

540 Vgl. *Knox*, AJIL, 104 (2010), 351 (389 f.); *Dodge*, BJIL 1998, 85 (101 ff.).

gerecht. Vielmehr muss – unter Berücksichtigung der völkerrechtlichen Anforderungen an die Rechtsetzung – die Auslegung so erfolgen, dass der regulative Gedanke der Norm am besten verwirklicht werden kann. Wenn sich die Vorschrift dazu teilweise extraterritorial erstreckt, ohne dabei die Regeln des Völkerrechts zu verletzen, muss dies auch dann zulässig sein, wenn der Gesetzgeber dies ursprünglich nicht intendierte. Neue, grenzüberschreitende Kommunikationsformen ändern zunächst auch nichts an dem grundlegenden Geheimhaltungsinteresse der kommunizierenden Personen, sodass es zumindest verwunderlich erscheint, dass sich das Berufungsgericht in der *Microsoft*-Sache dem Unternehmen anschloss und die *presumption against extraterritoriality* in Bezug auf den SCA anwendete.[541] Im Rahmen der *Google*-Entscheidung verzichtete das Gericht nur deshalb auf eine Berücksichtigung der *presumption against extraterritoriality*, weil aufgrund der besonderen Datenspeicherung Googles in kleinen Segmenten an unterschiedlichen Orten nicht eindeutig sei, die Souveränität welches Staates durch die US-amerikanische Regel überhaupt verletzt würde.[542]

b. Keine Anwendung auf SCA

Weder die Motive des Gesetzgebers noch der gewählte Wortlaut lassen eine ausdrückliche Intention des Kongresses erkennen, dass 18 U.S.C. § 2703(a) extraterritoriale Wirkung entfalten soll.[543] Dies stellte auch das Bezirksgericht New Jersey in seiner Entscheidung gegen Google fest.[544]

Zudem stützen auch die US-amerikanischen Strafverfahrensvorschriften, die den Erlass eines *warrants* auf das amerikanische Staatsgebiet oder ihm zugeordnete Gebiete beschränken, diese Annahme. Eine jüngst in Kraft getretene Ergänzung der Verfahrensvorschriften lässt hingegen Zweifel aufkommen im Hinblick auf zukünftige ähnlich gelagerte Fälle. Das Strafverfahrensrecht erlaubt die Durchsuchungsanordnung auch dann, wenn es sich um elektronisch gespeicherte Daten handelt, deren Belegenheitsort mithilfe technischer Mittel verborgen gehalten wird.[545] Dabei ist nicht ausgeschlossen, dass sich die Daten

541 Microsoft Corp. v. US, 829 F.3d 197, 216 ff. (2nd Cir. 2016), 222.

542 In re Search Warrant No. 16-960-M-01 to Google, 232 F. Supp.3d 708 (E.D. Pa. 2017), p. 26.

543 *Lejeune*, CRi 2016, 118 (120).

544 In re Search Warrant, – F. Supp. 3d – = 2017 WL 471564 (E.D. Pa. 2017), p. 9.

545 Rule 41(b)(6) [A] magistrate judge with authority in any district where activities related to a crime may have occurred has authority to issue a warrant to use remote access to search electronic storage media and to seize or copy electronically stored information located within or outside that district if:

außerhalb der USA befinden. Auch wenn Microsoft den Speicherort der Daten nicht verborgen hält und die Ergänzung in dem Verfahren somit keine Rolle spielt, wäre ein Rückgriff auf diese Norm in ähnlich gelagerten Fällen durchaus vorstellbar. Der Internet-Konzern Google beispielsweise speichert Nutzerdaten nicht auf einem festen Server, sondern verschiebt die Daten fortdauernd zwischen unterschiedlichen Servern in verschiedenen Jurisdiktionen. Hierin kann durchaus ein technisches Verfahren gesehen werden, welches die Zuordnung zu einer bestimmten Jurisdiktion verhindert. Den Ermittlungsbehörden würde eine solche Einordnung die Möglichkeit geben, sämtliche Daten, die sich auf Servern von Google befinden, per Fernzugriff (*remote access*) sicherzustellen, ohne dass hierzu ein erhöhter Verdacht erforderlich ist. Da es sich bei der Neuregelung explizit um eine extraterritoriale Vorschrift handelt, greift die *presumption against extraterritoriality* bei einer solchen Sachlage nicht.

c. *Erweiterung der Doktrin mithilfe des Fokus-Tests*

Kann ein eindeutiger Wille des Gesetzgebers nicht ermittelt und die Vermutung auch auf andere Art und Weise nicht widerlegt werden, muss das Gericht in einem zweiten Schritt ermitteln, ob das betroffene Gesetz im Inland angewendet wird. Entscheidend dafür ist der Fokus des Gesetzes sowie das für diesen Fokus relevante Verhalten.[546] Erfolgt dieses Verhalten innerhalb der USA, liegt keine Verletzung der *presumption against extraterritoriality* vor.[547] Der Fokus einer gesetzlichen Regelung kann mithilfe des Savigny'schen Auslegungskanon identifiziert werden.[548] Hinsichtlich des SCA sprechen insbesondere die Systematik und der Sinn und Zweck des Gesetzes dafür, dass der Fokus des § 2703 SCA auf den „datenschutzrechtlichen Interessen der Nutzer“[549] liegt. Der Aufbau

---

(A) the district where the media or information is located has been concealed through technological means; or

(B) in an investigation of a violation of 18 U.S.C. § 1030(a)(5), the media are protected computers that have been damaged without authorization and are located in five or more districts.

546 Vgl. *Morrison v. National Australia Bank*, 561 US 247, 266 ff. (2010); *Metz*, US-Menschenrechtsklagen und Neoterritorialismus, 2017, S. 68 f.; *Metz/Spittka*, ZD 2017, 361 (362).

547 *Schrempp*, Tul. J. Tech. & Intell. Prop. 2016, 223 (229).

548 *Lejeune*, CRi 2016, 118 (122).

549 Microsoft Corp. v. US, 829 F.3d 197, 216 ff. (2nd Cir. 2016); In re Search Warrant, – F. Supp. 3d – = 2017 WL 471564 *9 (E.D. Pa. 2017); detailliert herausgearbeitet von *Lejeune*, CRi 2016, 118 (122 ff.).

des SCA verdeutlicht die abwehrrechtliche Ausrichtung des Gesetzes, welches staatliche Eingriffe in die Privatsphäre an festgelegte Voraussetzungen knüpft. Dies zeigt insbesondere ein Blick auf die Verbotsvorschrift des § 2702 SCA, nach welcher den Anbietern elektronischer Kommunikationsdienstleistungen grundsätzlich untersagt ist, Kommunikationsdaten weiterzugeben. Die Vorschrift des § 2703 (a) SCA muss in diesem Kontext als eng zu verstehende Ausnahme zu diesem Verbot gelesen werden. Sie dient somit in erster Linie dem Schutz der Privatsphäre.[550] Dieses Ergebnis führte in der Microsoft-Entscheidung letztendlich dazu, dass das Gericht eine Verletzung der *presumption against extraterritoriality* annahm. Das für den Fokus des Gesetzes relevante Verhalten – nämlich die Ausführung des *warrant* – finde außerhalb des US-amerikanischen Staatsgebietes durch Microsoft als Beliehener der US-Regierung statt.[551] Ebendieser Feststellung folgte das Gericht in der Google-Sache allerdings nicht. Da es sich bei dem Herausgabeverlangen nicht um eine Beschlagnahme im klassischen Sinne handele, die die Vermögensposition des Betroffenen verändert, sei lediglich von einer Durchsuchung zu sprechen. Diese finde jedoch im US-amerikanischen Territorium statt, sodass keine Verletzung der *presumption against extraterritoriality* vorläge.[552]

Diese Schlussfolgerung führt zu einer Umgehung der EU-Vorschriften über die Übermittlung personenbezogener Daten in Drittstaaten, ihr kann aus diesem Grund nicht gefolgt werden. Das US-amerikanische Rechtsinstrument des *search warrants* ist darauf ausgelegt, Private einzusetzen, um an Informationen zu gelangen.[553] Notwendigerweise erfolgt die grenzüberschreitende Datenübermittlung also durch einen privaten Datenverarbeiter. Dennoch handelt es sich um eine behördliche Anordnung, welcher der Verantwortliche nachkommen muss. Der Zweck der konkreten Übermittlung durch den Verantwortlichen liegt somit in der Erfüllung des *search warrants*. Den Umstand, dass die Behörde die grenzüberschreitende Übermittlung nicht selbst durchführt, nun als Argument gegen eine unzulässige extraterritoriale Erstreckung der Vorschriften über den

550 So auch Microsoft Corp. v. US, 829 F.3d 197, 216 ff. (2nd Cir. 2016), 218.

551 Microsoft Corp. v. US, 829 F.3d 197, 216 ff. (2nd Cir. 2016), 221.

552 In re Search Warrant, – F. Supp. 3d – = 2017 WL 471564 *9 (E.D. Pa. 2017), p. 8 ff.

553 18 U.S.C. § 2703(a): "A governmental entity may require the disclosure by a provider of electronic communication service of the contents of a wire or electronic communication, that is in electronic storage in an electronic communications system for one hundred and eighty days or less, only pursuant to a warrant issued using the procedures described in the Federal Rules of Criminal Procedure (or, in the case of a State court, issued using State warrant procedures) by a court of competent jurisdiction."

search warrant anzuführen, steht mit dem Sinn und Zweck der Durchsuchungsanordnung nicht in Einklang. Die strengen Anforderungen an den Erlass eines *warrants* sind vor dem Hintergrund der Art der Daten und der Aktualität der Daten nicht nur nachvollziehbar, sondern auch zwingend notwendig. Hierzu gehört auch die territoriale Beschränkung der Anordnung. Ohne diese Eingrenzung böte der *search warrant* das Potenzial, die unzulässige extraterritoriale Ausübung der *jurisdiction to enforce* zu umgehen, indem der Hoheitsträger eine Privatperson zwischenschaltet, welche es ihm ermöglicht, seine Aktivitäten auf das eigene Staatsgebiet zu beschränken.

Auch das Argument der unterschiedlichen Cloud-Modelle der beiden Internet-Konzerne kann nicht zu einer neuen Bewertung der zugrundeliegenden Vorschrift führen. Allein der Grund, dass alternative Möglichkeiten wie Rechtshilfeabkommen bei der von Google praktizierten Speicherungsform nicht zielführend sind, rechtfertigt nicht die Neuinterpretation des SCA. Vielmehr ist es angesichts der technischen Entwicklungen Aufgabe der Staatengemeinschaft, flexiblere Instrumente der gegenseitigen Amtshilfe zu kreieren.

2. *Keine Alternative über Erlass einer subpoena*

Entscheidend für die Beurteilung der Entscheidungen ist die Differenzierung der verschiedenen gerichtlichen Anordnungen, die der SCA vorsieht, um Strafverfolgungsbehörden den Zugriff auf elektronisch gespeicherte Informationen zu ermöglichen.

Neben dem Erlass eines Durchsuchungsbeschlusses sieht das US-amerikanische Recht die Möglichkeit vor, Zwangsmaßnahmen wie die *subpoena* zu erlassen, mit welcher die Herausgabe der verlangten Daten unter der Androhung von Sanktionen angeordnet werden kann. Der Erlass einer *subpoena* ist nicht an das Staatsgebiet geknüpft und kann daher auch in der Herausgabe von im Ausland gespeicherten Daten bestehen. Voraussetzung dieses Rechtsinstruments ist allerdings, dass die verlangten Daten durch einen RCS[554]-Provider gespeichert werden und der Nutzer über den Erlass der *subpoena* benachrichtigt wird. Darüber hinaus darf auf eine *subpoena* erst zurückgegriffen werden, wenn die Speicherdauer der Daten 180 Tage oder mehr beträgt. Die Anforderungen an den Erlass einer *subpoena* sind im Vergleich zum *warrant* geringer. So ist hierfür weder eine richterliche Beteiligung notwendig, noch muss die Behörde einen hinreichenden Tatverdacht der betroffenen Person darlegen. Sie muss lediglich deutlich

554 Rich Communication Services, eine spezielle Kommunikationstechnik für den Mobilfunkbereich.

machen, dass die angeforderten Informationen eine fundierte Bedeutung (reasonable relevance) für die Ermittlungstätigkeit besitzen.[555] Aus Sicht der Ermittlungsbehörden stellt die *subpoena* somit eine einfachere Alternative zu dem dem Schutz des vierten Verfassungszusatzes unterliegendem *warrant*.

Die bisherige Interpretation des SCA hatte den Rückgriff hierauf allerdings nicht zugelassen.[556] Hiernach war die Herausgabe von Kommunikationsdaten durch einen Service-Provider allein bei Vorliegen eines *warrant* zulässig, unabhängig davon, ob die Daten inner- oder außerhalb der USA gespeichert waren. Folgt man der Auslegung von Microsoft, dass der SCA lediglich auf inländisch gespeicherte Daten Anwendung findet, führte dies zwar einerseits dazu, dass das Unternehmen der behördlichen Anordnung nicht Folge leisten müsste, andererseits stünden die betroffenen Daten aber auch nicht mehr unter dem Schutz des SCA. Dieser besteht aus dem grundsätzlichen Herausgabeverbot von Kommunikationsdaten, von welchem lediglich bei Vorliegen eines *warrant* abgewichen werden darf. Somit wären Ermittlungsbehörden nicht an den Erlass eines *warrant* gebunden, sondern hätten auch die Möglichkeit, mithilfe einer *subpoena* Daten von einem Kommunikationsanbieter herauszuverlangen. In der Folge wären die betroffenen Daten aufgrund der geringen Anforderungen an eine *subpoena* möglicherweise einem niedrigeren Schutzstandard ausgesetzt.[557] Zwar gelten *subpoenas* bislang nicht als anerkannte Rechtsgrundlage für Nutzerdaten, sondern lediglich für eigene Daten eines Unternehmens,[558] Rechtssicherheit verschafft diese Auslegung allerdings nicht. Somit führt keine der vorgebrachten Interpretationen des SCA aus datenschutzrechtlicher Perspektive zu einem zufriedenstellenden Ergebnis.

3. *Reform des SCA: Der CLOUD-Act*

Die *presumption against extraterritoriality* sowie der daran anknüpfende Fokus-Test sollen Unstimmigkeiten in den internationalen Beziehungen aufgrund von Kollisionen verschiedener Rechtsordnungen verhindern.[559] Der große

555 Warshak v. United States, 490 F.3d 455, 468 (6th Cir. 2007), vacated on other grounds, 532 F.3d 521 (6th Cir. 2008); *Kattan*, Vand. J. Ent. & Tech. L. 2011, 617 (631); *Schwartz*, Colum. L. Rev. 2018, 2 (36 f.).

556 *Schwartz*, Colum. L. Rev. 2018, 2 (29).

557 So auch *Schwartz*, Colum. L. Rev. 2018, 2 (29) sowie *Kerr*, The Washington Post 7.7.2014.

558 *Daskal*, Yale L. J. 2015, 326 (363).

559 Equal Emp't Opportunity Comm'n v. Arabian American Oil co., 499 US 244, 248 (1991).

Auslegungsspielraum bezüglich des Fokus' einer gesetzlichen Regelung kann jedoch gegenwärtig nicht zu einer höheren Rechtssicherheit beitragen. Das zeigt sich deutlich an den gegensätzlichen Entscheidungen im Verfahren gegen Microsoft einerseits und gegen Google andererseits.

In Reaktion auf die laufenden Verfahren gegen große Internetkonzerne und die gegenläufigen Gerichtsentscheidungen in diesem Zusammenhang, lagen dem Kongress diverse Gesetzesentwürfe vor. Eine geplante Neufassung des 18 U.S.C. § 2703 durch den „International Communications Privacy Act (ICPA)" begegnet den Konflikten durch sich widersprechende extraterritoriale Regelungen, indem die Zulässigkeit einer Durchsuchungsanordnung nicht mehr von der Belegenheit der Daten abhängen soll. Angeknüpft werden sollte hingegen an die Nationalität oder den Aufenthaltsort des Betroffenen.[560] So unterschied der Entwurf zunächst zwischen US-Amerikanern und anderen Staatsangehörigen und in einem zweiten Schritt danach, ob sich die Daten der jeweiligen Personengruppe inner- oder außerhalb der USA befinden. Letztendlich hat sich aber ein anderer Vorschlag durchgesetzt. So unterzeichnete der US-amerikanische Präsident im März 2018 den sogenannten Clarifying Lawful Overseas Use of Data Act (CLOUD-Act). Die Gesetzesreform sieht die grundsätzliche Verpflichtung eines Anbieters elektronischer Kommunikationsdienste vor, elektronische Nachrichten sowie Aufzeichnungen seiner Nutzer, die er besitzt oder kontrolliert, zu erhalten, sichern oder offenzulegen – auch dann, wenn sich die Daten außerhalb der USA befinden. Voraussetzung ist, dass der Kommunikationsdienstleister der US-amerikanischen Jurisdiktion untersteht. Hierzu genügen bereits minimale Konakte (*minimal contacts*)[561] zu den USA, die auch

---

560 Vgl. 18 U.S.C. § 2703(a) n.F. (a) Required disclosure.—A governmental entity may require the disclosure by a provider of electronic communication service or remote computing service of the contents of a wire or electronic communication that is stored, held, or maintained by the provider, regardless of where such contents may be in electronic storage or otherwise stored, held, or maintained, only pursuant to a warrant issued using the procedures described in the Federal Rules of Criminal Procedure (or, in the case of a State court, issued using State warrant procedures) by a court of competent jurisdiction.

561 "The activities in question established between the State and the corporation sufficient contacts or ties to make it reasonable and just, and in conformity to the due process requirements of the Fourteenth Amendment, for the State to enforce against the corporation an obligation arising out of such activities." International Shoe v. State of Washington, 326 U.S. 310, 320 (1945).

ohne Hauptsitz oder Niederlassung des Dienstleisters in den USA vorliegen können.[562]

In dem Fall, dass sich die betroffenen Daten außerhalb der USA befinden, wird dem Anbieter die Möglichkeit gegeben, Beschwerde gegen die Anordnung einzulegen. Die Entscheidung über das Bestehen des Herausgabeverlangens obliegt dann einem Richter. Dieser kann die Anordnung abändern oder aufheben, wenn der Provider damit das Recht eines qualifizierten ausländischen Staates verletzt, wenn dies im Interesse der Gerechtigkeit geboten ist und wenn das Gericht festgestellt hat, dass der Nutzer weder die US-amerikanische Staatsbürgerschaft besitzt noch auf US-amerikanischem Staatsgebiet wohnhaft ist. Die Gerechtigkeit ist dabei mittels einer *comity*-Analyse zu beurteilen, für welche der CLOUD-Act die zu berücksichtigenden Punkte auflistet.

Die Beschwerde eines Providers kann somit nur dann zum Erfolg führen, wenn dieser dem Recht eines qualifizierten fremden Staates unterworfen ist. Um sich zu qualifizieren, muss ein fremder Staat mit den Vereinigten Staaten ein *executive agreement* schließen, welches der United States Attorney General dem Kongress zuleitet. In diesem zwischenstaatlichen Abkommen verpflichtet sich der fremde Staat nicht nur dazu, rechtsstaatliche Grundsätze einzuhalten, sondern auch, von einer Verfolgung von US-Bürgern, die auf die Erlangung von Informationen gerichtet ist, abzusehen.[563]

An dieser Stelle lässt sich eine Parallele zur DSGVO ziehen. Sowohl der CLOUD-Act als auch die DS-GVO machen ihren Anwendungsbereich nicht von dem Belegenheitsort personenbezogener Daten abhängig, sondern schaffen für die Übermittlung der Daten in fremde Jurisdiktionen einen gewissen Standard. Eine Datenübermittlung ist jeweils nur dann zulässig, wenn sich der fremde Staat diesem Standard anpasst, was wiederum von offizieller Seite – durch die Europäische Kommission oder den Attorney General – zertifiziert werden muss. Beide Regelungsregime setzen zudem auf Abschirmung gegenüber extraterritorialen Ansprüchen: Während der CLOUD-Act Rechtsschutzmöglichkeiten eines Verantwortlichen davon abhängig macht, dass ein fremder Staat die Wirkung seiner nationalen Gesetze nicht in die USA hinein erstreckt,

562 „[I]f [the defendant] be not present within the territory of the forum, he have certain minimum contacts with it such that the maintenance of the suit does not offend „traditional notions of fair play and substantial justice.“ International Shoe v. State of Washington, 326 U.S. 310, 316 (1945) (mit Verweis auf Milliken v. Meyer, 311 U.S. 457, 463 (1940).

563 Vgl. 18 U.S.C. § 2523 (b) (3) (A); allerdings erhalten sie die Möglichkeit, auf die Daten anderer Nutzer zuzugreifen, die in den USA belegen sind.

lässt Art. 48 DSGVO nur solche drittstaatlichen extraterritorialen Anordnungen zur Datenherausgabe zu, die bestehende internationale Übereinkommen einhalten. Beide Regelungen spiegeln die grundsätzliche Haltung wieder, zwar eigenen Gesetzen einen möglichst weiten räumlichen Regelungsrahmen einzuräumen, dies bei fremdem Recht aber gerade zu verhindern. Gegenüber Drittländern wird so jeweils ein Anpassungsdruck dahin gehend generiert, dass ohne ein Entgegenkommen des fremden Staates Einschränkungen im Wirtschaftsverkehr drohen. So ähnlich sich beide Gesetze in Bezug auf ihr System sind, so gegensätzlich sind die verfolgten Ziele. Die DSGVO auf der einen Seite legt ihren Schwerpunkt auf den Schutz der von einer Datenverarbeitung betroffenen Personen. Die Selbstbestimmung des Einzelnen sowie die Transparenz der Datenverarbeitungsvorgänge stehen dabei im Mittelpunkt. Der CLOUD-Act auf der anderen Seite verfolgt in erster Linie die Durchsetzung staatlicher Interessen. Die Beschlagnahme elektronischer Daten, welche durch US-amerikanische Unternehmen gespeichert sind, soll grundsätzlich ohne datenschutzrechtliche Beschränkungen erfolgen.

Angesichts der neuen Gesetzeslage hat die Entscheidung in der *Microsoft*-Sache an Bedeutung verloren.[564] Nichtsdestotrotz löste dieser Rechtsstreit eine Debatte aus, welche für die internationale Staatengemeinschaft und die Behandlung grenzüberschreitender Anordnungen enorm wichtig ist. Durch ein System von bi- oder multilateralen Übereinkommen können die jurisdiktionsübergreifenden nationalen Ansprüche unter Berücksichtigung der unterschiedlichen Interessenspositionen auf das notwendige Maß begrenzt werden. Allerdings erscheint es derzeit noch fraglich, ob sich durch den CLOUD-Act das transatlantische Verhältnis entspannt. Wenn sich die EU dazu entschließt, ein *executive agreement* mit den USA einzugehen, so wird sie im Gegenzug möglicherweise auch Zusicherungen bezüglich der Amtshilfe bei der Durchsetzung der DSGVO einfordern. Andernfalls würde die EU einen Teil ihres Schutzstandards aufgeben, um zumindest dem Verantwortlichen die Möglichkeit zu geben, gegen die Gerichtsanordnung vorzugehen. Der CLOUD-Act schweigt allerdings zum Individualrechtsschutz. Angesichts des ohnehin eingeschränkten Zugangs zu US-amerikanischen Gerichten für EU-Bürger[565] ist davon auszugehen, dass die EU bei dem Punkt Zugeständnisse einfordert.

---

564 Im Anschluss an die Verabschiedung des Cloud-Acts wurde darauf basierend eine neue Anordnung an Microsoft geschickt, siehe MMR-Aktuell 2018, 404591.

565 Der Individualrechtschutz erfuhr zwar kürzlich eine Stärkung durch den Judicial Redress Act, EU-Bürger bleiben im Vergleich zu US-Bürgern noch erheblich schlechter gestellt.

Sofern keine Einigung auf ein *executive agreement* erzielt werden kann, bleibt für Behörden aus EU-Mitgliedstaaten nur der Weg über Rechtshilfeabkommen. US-amerikanische Ermittlungsbehörden könnten, gestützt auf den CLOUD-Act, die Herausgabe von in der EU gespeicherten Daten verlangen, ohne dass der Verantwortliche deren Aufhebung beantragen kann. Somit bringt die neue Gesetzeslage aus US-amerikanischer Perspektive ein Mehr an Rechtssicherheit mit sich. Die Legitimation ergibt sich aus dem weiten Verständnis des Personalitätsprinzips. Auch wenn hierdurch die Interessen der betroffenen Person unbeachtet bleiben, ist die Verbindung zwischen den Verantwortlichen und dem US-amerikanischen Staat hinreichend eng, sodass keine Verletzung des Völkerrechts zu erkennen ist.

IV. Europarechtliche Reaktion

1. Blocking Statutes

Sowohl der nationale als auch der europäische Gesetzgeber reagieren auf die weitere Erstreckung der US-amerikanischen Rechtsordnung mit dem Verbot, gerichtliche oder verwaltungsrechtliche Anordnungen eines Drittlandes zu befolgen, wenn diese sich auf ihr Hoheitsgebiet ausdehnen. Diese sogenannten Blocking Statutes können dann durch US-amerikanische Gerichte im Rahmen von *comity*-Erwägungen berücksichtigt werden, schränken die Gerichtsgewalt jedoch nicht ein.[566] Eine konsequente Anwendung von Blockadegesetzen kann auf lange Sicht zu einem Rückgang extraterritorialer Gesetze beitragen, da hierdurch die Durchsetzung und damit die Effektivität der ausländischen Regelung unterbunden wird.[567]

Zum Schutz vor der extraterritorialen Durchsetzung des US-amerikanischen Wirtschafts- und Finanzembargos gegen Kuba erließ der Rat der Europäischen Union die Verordnung (EG) Nr. 2271/96[568]. Darin legt die EU Maßnahmen fest, mithilfe derer sie versuchte, die wirtschaftlichen Beziehungen zwischen der EU und Kuba aufrecht zu erhalten und Wirtschaftsakteure vor den Sanktionen der

566 *Metz/Spittka*, ZD 2017, 361 (363); *US District Court, Southern District of California*, Urt. v. 11.3.2013, *Datenübermittlung in die USA zu Beweiszwecken (m. Anm. Spies)*, ZD 2013, 271 (271).

567 Vgl. *Ohler*, Die Kollisionsordnung des Allgemeinen Verwaltungsrechts, I/1, 2005, S. 142 f.

568 Verordnung (EG) Nr. 2271/96 des Rates vom 22. November 1996 zum Schutz vor den Auswirkungen der extraterritorialen Anwendung von einem Drittland erlassener Rechtsakte sowie von darauf beruhenden oder sich daraus ergebenden Maßnahmen.

USA zu schützen. Allen in der EU ansässigen Personen sowie Staatsangehörigen von EU-Mitgliedstaaten legt die Verordnung die Pflicht auf, vorrangig dem Gemeinschaftsrecht nachzukommen.[569] Diese Pflicht erstreckt sich auch auf Verfahren vor drittstaatlichen Gerichten, welche die in der Verordnung genannten drittstaatlichen Gesetze mit extraterritorialer Wirkung betreffen.[570]

Grundsätzlich wäre es somit möglich, auch die Vorschriften des US Stored Communications Act sowie des US-Patriot Act aufzulisten – sofern diese als völkerrechtswidrig eingestuft werden –, um auf diese Weise der weitreichenden Auslegung US-amerikanischer Herausgabeansprüche entgegenzutreten. Der Rat geht mit dieser Möglichkeit allerdings sehr zurückhaltend um und vermeidet diese pauschale Nichtanerkennung drittstaatlicher Gesetzgebung außerhalb von Handelsembargos. Außerdem sind die praktischen Auswirkungen der Verordnung gering. Die betroffenen Unternehmen müssten ihr Handeln explizit damit begründen, die US-amerikanischen Vorschriften der genannten Gesetze einhalten zu wollen, damit ihnen ein Verstoß gegen die Verordnung nachgewiesen werden kann. In der Regel werden sich die Unternehmen insofern über ihre Motive bedeckt halten.

Neben ausdrücklich als solchen gekennzeichneten Rechtsakten können Blocking Statutes auch im materiellen Recht zu finden sein. Kennzeichnend ist entweder eine Nichtanerkennung ausländischer Gerichtsanordnungen oder eine Anordnung an inländische Rechtssubjekte, die Befolgung des eigenen Rechts zu priorisieren.

Indem Blocking Statutes die Berücksichtigung des eigenen Rechts außerhalb des Staatsgebietes erreichen möchten, wirken sie selbst aber extraterritorial. Somit wehrt sich der Gesetzgeber mit den gleichen Mitteln, die er mithilfe des Gesetzes ablehnt. Zumindest kommt dem Blocking Statute dahingehend eine extraterritoriale Wirkung zu, dass es die Rechtspositionen der Gegnerpartei berührt und somit auf das ausländische Gerichtsverfahren einwirkt. Es stehen sich letztendlich zwei staatliche Schutzpflichten gegenüber, denen durch den jeweils verpflichteten Staat eine möglichst umfassende Reichweite zuteilwerden soll.[571]

Allerdings muss berücksichtigt werden, dass es sich bei einem Blocking Statute nicht um einen Hoheitsakt auf fremdem Staatsgebiet handelt, sondern es geht lediglich darum, im Ausland eine Berücksichtigung des eigenen Rechts zu

569 *Grabnitz/Hilf/Nettesheim/Vedder/Lorenzmeier*, EUV/AEUV, Art. 133 EGV Rn. 248.
570 *Grabnitz/Hilf/Nettesheim/Vedder/Lorenzmeier*, EUV/AEUV, Art. 133 EGV Rn. 248.
571 Vgl. *Grosswald Curran*, La. L. Rev. 2016, 1141 (1148).

erreichen bzw. für Gerichtsverfahren im Inland klarzustellen, dass das entgegenstehende ausländische Recht nicht berücksichtigt oder anerkannt wird. Eine Auflösung von Rechtskollisionen können Blocking Statutes nicht herbeiführen.[572]

Da die Einstufung des Datenschutzrechts als Blocking Statute insbesondere im Kontext der pre-trial discovery schon seit einiger Zeit diskutiert wird,[573] wurde im Zuge der Datenschutzreform mit Art. 48 DSGVO das europäische Datenschutzrecht um eine Spezialnorm für die Datenübermittlung in ein Drittland aufgrund eines Urteils oder einer Verwaltungsanordnung ergänzt.

2. Art. 48 DSGVO

Art. 48 DSGVO setzt für die Anerkennung und Vollstreckung eines drittstaatlichen Gerichtsurteils bzw. einer Verwaltungsanordnung voraus, dass diese auf einer internationalen Übereinkunft beruht.

a. Internationale Übereinkunft

Ein internationales Übereinkommen im Sinne dieser Norm muss ausdrücklich zur Übermittlung personenbezogener Daten in das jeweilige Drittland ermächtigen.[574] Besondere Relevanz haben in diesem Zusammenhang das Haager Beweisaufnahmeübereinkommen[575] sowie das Abkommen über die Übermittlung von Fluggastdaten an das US-Ministerium für Innere Sicherheit.[576] Sofern für das drittstaatliche Ersuchen keine Ermächtigung in einer zwischenstaatlichen Übereinkunft existiert, ist eine Datenübermittlung unzulässig.

Zweifelhaft erscheint, ob auch die *executive agreements* im Sinne des US-CLOUD-Acts internationale Übereinkommen darstellen, die den Anforderungen des Art. 48 DSGVO entsprechen. Der Abschluss eines solchen Verwaltungsabkommens erfolgt durch die Exekutive – in der Regel durch den US-Präsidenten – und bedarf keiner zwingenden parlamentarischen Ratifikation. Die einzige Einbindung des US-amerikanischen Parlaments, die der CLOUD-Act vorsieht, ist eine 180-tägige Frist, die dem Kongress zur Überprüfung des Abkommens

572 *Staker* in: *Evans*, International Law, 2018, S. 289 (310).

573 Siehe u.a. *Spies/Schröder*, MMR 2008, 275 (276 f.).

574 *Kühling/Buchner/Schröder*, DS-GVO, Art. 48 Rn. 16.

575 Übereinkommen über die Beweisaufnahme im Ausland in Zivil- und Handelssachen vom 18.03.1970.

576 Abkommen zwischen den Vereinigten Staaten von Amerika und der Europäischen Union über die Verwendung von Fluggastdatensätzen und deren Übermittlung an das United States Department of Homeland Security vom 14.12.2011, ABl. L 215/4.

einzuräumen ist.[577] Erst nach Ablauf der Frist tritt das Abkommen in Kraft. Durch diese ex-post-Kontrolle bildet das *executive agreement* eine Kategorie zwischen einem reinen Verwaltungsabkommen und einem traditionellen völkerrechtlichen Vertrag.[578] Aus völkerrechtlicher Perspektive umfasst der Begriff der internationalen Übereinkunft auch reine Verwaltungsabkommen, da die Form internationaler Verträge grundsätzlich in der Hand der Nationalstaaten liegt.[579] Nach diesem Verständnis könnte ein unter dem CLOUD-Act geschlossenes *executive agreement* die blockierende Wirkung des Art. 48 DSGVO auflösen. Dieses Ergebnis entspricht auch einer europarechtskonformen Auslegung des Begriffs, denn auch das Europarecht versteht Verwaltungsabreden eine Art von internationalen Übereinkommen.[580]

Zweifel an dieser allein auf den Wortlaut gestützten Auslegung entstehen bei Heranziehung der gesetzgeberischen Motive für die Einführung des Art. 48 DSGVO. Die Vorschrift wurde durch das Parlament vor dem Hintergrund der Snowden-Enthüllungen in die DSGVO integriert mit dem vorrangigen Ziel, eine Datenübermittlung auf Verlangen eines Drittstaats dadurch transparenter zu gestalten, dass diese von in internationalen Abkommen festgelegten Stellen genehmigt wird.[581] Die Genehmigungspflicht ist zwar im Zuge der Trilog-Verhandlungen entfallen, dennoch soll die Vorschrift auch weiterhin zu mehr Kontrolle bei der Übermittlung personenbezogener Daten in Drittländer beitragen. Ein effektives Kontrollinstrument könnte beispielsweise ein echter Richtervorbehalt bieten. Die richterliche Überprüfung eines auf dem CLOUD-Act basierenden Herausgabeverlangen ist nur sehr eingeschränkt gegeben und stellt kein adäquates Instrument zur Kontrolle der behördlichen Befugnisse dar.[582]

---

577 Vgl. 18 U.S.C. § 1253.

578 *Bradley/Goldsmith*, HLR, 131 (2018), 1203 (1212).

579 *Morrison*, Executive Agreements – MPEPIL, http://opil.ouplaw.com/view/10.1093/law:epil/9780199231690/law-9780199231690-e1403?rskey=2XYeV7&result=2&prd=EPIL (Stand: 02.03.2019).

580 *Nawparwar*, Die Außenbeziehung der Europäischen Union zu internationalen Organisationen nach dem Vertrag von Lissabon, 2009, S. 25.

581 Vgl. Der Hessische Datenschutzbeauftragte, Datenschutzrechtliche Kernpunkte für die Trilogverhandlungen zur Datenschutz-Grundverordnung, Bericht der Konferenz der Datenschutzbeauftragten des Bundes und der Länder vom 14.8.2015, S. 13 f.

582 Im Ergebnis wohl auch *Jansen*, Krieg der Daten, https://www.cr-online.de/blog/2018/03/28/krieg-der-daten-kollision-von-eu-dsgvo-und-us-cloud-act/ (Stand: 02.03.2019).

Zudem kann nur ein solches Abkommen als Rechtsgrundlage anerkannt werden, welches auch tatsächlich eine Ermächtigung zur Datenübermittlung enthält und damit über eine bloße Verständigung auf Datenschutzvorschriften hinausgeht.[583] Gerade diesem Erfordernis wird der CLOUD-Act jedoch nicht gerecht. Die Anforderungen an ein *executive agreement* beschränken sich auf die Einhaltung prozeduraler und rechtstaatlicher sowie grundsätzliche datenschutzrechtliche Prinzipien wie das Zweckbindungsgebot.[584] Die konkrete Legitimationsgrundlage für eine Datenübermittlung in die USA ist darin nicht vorgesehen. Eine solche ergibt sich beispielsweise aus § 2703 SCA und stellt mithin rein nationales Recht dar. Beschränken sich die Abkommen, die auf Grundlage des CLOUD-Acts geschlossen werden, auf dessen inhaltlichen Vorgaben, stellen diese aus europäischer Sicht keine internationalen Übereinkünfte im Sinne des Art. 48 DSGVO dar.

b. Adressaten

Mangels Hinweise im Wortlaut der Norm und den Erwägungsgründen ist derzeit noch strittig, wer der eigentliche Adressat des Art. 48 DSGVO ist. Zudem ist unklar, ob die Regelung auch auf Verantwortliche ohne Niederlassung in der EU anwendbar ist, die aufgrund der Marktortregel gemäß Art. 3 Abs. 2 unter die DSGVO fallen.[585] Diese weisen durch ihren Sitz oder ihre Niederlassung einen starken Bezug zu dem Drittland auf und fallen – auch ohne ein weites Begriffsverständnis – unter die Jurisdiktion dieses Staates.

Die Genese der Norm deutet darauf hin, dass sich Art. 48 DSGVO nur an Behörden richtet, die eine ausländische Anordnung in dem Hoheitsgebiet eines EU-Mitgliedstaats vollstrecken.[586] Die ausdrückliche Verpflichtung der Verantwortlichen, eine an sie adressierte Anordnung der zuständigen Aufsichtsbehörde vorzulegen, wurde im Zuge der Trilog-Verhandlungen aus der Verordnung gestrichen.[587] Die amtliche Fassung sieht nun keinerlei Informations- oder

---

583 Vgl. *Kühling/Buchner/Schröder*, DS-GVO, Art. 48 Rn. 16, der in diesem Kontext auch dem Privacy Shield-Abkommen die Eigenschaft einer internationalen Übereinkunft i. S. d. Art. 48 DSGVO abspricht; *Gausling*, MMR 2018, 578 (581).

584 Siehe 18 U.S.C. § 2523 (b) (1) (B) (iii) (I).

585 *Kühling/Buchner/Schröder*, DS-GVO, Art. 48 Rn. 14; *DWWS/Däubler*, DS-GVO/BDSG-neu, Art. 48 Rn. 4.

586 So auch *Art.-29-Datenschutzgruppe*, Joint Statement of the European Data Protection Authorities Assembled in the Article 29 Working Party, 2014, 14/EN WP 227, S. 3.

587 Eine solche war im Parlamentsentwurf sowie in einem der internen Kommissionsentwürfe vorgesehen.

Vorlagepflichten mehr vor, sondern legt allgemeine Voraussetzungen für die Vollstreckung und Anerkennung ausländischer Urteile oder Verwaltungsentscheidungen fest. Da dies typischerweise auf staatlicher Ebene geschieht und Verantwortlichen bewusst keine Handlungspflichten mehr auferlegt werden, sprechen zumindest die grammatikalische und historische Auslegung für eine Ausrichtung allein an staatliche Institutionen. Dieses Ergebnis kann im Lichte der übrigen Auslegungsmethoden jedoch nicht überzeugen. Gegen diese Auffassung sprechen vor allem die gesetzgeberischen Motive. Ausschlaggebend für die Einführung des Art. 48 DSGVO waren zahlreiche Datenflüsse durch internationale Unternehmen auf Grundlage von drittstaatlichen behördlichen Herausgabeverlangen, ohne Rechtsgrundlage im europäischen Datenschutzrecht.[588] Damit Art. 48 DSGVO seine Wirksamkeit entfalten kann, muss zumindest auch der Verantwortliche Adressat der Regelung sein.

Da Art. 48 DSGVO dem Kapitel V („Übermittlung personenbezogener Daten an Drittländer oder an internationale Organisationen") angehört, ist für die Bestimmung des Anwendungsbereichs Art. 44 DSGVO maßgeblich.[589] Dieser knüpft die Anwendung der DSGVO an das Tatbestandsmerkmal der Übermittlung an und zwar unabhängig davon, wo der Verantwortliche niedergelassen ist.[590] Eine Eingrenzung des Art. 48 DSGVO auf die Verantwortlichen im Sinne des Art. 3 Abs. 1 DSGVO findet in der Systematik der Grundverordnung keine Stütze. Zudem besteht der Zweck der Vorschrift darin, das Schutzniveau der DSGVO nicht durch ein ausländisches Gerichtsurteil oder eine Verwaltungsanordnung untergraben zu lassen, wenn sich diese auf keine zwischenstaatliche Grundlage stützt. Dieses Ziel könnte jedoch nicht umfassend erreicht werden, wenn ein Großteil der Verantwortlichen aufgrund ihres Sitzortes diesen Anordnungen ausgesetzt wäre. Die Marktortregel des Art. 3 Abs. 2 DSGVO kann folglich nur dann ihre volle Wirksamkeit[591] entfalten, wenn die jeweiligen Verantwortlichen Adressaten einer Anordnung im Sinne von Art. 48 DSGVO sind.

Existiert eine gerichtliche oder behördliche Anordnung, so hat der Verantwortliche – bevor er dieser nachkommt – also zunächst prüfen zu lassen, ob das drittstaatliche Verlangen auf einer internationalen Übereinkunft basiert,

---

588 *Kühling/Buchner/Schröder*, DS-GVO, Art. 48 Rn. 1.

589 Zur Eigenschaft des Art. 44 DSGVO siehe Teil 2 C.

590 Vgl. *Ehmann/Selmayr/Zerdick*, DS-GVO, Art. 48 Rn. 5; a. A. *SJTK/Klein*, DS-GVO/BDSG, Art. 48 Rn. 5; *Kühling/Buchner/Schröder*, DS-GVO, Art. 48 Rn. 16; *DWWS/Däubler*, DS-GVO/BDSG-neu, Art. 48 Rn. 4.

591 Zum effet utile Grundsatz als Auslegungsprinzip des Europarechts siehe u. a. *Potacs*, EuR 2009, 465.

auch wenn die entsprechende Vorlagepflicht nicht mehr explizit im Wortlaut der Norm enthalten ist. Wenn es um die Anerkennung oder Vollstreckung einer Anordnung durch ein mitgliedstaatliches Gericht geht, hat dieses die völkerrechtliche Grundlage des ausländischen Ersuchens zu ermitteln. Die Norm richtet sich somit an denjenigen, der der Anordnung im europäischen Rechtsraum Wirkung verschafft und dadurch die tatsächliche Konfliktlage mit der DSGVO entstehen lässt – sei es durch Befolgung oder gerichtliche Anerkennung.[592]

Konfliktpotenzial bietet die mögliche Situation, dass einem Datenverarbeiter ohne Niederlassung in der EU eine Datenübermittlung aufgrund von Art. 48 DSGVO untersagt wird. Insbesondere ist zweifelhaft, ob die DSGVO in dieser Konstellation vorrangig anzuwenden ist und auf diese Weise die drittstaatliche Regelung zurückdrängen kann. Allein die Anwendung der völkerrechtlichen Jurisdiktionsregeln kann keine Lösung hervorbringen, welche die gegenseitigen Interessen in Einklang bringt. Vielmehr erfordert ein solcher Konflikt zwischenstaatliche Instrumente, die eine Regelung zur Anwendung beruft, obgleich auf beiden Seiten ein *genuine link* vorhanden ist.

Im Kern betont Art. 48 DSGVO, dass das europäische Datenschutzrecht ein Unterlaufen seiner Schutzgewährung durch extraterritorial wirkende ausländische Herausgabeansprüche nicht duldet.[593] Der symbolische Wert der Vorschrift übersteigt dabei ihren rechtlichen Mehrwert, da die Durchsetzung ausländischen Rechts ohnehin an das eigene Hoheitsgebiet geknüpft ist und völkerrechtlich nur mit ausdrücklicher Zustimmung des adressierten Staates zulässig ist. Ein solches Einverständnis erteilt der europäische Gesetzgeber mithilfe der Legitimationstatbestände des Kapitels V. Einer erneuten Klarstellung in der DSGVO hätte es somit nicht gebraucht.[594] Art. 48 DSGVO

592 Im weitesten Sinn auch *Wybitul/Schuppert/Pflüger*, DS-GVO, Art. 48 Rn. 16 sowie *Moos*, jurisPR-DSR 3/2015, Anm. 5, wonach sich die Vorschrift nicht an den Verantwortlichen oder Auftragsverarbeiter richtet, sondern an die Stellen, die für die Anerkennung und Vollstreckung ausländischer Urteile und Verwaltungsentscheidungen zuständig sind; a. A. *Kühling/Buchner/Schröder*, DS-GVO, Art. 48 Rn. 12; *GSSV/Schlender*, DS-GVO, Art. 48 Rn. 3; *Gola/Klug*, DS-GVO, Art. 48 Rn. 1 f.; *Ehmann/Selmayr/Zerdick*, DS-GVO, Art. 48 Rn. 5; *Art.-29-Datenschutzgruppe*, Guidelines on Article 49 of Regulation 2016/679, 2018, WP 262, S. 5.

593 Vgl. *Ehmann/Selmayr/Zerdick*, DS-GVO, Art. 48 Rn. 6; *Gola/Klug*, DS-GVO, Art. 48 Rn. 2.

594 So auch *Wolff/Brink/Jungkind*, BeckOK DatenschutzR, Art. 48 DS-GVO Rn. 5 ff.; *GSSV/Schlender*, DS-GVO, Art. 48 Rn. 6.

konkretisiert lediglich die Anforderungen an die Anerkennung fremder Hoheitsakte.[595]

3. *Ausnahmetatbestände des Art. 49 DSGVO*

Für den Fall, dass das Drittland kein angemessenes Datenschutzniveau aufweist und dieses auch nicht für eine konkrete Übermittlung durch geeignete Garantien hergestellt werden kann, bleibt eine Übermittlung dennoch zulässig, wenn sie sich auf einen Legitimationstatbestand des Art. 49 DSGVO stützen kann. Diese Erlaubnisnorm ist auch auf die Fälle des Art. 48 DSGVO anwendbar, welcher gemäß Art. 48 DSGVO „unbeschadet anderer Gründe für die Übermittlung" gilt.[596] Ein Rückgriff auf Art. 49 DSGVO ist jedoch nur insoweit erlaubt, als dass kein bestehendes zwischenstaatliches Rechtshilfeabkommen ein ausschließliches Verfahren vorschreibt.[597] Das Haager Beweisaufnahmeübereinkommen vermag es aufgrund einer integrierten Ausschlussmöglichkeit allerdings nicht, die Anwendung des Art. 49 DSGVO zu umgehen.[598]

Behörden, die in Ausübung ihrer hoheitlichen Tätigkeit handeln, dürfen gemäß Art. 49 Abs. 3 DSGVO nur eingeschränkt von den Ausnahmeregelungen Gebrauch machen. Ausgeschlossen ist danach eine Übermittlung auf Grundlage einer Einwilligung, eines Vertrags im Interesse der betroffenen Person sowie zur Wahrung zwingender berechtigter Interessen. Erlaubt ist eine Datenübermittlung in unsichere Drittländer aus wichtigen Gründen des öffentlichen Interesses (lit. d), zur Geltendmachung, Ausübung oder Verteidigung von Rechtsansprüchen (lit. e), zum Schutz lebenswichtiger Interessen (lit. f) oder aus einem öffentlichen Register (lit. g). Für Private, die dem Herausgabeverlangen einer ausländischen Behörde nachkommen, sind insbesondere Art. 49 lit. d-f DSGVO von Belang. Im Gegensatz zu öffentlichen Stellen haben diese außerdem die Möglichkeit, die Übermittlung auf den Auffangtatbestand des Art. 49 UAbs. 2 DSGVO zu stützen. Bei den vorliegend untersuchten Fallgestaltungen

---

595 *Wolff/Brink/Jungkind*, BeckOK DatenschutzR, Art. 48 DS-GVO Rn. 9; *Schantz*, NJW 2016, 1841 (1846).

596 Siehe *Kühling/Buchner/Schröder*, DS-GVO, Art. 48 Rn. 22; *Metz/Spittka*, ZD 2017, 361 (365); a. A. *Gola/Klug*, DS-GVO, Art. 49 Rn. 9.

597 *Kühling/Buchner/Schröder*, DSGVO, Art. 49 Rn. 24; *Metz/Spittka*, ZD 2017, 361 (366); in Bezug auf Art. 26 Abs. 1 lit. d 2. Var. DSRL bereits *Art.-29-Datenschutzgruppe*, Arbeitsunterlage 1/2009 über Offenlegungspflichten im Rahmen der vorprozessualen Beweiserhebung bei grenzübergreifenden zivilrechtlichen Verfahren (pre-trial discovery), 2009, WP 158, S. 16.

598 Siehe dazu Teil 3 D III 3.

wird die Anwendung dieser Erlaubnisnorm aber regelmäßig an den hohen Voraussetzungen scheitern.

a. *Übermittlung zur Geltendmachung, Ausübung oder Verteidigung von Rechtsansprüchen*

Zulässig bleibt hingegen eine Übermittlung zur Geltendmachung, Ausübung oder Verteidigung von Rechtsansprüchen gemäß Art. 49 Abs. 1 UAbs. 1 lit. e DSGVO. Die Behörden eines EU-Mitgliedstaates haben in der Regel keine Rechtsansprüche im Ausland, die eine Übermittlung personenbezogener Daten erfordern könnte. Art. 49 Abs. 1 UAbs. 1 lit. e DSGVO richtet sich daher wohl hauptsächlich an private Verantwortliche oder Auftragsverarbeiter.

Ob sich diese auf die Ausnahmevorschrift berufen können, wenn sie mit einem Herausgabeverlangen einer drittstaatlichen Behörde konfrontiert sind, ist jedoch zweifelhaft. Zwischen den USA und der Europäischen Union besteht mit dem Vertrag über die Rechtshilfe in Strafsachen[599] ein Abkommen, welches eine direkte Übermittlung an das amerikanische Justizministerium verbietet.[600] Unabhängig davon widerspräche es dem Sinn und Zweck des Art. 48 DSGVO, wenn die hierin enthaltenen Pflicht zum Rückgriff auf internationale Übereinkommen damit umgangen werden könnte, dass ein Unternehmen, das mit einem drittstaatlichen Herausgabeverlangen konfrontiert wird, eine darauf beruhende Datenübermittlung durch Art. 49 DSGVO legitimieren kann.[601] Diese Fallkonstellation stellt den Hauptanwendungsbereich des Art. 48 DSGVO.

b. *Wichtiges öffentliches Interesse*

Die Übermittlung personenbezogener Daten an eine drittstaatliche Behörde kann gemäß Art. 49 UAbs. 1 lit. d DSGVO auch dann zulässig sein, wenn diese auf einem wichtigen öffentlichen Interesse beruht. Zu berücksichtigen ist dabei entweder ein unionales oder mitgliedstaatliches Interesse. Das Ermittlungsinteresse eines Drittlandes kann nur dann als ein wichtiges öffentliches Interesse im Sinne von Art. 49 Abs. 1 lit. d DSGVO in einem EU-Mitgliedstaat

---

599 Abkommen über Auslieferung zwischen der Europäischen Union und den Vereinigten Staaten von Amerika und Abkommen über Rechtshilfe zwischen der Europäischen Union und den Vereinigten Staaten von Amerika vom 23.06.2003, genehmigt am 23.10.2009.

600 *Pohle* in: *Wessing/Dann*, Deutsch-Amerikanische Korruptionsverfahren, 2013, S. 309 (328).

601 So auch *Kühling/Buchner/Schröder*, DSGVO, Art. 49 Rn. 33; *Gola/Klug*, DS-GVO, Art. 49 Rn. 9.

Berücksichtigung finden, wenn auch auf europäischer Seite ein solches Interesse besteht. Dies könnte bei der Terrorismusbekämpfung oder bei der Umsetzung von UN-Beschlüssen durchaus der Fall sein.[602] Besteht hingegen allein auf drittstaatlicher Seite ein wichtiges öffentliches Interesse an einer Übermittlung personenbezogener Daten, ist ein solches im Rahmen der DSGVO unbeachtlich.[603] Anderenfalls könnten sich Drittländer durch die Formulierung öffentlicher Interessenspositionen leicht dem Schutzstandard des Kapitels V entziehen. Die unionale bzw. nationale Ausnahmeregelung muss soweit bestimmt sein, dass das der Übermittlung entgegenstehende Interesse erkennbar ist.[604] Einem Herausgabeverlangen auf Grundlage des SCA oder des FISA wird man mit entsprechender gesetzlicher Anpassung so nachkommen können. Schwieriger vorstellbar ist aber ein öffentliches Interesse, welches eine Datenübermittlung zu Zwecken der pre-trial discovery zulässt. Die Übermittlung an eine private Prozesspartei verfolgt in der Regel kein Interesse der Allgemeinheit, sondern in erster Linie Partikularinteressen.[605]

c. Übermittlung zur Wahrung eines zwingenden berechtigten Interesses

Für den Fall, dass keiner der Ausnahmetatbestände des Art. 49 Abs. 1 UAbs. 1 DSGVO einschlägig ist, hält Art. 49 Abs. 1 UAbs. 2 DSGVO eine Auffangnorm bereit, nach welcher eine Übermittlung in ein Drittland auch dann zulässig ist, wenn diese nicht wiederholt und nur in einem begrenzten Umfang erfolgt und zudem für die Wahrung der zwingenden berechtigten Interessen des Verantwortlichen erforderlich ist.

Sofern die Übermittlung auf der Anordnung einer drittstaatlichen Behörde beruht, werden vor allem die umfangreichen Informations- und Dokumentationspflichten gegen die Anwendung des Art. 49 Abs. 1 UAbs. 2 DSGVO

---

602 *Wolff/Brink/Spoerr*, BeckOK DatenschutzR, Syst. J Datenschutz im Finanzwesen Rn. 151; allerdings ist zu berücksichtigen, dass sowohl die nationale Sicherheit als auch die Bekämpfung von Straftaten in der Regel rein nationalen Interessen dient.

603 *Ehmann/Selmayr/Zerdick*, DS-GVO, Art. 49 Rn. 14; *DWWS/Däubler*, DS-GVO/BDSG-neu, Art. 48 Rn. 21; *Gola/Klug*, DS-GVO, Art. 49 Rn. 8; *Art.-29-Datenschutzgruppe*, Working document on a common interpretation of Article 26(1) of Directive 95/46/EC of 24 October 1995, 2005, WP 114, S. 17.

604 So auch *Ehmann/Selmayr/Schiff*, DS-GVO, Art. 9 Rn. 53 in Bezug auf die Verarbeitung besonderer Kategorien personenbezogener Daten aus Gründen eines erheblichen öffentlichen Interesses.

605 *DWWS/Däubler*, DS-GVO/BDSG-neu, Art. 49 Rn. 45; *SJTK/Klein/Pieper*, DS-GVO/BDSG, Art. 49 Rn. 13.

sprechen. Der Verantwortliche hat sowohl die Aufsichtsbehörde als auch die betroffene Person von der Übermittlung zu unterrichten. Dies dürfte in der Regel nicht im Interesse der herausverlangenden drittstaatlichen Behörde stehen.[606] Außerdem muss der Verantwortliche ein eigenes zwingendes Interesse an der Übermittlung haben. Ein solches wird er in der Regel nur dann haben, wenn ihm im Falle eine Nichtbeachtung der behördlichen Herausgabeanordnungen rechtliche Konsequenzen drohen, welche sich gravierend auf den Fortbetrieb seiner Tätigkeit auswirken. Die Androhung einer Geldstrafe allein wird ein zwingendes Interesse nicht begründen können. Soweit der Verantwortliche eigene Rechtsansprüche verteidigt, kann er sich auf Art. 49 Abs. 1 UAbs. 1 lit. e DSGVO stützen, ohne den umfangreichen Informationspflichten zu unterliegen. Der Auffangtatbestand des Art. 49 Abs. 1 UAbs. 2 DSGVO eignet sich somit nur bedingt, um Datenübermittlungen aufgrund von drittstaatlichen Herausgabeverlangen zu legitimieren.

d. Einschränkungsvorbehalt

Der europäische Gesetzgeber behält sich und den einzelnen Mitgliedstaaten in Art. 49 Abs. 5 DSGVO ausdrücklich die Möglichkeit vor, die Übermittlung einzelner Kategorien personenbezogener Daten an ein Drittland zu beschränken von den Ausnahmetatbeständen des Art. 49 DSGVO auszuschließen. Voraussetzung dafür ist lediglich, dass kein Angemessenheitsbeschluss gemäß Art. 45 Abs. 3 DSGVO vorliegt und die Beschränkung aus wichtigen Gründen des öffentlichen Interesses erfolgt. Diese relativ unbestimmte Öffnungsklausel hat das Potenzial, als Stellschraube im Hinblick auf drittstaatliche extraterritorial wirkende Regelungen zu fungieren. Es ist beispielsweise vorstellbar, spezielle Bedingungen für besondere Kategorien personenbezogener Daten vorzusehen[607] oder eine Übermittlung dieser Daten in Drittstaaten ohne Angemessenheitsbeschluss gänzlich zu untersagen. Auf diese Weise könnte der Gesetzgeber das Gefährdungspotenzial, das zwangsläufig durch die Übermittlung in einen Staat mit niedrigerem Datenschutzniveau besteht, hinsichtlich besonders sensibler Daten minimieren. In Bezug auf Sozialdaten hat Deutschland von Art. 49 Abs. 5 DSGVO Gebrauch gemacht und gemäß § 80 Abs. 2 SGB X eine Verarbeitung von Sozialdaten im

---

606 *Kühling/Buchner/Schröder*, DSGVO, Art. 49 Rn. 43; *Determannn/Nebel geb. Weigl*, CR 2018, 408 (411).

607 Vgl. *DWWS/Däubler*, DS-GVO/BDSG-neu, Art. 49 Rn. 22, der vom Anwendungsbereich der Norm allein besondere Kategorien personenbezogener Daten umfasst sieht, da ansonsten das Verhältnismäßigkeitsprinzip verletzt würde.

Ausland an das Vorliegen eines Angemessenheitsbeschlusses geknüpft. Die Beschränkungen betreffen dabei nicht nur diejenigen Datenübermittlungen, welche sich auf Art. 49 Abs. 1 DSGVO stützen, sondern darüber hinaus auch solche, die Verantwortliche oder Auftragsverarbeiter auf Grundlage geeigneter Garantien im Sinne von Art. 46 DSGVO durchführen.[608]

V. Vorschlag einer Kollisionsregel

Weder die US-amerikanische noch die europäische Rechtsordnung hält ein Instrument bereit, um im Falle eines Konfliktes zwischen behördlichen Herausgabeverlangen und EU-Datenschutz bestimmen zu können, welche der jeweiligen extraterritorialen Regelungen Anwendung finden sollen. Es bedarf folglich einer Kollisionsregel, welche im konkreten Konfliktfall einer der beiden nationalen Regelung den Vorrang erklärt. Dieses Vorgehen findet darüber hinaus eine Stütze in dem Memorandum der OECD zu den Datenschutz-Leitlinien der Organisation. Die OECD spricht sich dafür aus, Anknüpfungspunkte zu identifizieren, mit denen im Falle einer Rechtskollision das anzuwendende Recht ermittelt werden kann und welche einen effektiven Privatsphärenschutz bieten können.[609]

Insbesondere die völkerrechtliche grundsätzliche Freiheit der Nationalstaaten, auch ausländische Sachverhalte zu regulieren, wird weiterhin Jurisdiktionskonflikte hervorrufen. Das bloße Bestehen sich widersprechender Normen hat zwar in der Regel keine Konsequenzen.[610] Diese erwachsen erst dann, wenn beide Staaten ihre eigenen Regeln durchsetzen. Der sodann bestehende Konflikt lässt sich nicht dadurch lösen, dass die sich entgegenstehenden Gesetze jeweils für sich eine vorrangige Stellung beanspruchen. Nachteilig ist dies vor allem für den Adressaten beider Regelungen. Es gilt daher, die Rechtssicherheit auf diesem Gebiet zu erhöhen. Ein besonderer Fokus ist dabei auf das jeweilige Interesse zu legen, das durch die staatliche Regelung geschützt werden soll. Gemäß ihrem Art. 1 schützt die DSGVO sowohl die Grundrechte und Grundfreiheiten natürlicher Personen als auch den freien Datenverkehr innerhalb der EU. Sie stützt sich dabei auf Art. 8 Abs. 1 GRCh sowie Art. 16 Abs. 1 AEUV. Das Recht des Einzelnen auf Schutz seiner personenbezogenen Daten stellt somit das vorrangige Regelungsinteresse der DSGVO dar; der Schutz gilt der von einer Datenverarbeitung betroffenen Person. Verlangt nun ein Drittland aufgrund einer

608 *Ehmann/Selmayr/Zerdick*, DS-GVO, Art. 49 Rn. 19.

609 Vgl. OECD Guidelines on the Protection of Privacy and Transborder Flows of Personal Data, Explanatory Memorandum, S. 48 f.

610 Vgl. *Crawford*, Brownlie's principles of public international law, 8. Aufl., 2012, S. 478.

extraterritorial wirkenden Norm personenbezogene Daten dieser Person heraus, die sich in der EU befinden, so betrifft auch das Interesse dieses Staates die betroffene Person.

Daher stellt der Betroffene als Schutzsubjekt ein geeignetes Unterscheidungskriterium für eine mögliche Lösung derartiger Konfliktsituationen dar. Auf den ersten Blick mag eine Differenzierung nach verschiedenen Grundrechtsberechtigten dem Schutzgedanken der Grundrechtecharta widersprechen. Jedenfalls ist Art. 8 GRCh ein Jedermann-Grundrecht, welches allen natürlichen Personen, unabhängig von ihrer Staatsangehörigkeit, zukommt.[611] Den EU-Gesetzgeber verpflichtet Art. 8 GRCh, auch in einem rein privatrechtlichen Verhältnis den Schutz personenbezogener Daten zu gewährleisten, was dieser mit der DSGVO erreicht. Sowohl das deutsche Bundesverfassungsgericht als auch der europäische Gesetzgeber erkennen allerdings an, dass das Recht auf Schutz personenbezogener Daten nicht schrankenlos zu gewährleisten ist.[612] Zwar stellen beide in erster Linie auf eine Einschränkung durch andere Grundrechte ab, Art. 8 GRCh ist aber auch im Hinblick auf seine gesellschaftliche Funktion mit anderen Grundsätzen in Einklang zu bringen. Aufgrund seiner internationalen Wirkung im Bereich des Datenverkehrs zwischen EU-Mitgliedstaaten und Drittländern sind auch völkerrechtliche Prinzipien zu berücksichtigen. So spielt insbesondere der gewählte *genuine link* an dieser Stelle wieder eine Rolle. Ist aus der Perspektive des Adressaten zweier sich widersprechenden Verpflichtungen eine Verbindung zu einem Drittstaat enger als zu der EU, muss der europarechtliche Schutzanspruch in angemessener Weise zurücktreten. Dies impliziert nicht, dass der betroffenen Person jeglicher Grundrechtsschutz entzogen wird. Die staatliche Schutzpflicht tritt dabei nur so weit zurück, wie es zur Auflösung der Konfliktlage erforderlich ist und nicht der Wesensgehalt der Datenschutzgrundrechte berührt wird. Umgekehrt verlangt ein Sachverhalt, bei dem eine engere Verbindung zur EU besteht, dasselbe zurückhaltende Verhalten durch den betroffenen Drittstaat.

1. Zur Systematik der Kollisionsregel

a. Vom hinreichenden zum notwendigen Anknüpfungskriterium

Aufgrund der Vielfalt an Anknüpfungskriterien sowie den geringen Anforderungen an ihre Beziehung zum regulierenden Staat stellt es für diesen keine

611 *EU-GRCh/Bernsdorff*, EU-GRCh, Art. 8 Rn. 18; *Gersdorf/Paal/Gersdorf*, BeckOK Informations- u. MedienR, Art. 8 EMRK Rn. 9; vgl. auch EG 2 DSGVO.

612 *BVerfG*, Urt. v. 15.12.1983, *Volkszählung*, BVerfGE, 65, 1 (47); EG 4 DSGVO.

besonders große Herausforderung dar, dem *genuine-link*-Erfordernis zu entsprechen.[613] Dieser Umstand führt jedoch dazu, dass in einer Konfliktsituation, bei dem eine Person von zwei Rechtsordnungen adressiert wird und dadurch mit entgegenstehenden Handlungspflichten konfrontiert ist, jeder Staat in der Regel die völkerrechtliche Zulässigkeit der eigenen Norm begründen kann.[614] Dieses Ergebnis ist für sich genommen auch nicht zu beanstanden. Allerdings wird das Völkerrecht dadurch in der angeführten Konstellation zu einem bloßen Nebenspieler und überlässt es den einzelnen Nationalstaaten, die Konfliktsituation zu lösen. Nationale Wege aus diesem Dilemma verfolgen in der Regel auch nationale Ziele und sind tendenziell bestrebt, die eigene Regelung gegenüber der fremdstaatlichen Gesetzgebung durchzusetzen. Zielführender wäre es aus diesem Grund, das völkerrechtliche Kriterium insoweit zu konkretisieren, dass es die Anwendung einer Norm in denen Fällen ausschließt, in denen sich die Erstreckung der *jurisdiction to prescribe* zwar auf ein hinreichendes Anknüpfungskriterium stützen kann, aus völkerrechtlicher Perspektive aber keine Notwendigkeit hierfür besteht.[615] Die völkerrechtliche Notwendigkeit bemisst sich sodann an dem Regelungsinteresse des Staates sowie dem Bestehen bi- oder multilateraler Übereinkommen, durch welche eine Lösung des Konfliktes möglich wäre. Dieses Begrenzungskriterium sollte jedoch nicht mit einer klassischen Verhältnismäßigkeitsprüfung verwechselt werden, da eine solche häufig schon daran scheitern würde, dass die zur Verfügung stehenden Mittel nicht gleich geeignet sind, um das angestrebte Ziel zu erreichen.[616]

Sofern nach Einbeziehung der Begrenzungskriterien festgestellt wird, dass für mehr als einen Staat die Notwendigkeit besteht, den Sachverhalt zu regulieren und dies zu einer Konfliktsituation führt, muss die Lösung mittels einer internationalen Anwendungsregel ermittelt werden. Zwar gehören Anwendungsregeln traditionell zum nationalen Recht. Eine Kollisionsregel für Konfliktsituationen

---

613 Zumindest dann, wenn man hieran keine Interessenabwägung knüpft, vgl. *Ziegenhain*, Extraterritoriale Rechtsanwendung und die Bedeutung des Genuine-Link-Erfordernisses, 92, 1992, S. 48; *Deren*, Internationales Enteignungsrecht, 2015, S. 25.

614 Vgl. in Bezug auf das Microsoft-Verfahren auch *Krishnamurthy u.a.*, Brief Amicus Curiae of U.N. Special Rapporteur on the Right to Privacy Joseph Cannataci in support of neither party, United States of America v. Microsoft Corporation. S. 24.

615 Eine völkerrechtliche Lösung aus dem Grund der Allgemeinverbindlichkeit bevorzugt ebenso *Kaffanke*, Nationales Wirtschaftsrecht und internationale Wirtschaftsordnung, 1990, S. 273.

616 In diesem Zusammenhang auf die Dauer eines Rechtshilfeverfahrens hinweisend *Bertele*, Souveränität und Verfahrensrecht, 1998, S. 119 Fn. 44.

mit Drittländern verlöre aber deutlich an Bedeutung, wenn diese nur durch europäische Gerichte angewendet würde. Ein wesentlicher Grund für ihre Notwendigkeit besteht gerade in der mangelnden Berücksichtigung des extraterritorialen Regelungsanspruchs der DSGVO vor drittstaatlichen Gerichten. Außerdem normiert Art. 50 lit. d DSGVO die Pflicht der Aufsichtsbehörden sowie der Kommission, geeignete Maßnahmen zur Dokumentation von Rechtsvorschriften und Praktiken für Zuständigkeitskonflikte mit Drittländern zu erlassen. Die Anwendungsregel könnte Teil eben dieser Maßnahmen zur Klärung dieser „offenen Rechtskonflikte“[617] sein.

b. Anwendung einer zweiseitigen Anwendungsregel

Welche Rechtsordnung sich bei einem grenzüberschreitenden Sachverhalt durchsetzt, entscheiden Kollisionsregeln. Die traditionellen Kollisionsregeln des IPR und IÖR stellen nationales Recht dar. Das IPR dient dabei dennoch im Sinne der Gleichwertigkeit der Rechtsordnungen dazu, die sachnächste Rechtsordnung für einen gegebenen Sachverhalt zu ermitteln. Zweiseitige Kollisionsnormen vermögen dieser Funktion am besten nachzukommen. Ihre ausdrückliche Öffnung für die Anwendung einer fremden Rechtsordnung toleriert nicht nur deren Geltung, sie vermittelt auch eine gewisse Neutralität, welche in dem spannungsgeladenen Aufeinandertreffen von staatlichen Sicherheitsinteressen und Datenschutzrecht notwendig ist. Einseitige Kollisionsnormen bergen im Gegensatz dazu regelmäßig die Tendenz, die eigene Regulierung soweit wie möglich auszudehnen, was zu zwischenstaatlichen Spannungen führen kann.[618]

Die zu entwickelnde zweiseitige Anwendungsnorm soll bestimmen, wann eine extraterritorial angelegte Vorschrift in einem anderen Staat zur Anwendung kommt und dadurch eine Rechtsvorschrift des Staates, auf dessen Territorium sie wirkt, zurückdrängt. Der Grundrechtsschutz der GRCh sowie der EMRK steht der Verweisungstechnik nicht entgegen, da dieser lediglich einen „Kontrollmaßstab mit sehr weit hinausgeschobener Toleranzgrenze“[619] formt.

---

617 *Kühling/Buchner/Schröder*, DS-GVO, Art. 50 Rn. 2.

618 *Basedow*, RabelsZ 1988, 8 (12); vgl. *Mestmäcker*, in: FS Carstens, 1984, 417 (426).

619 *Bar* in: Berichte der Deutschen Gesellschaft für Völkerrecht (BerDGVR), Aktuelle Probleme des Menschenrechtsschutzes, 1994, S. 191 (211).

2. *Inhaltliche Anforderungen an die Kollisionsregel*

a. *Belegenheitsort der Daten als Ausgangspunkt*

Die größte Herausforderung bei der Ausformung einer Kollisionsregel liegt darin, ein geeignetes Anknüpfungskriterium festzulegen. Territoriale Anknüpfungspunkte sind nicht nur allgemein anerkannt, sondern sie verschaffen auch die eine große Rechtssicherheit. Ein im Zusammenhang mit der Verarbeitung personenbezogener Daten nicht unumstrittenes Anknüpfungskritierum ist der Belegenheitsort der betroffenen Daten. Einerseits lässt sich auf Grundlage dessen die Regelungsbefugnis des Staates, in dem sich die Daten befinden, überzeugend begründen, andererseits kann dieser je nach Verarbeitungsmodell von Zufälligkeiten abhängen. Darüber hinaus ist der Ort einer Datenverarbeitung auch nicht immer eindeutig bestimmbar. So herrschen gerade bei einem behördlichen Zugriff unterschiedliche Auffassungen darüber vor, wo genau die relevante Handlung stattfindet. Nichtsdestotrotz bietet der Speicherort der Daten gerade aufgrund seiner bewusst von dem Verantwortlichen gesetzten Verbindung zu einem bestimmten Staat einen geeigneten Ausgangspunkt für die Bestimmung des anwendbaren Rechts. Das Heranziehen des Belegenheitsortes der Daten widerspricht auch nicht der Entscheidung des europäischen Gesetzgebers in Art. 3 Abs. 1 DSGVO, dass der Ort der Datenverarbeitung für die Anwendbarkeit der DSGVO keine Rolle spielen soll. Ziel der zu entwickelnden Kollisionsregel ist es nicht, die bestehenden Anwendungsregeln der DSGVO abzuändern. Im Falle eines Konflikts mit anderen anwendbaren Regelungen soll anhand von festen Kriterien entschieden werden, welches Recht sich durchsetzt. Voraussetzung dafür ist, dass zunächst einmal beide gegensätzlichen Vorschriften anwendbar sind. Die Entscheidung des Gesetzgebers für einen weiten Anwendungsbereich, welcher den Ort der Datenverarbeitung nicht berücksichtigt, wird lediglich in den genannten Konfliktfällen eingeschränkt, um angesichts der sich widersprechenden Regelungsinteressen Ausgleich zu schaffen. In Bezug auf alle übrigen Datenverarbeitungsvorgänge spielt der Ort der Datenverarbeitung entsprechend der gesetzgeberischen Entscheidung keine Rolle.

Die Tatsache, dass der Speicherort der Daten nicht unbedingt mit dem Aufenthaltsort der betroffenen Personen oder gar mit dem Sitz des Verantwortlichen übereinstimmt, verdeutlicht die Notwendigkeit, die Anknüpfung weiter zu konkretisieren.

Da die Anwendbarkeit des Datenschutzrechts die Personenbeziehbarkeit der Daten voraussetzt, bleibt ein Element im Zusammenhang mit einer Datenverarbeitung doch immer konstant: die betroffene Person.

b. Anknüpfung an die betroffene Person

Das anzuwendende Recht ist folglich an der betroffenen Person zu bestimmen. Während die DSGVO zwar den Kreis der Schutzberechtigten aus der GRCh ableitet und somit jede natürliche Person miteinschließt, die auf dem europäischen Markt auftritt, knüpft sie hinsichtlich ihres räumlichen Anwendungsbereichs jedoch nicht an die betroffene Person, sondern an den Verantwortlichen (Art. 3 Abs. 1 DSGVO) oder den Marktort (Art. 3 Abs. 2 DSGVO) an. Das US-amerikanische Recht knüpft in den untersuchten Fallkonstellationen in der Regel allein an die Staatsangehörigkeit des Adressaten eines Herausgabeverlangens an. Für die Anwendbarkeit eines *SCA warrant* genügt dabei, dass die speichernde Stelle ein US-Unternehmen ist. Auf die Nationalität des Ermittlungsobjektes kommt es nicht an. Beide Rechtsordnungen ziehen somit eine Anknüpfung an die betroffene Person nicht in Betracht. Eine Kollisionsregel, die einen Interessensausgleich schaffen soll, kann das Ergebnis aber nur aus den Eigenschaften der betroffenen Person heraus begründen, da diese in einer untrennbaren Beziehung zu dem Regelungsgegenstand steht. Ein Abstellen auf die betroffene Person stellt damit zugleich eine enge sowie neutrale Sachverhaltsverknüpfung dar.

aa) *Ungeeignetheit der Staatsangehörigkeit als Anknüpfungskriterium*

Fraglich bleibt aber zunächst, ob die Staatsangehörigkeit der betroffenen Person ein hinreichendes Anknüpfungsmerkmal bildet. Zumindest wäre eine pauschale Abgrenzung nach der Nationalität weder mit dem grundrechtlichen Verständnis der GRCh noch mit dem ordnungsrechtlichen Charakter des Datenschutzrechts zu vereinbaren. Es ist ja gerade das Ziel des Datenschutzrechts, ein gesamtgesellschaftliches Regelungssystem zu schaffen, das sich auf das Gebiet der EU als Ganzes erstreckt. Zudem erweist sich das Staatsangehörigkeitskriterium grundsätzlich zum Beispiel dann als ungeeignet, wenn Personen aus Zuwandererfamilien bereits in zweiter oder dritter Generation in der EU leben, aber noch keine Unionsbürgerschaft haben.[620] Dass diese Tatsache Auswirkungen auf den Umfang ihres Persönlichkeitsschutzes haben soll, leuchtet nicht ein. Insofern kann die Staatsangehörigkeit der betroffenen Person nicht als vorrangiges Anknüpfungskriterium herangezogen werden.

---

620 *Hausmann/Odersky/Hausmann*, IPR, § 2 Funktionsweise des IPR Rn. 30; *Sonnenberger* in: *Sonnenberger/Mangoldt* BerDGVR, Anerkennung der Staatsangehörigkeit und effektive Staatsangehörigkeit natürlicher Personen im Völkerrecht und im internationalen Privatrecht, 1988, S. 9 (13).

bb) *Gewöhnlicher Aufenthalt der betroffenen Person und Datenspeicherort als Ausgangspunkte*

Zur Ermittlung des anzuwendenden Rechts ist zunächst der gewöhnliche Aufenthalt des von der Datenverarbeitung Betroffenen heranzuziehen. Auch wenn Art. 8 GRCh weder nach Staatsangehörigkeit noch Wohnort differenziert, so adressiert die Norm dennoch den EU-Gesetzgeber und bindet EU-Organe und Mitgliedstaaten. Die Grundrechtecharta etabliert insofern in erster Linie einen Grundrechtsrahmen für die EU. Eine Anknüpfung an den gewöhnlichen Aufenthalt entspricht eben diesem Schutzgedanken.

Wenn zwar die personenbezogenen Daten auf dem Gebiet der EU gespeichert sind, der betroffene EU-Bürger dort jedoch nicht dauerhaft lebt, so hat dieser Umstand auch Auswirkungen auf den Schutzanspruch aus der GRCh. Hierbei lassen sich unterschiedliche Intensitätsgrade in der Verbindung zur EU ausmachen. Werden im Rahmen der Tätigkeiten einer europäischen Niederlassung personenbezogene Daten eines in den USA lebenden US-amerikanischen Staatsbürgers verarbeitet, bestehen bei einer Herausgabeanordnung einer US-Behörde mehr Berührungspunkte mit der US-amerikanischen als mit der europäischen Rechtsordnung; zumal der Speicherort personenbezogener Daten je nach Unternehmensmodell auch vom Zufall abhängen kann.[621] Hat der betroffene US-Bürger hingegen seinen gewöhnlichen Aufenthalt in einem EU-Mitgliedsstaat, ist die Verbindung zur EU und ihrer Rechtsordnung deutlich enger. Das Aufenthaltskriterium kann sicherstellen, dass jeweils für den Einzelfall die sachnächste Rechtsordnung ermittelt werden kann.

Ausgehend von dem gewöhnlichen Aufenthalt der betroffenen Person lässt sich eine Regelvermutung dahingehend ableiten, welche Rechtsordnung sich in der gegebenen Sachverhaltskonstellation durchsetzt. Hat die betroffene Person ihren gewöhnlichen Aufenthalt in einem EU-Mitgliedstaat, folgt hieraus die Vermutung, dass für die Übermittlung der personenbezogenen Daten zunächst auf den Übermittlungstatbestand der DSGVO zurückzugreifen ist. Der Herausgabeanordnung darf dann nur insoweit nachgekommen werden, wie dies unter Einhaltung der europäischen Datenschutzbestimmungen möglich ist.

---

621 Ein ähnliches Prinzip findet sich in Art. 4 Abs. 3 S. 1 Rom II-VO, der von dem Recht des Schadeneintrittsortes abweicht, wenn aufgrund der Gesamtheit der Umstände eine engere Verbindung zu einem anderen Staat ermittelt wird; diese Norm wird z.T. herangezogen, um das anwendbare Recht Cloud Computing-Sachverhalten zu bestimmen, siehe *Nordmeier*, MMR 2010, 151 (155 f.).

cc) *Staatsangehörigkeit als Korrektiv*

Die Vermutung, dass sich die DSGVO in den Fällen durchsetzt, in denen nicht nur die herausverlangten Daten in der EU gespeichert sind, sondern darüber hinaus die betroffene Person ihren gewöhnlichen Aufenthalt in der EU hat, kann in Ausnahmefällen widerlegt werden. Hierzu wird die Staatsangehörigkeit der betroffenen Person als Korrektivkriterium herangezogen.[622]

Sofern die betroffene Person EU-Bürger ist, gilt die Vermutung als unwiderlegbar. Die sachnächste Rechtsordnung ist in diesem Fall die europäische Rechtsordnung, da sowohl durch den gewöhnlichen Aufenthaltsort als auch durch die Staatsangehörigkeit eine derart enge Verbindung zum EU-Rechtskreis geschaffen ist, dass diese nicht durch das staatliche Interesse eines Drittlandes abgeschwächt werden kann – zumal weiterhin der Weg über Rechtshilfeabkommen geöffnet ist.

Besitzt die betroffene Person hingegen die Staatsangehörigkeit des Staates, nach dessen Rechtsordnung die Daten herausverlangt werden, fällt die Bestimmung der sachnächsten Rechtsordnung nicht so deutlich aus. Zwar spricht der gewöhnliche Aufenthalt der betroffenen Person für eine vorrangige Anwendung der europäischen Datenschutzregeln. Das staatliche Ermittlungsinteresse sowie die Staatsangehörigkeit der betroffenen Person können zusammengenommen jedoch eine engere Verbindung zur US-amerikanischen Rechtsordnung begründen. Die Anknüpfung der *jurisdiction to prescribe* an die Staatsangehörigkeit ist völkerrechtlich anerkannt.[623] Im Sinne der Völkerrechtsfreundlichkeit sollte dementsprechend die Anwendung der DSGVO insoweit erfolgen, wie sie der betroffenen Person einen absoluten Mindestschutz bieten, und darüber hinaus die Durchsetzung der US-amerikanischen Rechtsordnung gewähren kann. Solange der Wesensgehalt des Art. 8 GRCh unangetastet bleibt und somit die territoriale Anknüpfung der Grundrechtecharta noch Wirkung entfalten kann, steht die Anwendung US-amerikanischen Rechts nicht im Widerspruch zu der Europäischen Rechtsordnung.

Etwas anderes gilt jedoch, wenn die betroffene Person weder die Staatsangehörigkeit des herausverlangenden Staates noch diejenige eines EU-Mitgliedstaates besitzt. In diesem Fall greift dann erneut die Vermutung, dass die Regelungen der DSGVO vorrangig zur Anwendung gelangen. Verlangt beispielsweise eine

---

622 Von dieser Möglichkeit macht u.a. auch Art. 5 lit. c Rom III-VO und Art. 22 EuErbVOa Gebrauch, vgl. *Hausmann/Odersky/Hausmann*, IPR, § 2 Funktionsweise des IPR Rn. 31.

623 Siehe oben Teil 1 A I.

US-amerikanische Behörde Daten heraus, die zwar im Rahmen der Tätigkeit der Niederlassung eines US-amerikanischen Unternehmens in der Europäischen Union verarbeitet werden, die betroffene Person allerdings die türkische Staatsangehörigkeit besitzt, so kann die USA allein aus dieser Konstellation keine hinreichend enge Verbindung zu der betroffenen Person begründen, die die universelle Wirkung der Schutzpflicht im ganzen EU-Gebiet einzuschränken vermag.

c. *Auffangtatbestand für delokalisierte Speicherungsmodelle*

Eine Kollisionsregel wäre praxisuntauglich, wenn sie nur einen Teil der konfliktträchtigen Sachverhalte umfasste. Wie die eingangs erwähnten Verfahren um die Internetkonzerne Microsoft und Google zeigen, haben unterschiedliche Datenverarbeitungsmodelle mitunter einen entscheidenden Einfluss auf die Auslegung und Anwendung von extraterritorial wirkenden Rechtsnormen. Setzt man für die Anwendung einer Kollisionsregelung voraus, dass der Speicherort der betroffenen personenbezogenen Daten ermittelt wird, ist eine Anwendung in solchen Fällen fraglich, in denen Daten fragmentiert und an unterschiedlichen, nicht festgelegten Orten gespeichert werden. In der Google-Entscheidung etwa löste man dieses Problem auf dem Weg der Auslegung der Begriffe *search* und *seizure*. Das Gericht nahm an, die für die Ermächtigungsgrundlage relevante Tätigkeit (*seizure*) finde erst durch die Behörden im US-Territorium statt und nicht bereits durch die Übermittlung durch das von den Behörden adressierte Unternehmens.[624] Daraufhin kam das Gericht zu dem Ergebnis, es liege eine rein territoriale Handlung vor, und umging so die Frage nach dem Ort der Datenverarbeitung.

Erforderlich ist daher ein Auffangtatbestand, welcher sicherstellt, dass sich auch dann ein anwendbares Recht bestimmen lässt, wenn es keinen eindeutigen Belegenheitsort gibt. In diesem Fall sollte allein an den gewöhnlichen Aufenthalt der betroffenen Person angeknüpft werden, da sich eine engere Verbindung zu den herausverlangten Daten nicht bilden lässt. Weder der Staat, welcher aufgrund eines Ermittlungsinteresses und gestützt auf seine Rechtsordnung die Daten herausverlangt, noch das Unternehmen, das die Daten verarbeitet, können das persönlichkeitsrechtliche Schutzinteresse der betroffenen Person übersteigen. Kann also die doppelte Anknüpfung an Daten und betroffene Person aus technischen Gründen nicht hergestellt werden, so stellt allein der gewöhnliche

---

624 In re Search Warrant, –F. Supp. 3d – = 2017 WL 471564 (E.D. Pa. 2017), p. 8 ff.

Aufenthaltsort der betroffenen Person eine derart enge Verbindung dar, dass dieser als legitimes Anknüpfungskriterium dienen kann.

d. Abwägungskriterien

Fällt der gewöhnliche Aufenthalt der betroffenen Person mit dem Belegenheitsort deren personenbezogener Daten zusammen, bildet dies eine hinreichend enge Verbindung zu dem jeweiligen Staat. Die betroffene Person unterwirft sich durch die Festlegung ihres gewöhnlichen Aufenthaltes bewusst und freiwillig der Rechtsordnung dieses Staates. Ihre Staatsangehörigkeit verliert dadurch allerdings nicht an Bedeutung, zumal diese einen personellen Bezug zu ihrer Heimatsrechtsordnung herstellt. Erlässt der Heimatstaat nun Gesetze, welche extraterritorial personell angeknüpft sind, so gelten diese – trotz Kollision mit dem Datenschutzrecht – für Staatsangehörige im Ausland, sofern sie nicht den Wesensgehalt der Art. 7 und Art. 8 GRCh berühren. Dies wäre beispielsweise bei einer anlasslosen Kommunikationsüberwachung der Fall. Darüber hinaus können Gründe des Einzelfalls eine Durchsetzung der Heimatrechtsordnung verhindern. Solche könnten in dem begründeten Verdacht bestehen, dass die herausverlangten Daten zur Bildung eines umfassenden Personenprofils genutzt werden, ohne dass dies durch starke öffentliche Interessen wie die Vereitelung einer staatsgefährdenden Straftat gerechtfertigt sein könnte. Auch werden fehlende Maßnahmen, die einen Zugriff Dritter verhindern können, zu dem Ergebnis führen, dass das Schutzinteresse an den Daten überwiegt.

Die Interessenabwägung erfordert allerdings keine Angemessenheitsprüfung im Sinne von Art. 45 DSGVO, da hierdurch dem europäischen Datenschutzrecht einseitig mehr Gewicht verliehen würde, was die Kollisionsregel gerade verhindern soll.

Die Anforderungen an ein überwiegendes Interesse des Staates, in welchem die Daten belegen sind, steigen, umso geringer die Verbindung zu der betroffenen Person ausfällt. Hat diese nicht nur eine andere Staatsangehörigkeit, sondern zudem ihren gewöhnlichen Aufenthalt außerhalb des Belegenheitsstaates, besteht eine Verbindung lediglich über den Datenspeicherort. Da dieser durch den Verantwortlichen in kürzester Zeit geändert werden kann, sodass in diesem Fall keine Verbindung mehr bestünde, ist die Vermutung, dass der herausgabeverlangende Staat das größere Regelungsinteresse besitzt, nur schwer widerlegbar. Die Wirkung tritt zwar auf dem Hoheitsgebiet des Belegenheitsstaates ein, einzig das Gebietskriterium heranzuziehen, wird dem Sachverhalt aber nicht gerecht.

e. Grundrechtlicher Wesensgehalt als Verweisungsgrenze

Um den europäischen Datenschutzstandard durch eine Verweisung auf fremdes Recht nicht zu unterlaufen, ist in der Kollisionsregel de lege ferenda eine Verweisungsgrenze vorzusehen. Ausländisches Recht darf nur insoweit zu Anwendung gelangen, wie der Wesensgehalt der betroffenen Grundrechte unberührt bleibt. Damit die Vertragsstaaten eine solche Korrektur akzeptieren, kann sich diese nur auf international anerkannte Grund- und Menschenrechte beschränken. Auch wenn das Datenschutzrecht nicht in allen Staaten so umfänglich als Grundrecht anerkannt ist wie in der Europäischen Union, muss man diesem dennoch den Rang eines internationalen Grundrechts zusprechen. Das belegt bereits die umfangreiche Sammlung internationaler Übereinkünfte, die den Schutz personenbezogener Daten berücksichtigen.

f. Formulierung der Kollisionsregel

(1) Die Herausgabe personenbezogener Daten auf Veranlassung einer Behörde unterliegt dem Recht des Belegenheitsortes der Daten,
   1. sofern die betroffene Person ihren gewöhnlichen Aufenthalt in diesem Staat hat und die Staatsangehörigkeit dieses Staates besitzt;
   2. sofern die betroffene Person ihren gewöhnlichen Aufenthalt in diesem Staat hat und nicht die Staatsangehörigkeit des Staates besitzt, der die Herausgabe verlangt.

(2) Die Herausgabe personenbezogener Daten auf Veranlassung einer Behörde unterliegt dem Recht des die Herausgabe verlangenden Staates,
   1. sofern die betroffene Person ihren gewöhnlichen Aufenthalt in dem Staat hat, in dem die Daten belegen sind, aber die Staatsangehörigkeit des die Herausgabe verlangenden Staates besitzt, es sei denn das Schutzinteresse der betroffenen Person überwiegt das allgemeine Regelungsinteresse des verlangenden Staates;
   2. sofern weder der gewöhnliche Aufenthalt noch die Staatsangehörigkeit der betroffenen Person mit dem Belegenheitsort der Daten übereinstimmen, es sei denn das Schutzinteresse der betroffenen Person überwiegt das allgemeine Regelungsinteresse des verlangenden Staates.

(3) Die Herausgabe personenbezogener Daten auf Veranlassung einer Behörde unterliegt dem Recht des gewöhnlichen Aufenthalts der betroffenen Person, sofern der Belegenheitsort der Daten nicht eindeutig bestimmt werden kann.

(4) Die Anwendung einer Vorschrift des nach diesem Gesetz bezeichneten Rechts gilt nur insoweit, als sie nicht dem Wesensgehalt eines international anerkannten Grund- oder Menschenrechts entgegensteht.

3. *Keine unzulässige Vermischung von IÖR und IPR*

Zuständigkeitskonflikte mittels einer Kollisionsnorm zu lösen, birgt regelmäßig die Gefahr einer Vermischung der charakteristischen Prinzipien, die dem internationalen öffentlichen Recht einerseits und dem internationalen Privatrecht andererseits zugrunde liegen.[625] Ein Rückgriff auf die Anknüpfungsprinzipien des IPR könnte wegen der fehlenden Gleichwertigkeitsprämisse im IÖR ausgeschlossen sein. Die Lösung einer Kollision im IÖR wird daher häufig auf der Ebene der völkerrechtlichen Anknüpfungspunkte unter Einbeziehung der unterschiedlichen Regelungsinteressen gesucht. Eine Abwägung sei durch denjenigen Staat durchzuführen, welcher eine extraterritoriale Regelung erlasse.[626] Eine objektive Anknüpfung ausgehend von dem Regelungsgegenstand wird jedoch abgelehnt, da es allein um die Zulässigkeit der Regelung sowie um die Konfliktvermeidung, nicht aber um die Ermittlung der sachnächsten Rechtsordnung ginge.[627]

Das IÖR nimmt die Perspektive des handelnden Staates ein, während dem konkreten Sachverhalt nur eine geringe Bedeutung für die Beurteilung zukommt. Gegensätzlich erscheint auf den ersten Blick der Ansatz des IPR, anhand des zu beurteilenden Sachverhalts diejenige Rechtsordnung zu ermitteln, die den engsten Bezug zur Sachmaterie aufweist. Allerdings verstellt die strikte Trennung zwischen dem IÖR auf der einen und dem IPR auf der anderen Seite den Blick auf die Gemeinsamkeiten beider Regime. So ist die Entwicklung des IPR maßgeblich beeinflusst von dem aus dem IÖR stammenden Territorialitätsprinzip.[628] Dieses spiegelt sich zum Beispiel in denjenigen IPR-Vorschriften wider, die das anzuwendende Recht des Ortes berufen, an dem

---

625 Siehe dazu Teil 2 B II 1.

626 So z. B. *Hector*, Das völkerrechtliche Abwägungsgebot, 1992, S. 238.

627 *Ohler* in: *Leible/Ruffert*, Völkerrecht und IPR, 2006, S. 131 (137); *Menzel*, Internationales Öffentliches Recht, 2011, S. 61.

628 *Mills*, The Confluence of Public and Private International Law, 2009, S. 237 ff.; *Mann*, RdC, 111 (1964 I), 9 (54).

eine Handlung vorgenommen wurde,[629] eine Sache belegen ist[630] oder ein Erfolg eingetreten ist.[631]

Wie diese und frühere Untersuchungen zeigen, kann ein Staat in völkerrechtlich zulässiger Weise einen Sachverhalt regeln, hierdurch aber dennoch einen Konflikt in Bezug auf die Regelungszuständigkeit anderer Staaten hervorrufen. Das IÖR bietet kein adäquates Mittel, um einer solchen Situation gerecht zu werden. Trägt man dem extraterritorial handelnden Staat die Verpflichtung einer Interessenabwägung auf, so wird diese regelmäßig zu seinen Gunsten ausfallen.[632] Dies liegt schon daran, dass die zuvor ergangene Entscheidung, überhaupt eine Regelung extraterritorial zu erstrecken, auf einer solchen Interessenabwägung basiert. Jedenfalls kann festgestellt werden, dass weder internationale Instrumente noch die Gesetze einzelner Staaten in der Lage sind, den Sachverhalt angemessen zu regulieren. Eine weitere Interessenabwägung im Sinne einer Angemessenheitsprüfung[633] kann die Konfliktsituation nur dann entschärfen, wenn es eine klare Rangfolge der unterschiedlichen Interessen gibt. Dies ist aufgrund der vielfältigen Regelungsmaterien aber nur schwer vorstellbar.

Insofern kann eine Konfliktlösung nur herbeigeführt werden, wenn es feste Kriterien gibt, anhand derer nicht nur eine sinnvolle, sondern sogar eine notwendige Verbindung zu dem regelsetzenden Staat hergestellt werden kann.[634] Diese Kriterien bilden somit keine selbstständigen Anknüpfungskriterien im Sinne des IPR, sondern sind eingebettet in das völkerrechtliche Erfordernis eines *genuine link*.

---

629 Vgl. Art. 39 Abs. 1 EGBGB: „Gesetzliche Ansprüche aus der Besorgung eines fremden Geschäfts unterliegen dem Recht des Staates, in dem das Geschäft vorgenommen worden ist."

630 Vgl. Art. 43 Abs. 1 EGBGB: „Rechte an einer Sache unterliegen dem Recht des Staates, in dem sich die Sache befindet."

631 Vgl. Art. 4 Abs. 1 Rom II-VO: „Soweit in dieser Verordnung nichts anderes vorgesehen ist, ist auf ein außervertragliches Schuldverhältnis aus unerlaubter Handlung das Recht des Staates anzuwenden, in dem der Schaden eintritt, unabhängig davon, in welchem Staat das schadensbegründende Ereignis oder indirekte Schadensfolgen eingetreten sind."

632 Vgl. *Meng*, Extraterritoriale Jurisdiktion im öffentlichen Wirtschaftsrecht, 1994, S. 596 f; vgl. auch *Mann*, Further studies in international law, 1990, S. 15, der auf die politische Kompetente einer Interessenabwägung hinweist.

633 Im anglo-amerikanischen Rechtsraum insb. „reasonableness" oder „comity".

634 Vgl. *Walter*, JZ 2015, 685 (692), der ebenfalls einen Rückgriff auf „klassische Anknüpfungspunkte des Kollisionsrechts" vorschlägt.

D. Pre-trial discovery

I. Überblick über die Offenbarungspflicht im US-amerikanischen Zivilprozess

Die internationale wirtschaftliche Verflechtung führt insbesondere in den Beziehungen zwischen den USA und den kontinentaleuropäischen Staaten zu einer Herausforderung für das EU-Datenschutzrecht. Ein Grund hierfür stellen konzeptionelle Unterschiede in den jeweiligen Prozessrechtssystemen, insbesondere in der Beweisbeschaffung, dar. Während ein kontinentaleuropäischer Zivilprozess in der Regel durch eine Tatsachenermittlung gekennzeichnet ist, bei welcher eine Prozesspartei nur im Umfang ihrer Beweislast zur Aufklärung des Sachverhalts verpflichtet ist,[635] trifft eine Kooperationspflicht im US-amerikanischen discovery-Verfahren auch solche Parteien, die nicht beweispflichtig sind.[636] Außerdem sind, anders als in den kontinentaleuropäischen Verfahrensordnungen üblich, die Parteien maßgeblich für die Beweisbeschaffung verantwortlich, das Gericht nimmt hingegen eine passive Rolle ein und entscheidet auf Antrag nur über die Zulässigkeit einer durch die Parteien angestrebten Maßnahme.[637]

Die Kooperationspflicht der Parteien besteht im Grunde in der Pflicht zur Speicherung und Offenbarung prozessrelevanter Dokumente.[638] Dabei geht sie sowohl zeitlich als auch sachlich über das Beweisbeschaffungssystem in Kontinentaleuropa hinaus. Zum einen beginnt eine Speicherpflicht schon dann, wenn ein Rechtsstreit wahrscheinlich ist und die betroffene Partei davon Kenntnis hat oder haben musste.[639] Zum anderen umfasst die Herausgabepflicht alle Unterlagen, die für einen Anspruch oder eine Einrede relevant sind.[640] Das Kriterium

---

635 *Müko-ZPO/Prütting*, MüKo-ZPO, § 286 Rn. 103; *Ahrens*, Der Beweis im Zivilprozess, 2015, Kapitel 7 Rn. 46 ff.

636 *Hay*, Law of the United States, 4. Aufl., 2016, Chapter 3, Courts and Civil Procedure, Rn. 185; *Bareiss*, Pflichtenkollisionen im transnationalen Beweisverkehr, 2014, S. 19; für einen Überblick über der *discovery* im Vereinigten Königreich siehe *Geercken/Holden/Rath u. a.*, CRi 2013, 44 (46 f.).

637 *Junker*, Discovery im deutsch-amerikanischen Rechtsverkehr, 1987, S. 78 ff.; *Posdziech*, US-amerikanische Discovery und deutsches Datenschutzrecht, 2017, S. 27 f.

638 *Rosenthal/ Zeunert* in: *Hartmann*, Internationale E-Discovery und Information Governance, 2011, S. 23 (28); ausführlich auch *Trittmann*, AdV 1989, 195 (198 ff.).

639 *Bareiss*, Pflichtenkollisionen im transnationalen Beweisverkehr, 2014, S. 15; *Brisch/Laue*, RDV 2010, 1 (3).

640 *Kurtz* in: *Borges/Meents*, Cloud Computing, 2016, Rn. 6.

der Relevanz wird dabei mitunter sehr weit verstanden.[641] Seit einer Gesetzesreform aus dem Jahr 2015 muss das Ersuchen aber zusätzlich einer Verhältnismäßigkeitsprüfung standhalten, was die Reichweite des Herausgabeverlangens begrenzen sollte. In der Praxis führt dieses Erfordernis allerdings zu keiner erheblichen Beschränkung der discovery,[642] was unter anderem auch daran liegt, dass der Adressat eines discovery-Verlangens die Herausgabe nicht unter Berufung auf dessen Unverhältnismäßigkeit verweigern darf, sondern die Entscheidung darüber vom Gericht gemeinsam mit den Parteien getroffen wird.[643]

Im Unterschied zu kontinentaleuropäischen Verfahrensvorschriften findet die Beweisbeschaffung im US-amerikanischen Zivilverfahren in der Vorbereitungsphase (*pre-trial*) des Verfahrens statt.[644] Neben weiteren Beweismöglichkeiten wie der Vernehmung der Gegenseite oder der Anordnung einer physischen oder psychischen Untersuchung kann jede Partei von der Gegenpartei zudem eine umfassende Offenlegung aller relevanten Tatsachen verlangen.[645] Dabei muss der Verpflichtete auf Nachfrage auch diejenigen Informationen aushändigen, die ihm selbst schaden.[646] Das Konzept der pre-trial discovery erlaubt und begünstigt ferner sogenannte *fishing-expeditions* – also Anstrengungen zur Ausforschung des Prozessgegners – da es gerade darauf angelegt ist, möglichst viele streiterhebliche Tatsachen aufzudecken.[647] Von der discovery sind neben

---

641 *Posdziech,* US-amerikanische Discovery und deutsches Datenschutzrecht, 2017; *Junker,* Discovery im deutsch-amerikanischen Rechtsverkehr, 1987, S. 117 ff; *Reiling,* Das US-amerikanische Discovery-Verfahren im Rahmen deutscher gerichtlicher Auseinandersetzungen, 2016, S. 123; *Meng,* Extraterritoriale Jurisdiktion im öffentlichen Wirtschaftsrecht, 1994, S. 262 f.

642 Vorteile werden vor allem in der Einsparung von Prozesskosten gesehen, siehe *Lin,* Hastings Const. L.Q., 44 (2016–2017), 225 (244); Zweifel an dem Einfluss der Rerform äußerte bereits *Posdziech,* US-amerikanische Discovery und deutsches Datenschutzrecht, 2017, S. 53.

643 *Lin,* Hastings Const. L.Q., 44 (2016–2017), 225 (244).

644 Ausführlich zu dem pre-trial Verfahren *Posdziech,* US-amerikanische Discovery und deutsches Datenschutzrecht, 2017, S. 39 ff.

645 *Auer-Reinsdorff/Conrad/Grapentin,* Hb. IT- und Datenschutzrecht, § 35 Grenzüberschreitende Datenverarbeitung Rn. 89; *Posdziech,* US-amerikanische Discovery und deutsches Datenschutzrecht, 2017, S. 1, 29; *Rippert,* RIW 1993, 626 (628 f.).

646 *Schack,* Einführung in das US-amerikanische Zivilprozessrecht, 4. Aufl., 2011, Rn. 143; *Deutlmoser/Filip,* ZD-Beilage 2012, 1 (3).

647 *Schack,* Einführung in das US-amerikanische Zivilprozessrecht, 4. Aufl., 2011, Rn. 111; *Deutlmoser/Filip,* ZD-Beilage 2012, 1 (3); auch wenn das deutsche Zivilprozessrecht mit § 485 Abs. 2 ZPO den Prozessparteien vor Anhängigkeit des Hauptsacheverfahrens ebenfalls Möglichkeiten der Beweissicherung zur Verfügung stellt, so sind

den Prozessparteien auch Dritte umfasst, die im Besitz relevanter Unterlagen sind, also zum Beispiel Cloud Computing Anbieter.[648] Ausgenommen sind lediglich unabhängige Dritte, welche weder ihren Sitz noch ihren Aufenthalt in den USA haben.[649] Ansonsten macht die pre-trial discovery an territorialen Grenzen jedoch keinen Halt.

Ein US-amerikanisches Gericht kann die Parteien mittels einer Anordnung zur Offenlegung zwingen, sofern sie über die Unterlagen Kontrolle haben und unter die US-amerikanische Gerichtsbarkeit fallen.[650] Der Begriff der Kontrolle wird sehr weit verstanden und umfasst auch ausländische Konzernteile der Prozesspartei.[651] Erst recht unterfallen nicht-amerikanische Unternehmen den Regelungen, wenn sie selbst Prozesspartei sind.[652] Sofern die herausverlangten Informationen personenbezogene Daten beinhalten, sind somit vor allem europäische Tochterunternehmen amerikanischer Konzerne mit dem Dilemma sich widersprechender Verpflichtungen aus amerikanischem Zivilprozessrecht einerseits und europäischem Datenschutzrecht andererseits konfrontiert. Auch Datentreuhänder wären vor eine pre-trial discovery nicht unbedingt geschützt, da den US-amerikanischen Gerichten die bloße Zugriffsmöglichkeit in der Regel ausreicht.[653]

---

diese aufgrund der Beschränkung auf den Sachverständigenbeweis und inhaltlicher Vorgaben nicht mit dem zugelassenen Umfang des US-amerikanischen discovery-Verfahrens vergleichbar. Aus denselben Erwägungen kann auch Art. 15 DSGVO nicht zu einem ähnlichen Verfahren führen: Der Auskunftsanspruch ist zum einen nur betroffenen Personen vorbehalten, zum anderen beschränkt er sich auf deren personenbezogene Daten und darf die Rechte und Freiheiten anderer Personen nicht beeinträchtigen, a.A. *Riemer*, DSB 2019, 223 (224), der zumindest davon ausgeht, dass Art. 15 DSGVO „faktisch wie die prozessvorbereitende „pre-trial-discovery“ [wirkt]“.

648 *Kroschwald,* Informationelle Selbstbestimmung in der Cloud, 2016, S. 398; *Kurtz* in: *Borges/Meents*, Cloud Computing, 2016, Rn. 12.

649 *Kurtz* in: *Borges/Meents*, Cloud Computing, 2016, Rn. 12.

650 *Rosenthal/ Zeunert* in: *Hartmann*, Internationale E-Discovery und Information Governance, 2011, S. 23 (30).

651 *Kurtz* in: *Borges/Meents*, Cloud Computing, 2016, Rn. 11; *Geercken/Holden/Rath u. a.*, CRi 2013, 44 (48).

652 *Flägel/Georg*, RIW 2013, 439 (439).

653 *Forgó/Helfrich/Schneider/Spies*, Betrieblicher Datenschutz, Teil XII Kap. 2 E-Discovery Rn. 30.

II. Weigerungsrechte

Grundsätzlich wird die Weigerung einer Partei, Daten herauszugeben, sanktioniert und kann - wenn sie durch das Gericht als wissentliche Falschaussage eingeordnet wird - sogar zu einer sofortigen Prozessniederlage führen.[654]

Einige - restriktiv auszulegende[655] - Verweigerungsrechte erlauben den verpflichteten Parteien jedoch, Informationen zurückzubehalten. Diese Rechte sollen insbesondere das Anwalt-Mandaten-Verhältnis schützen, indem vertrauliche Kommunikation sowie vom Anwalt erstellte Dokumente, die im Zusammenhang mit dem Rechtsstreit stehen, von der discovery-Pflicht ausgenommen werden.[656] Darüber hinaus steht die Kommunikation zwischen Ärzten und ihren Patienten unter einem hohen Schutz, welcher auch ein Weigerungsrecht beinhaltet und diesbezüglich mit den besonderen Anforderungen an die Verarbeitung besonderer Kategorien personenbezogener Daten einhergeht.[657] Die Anerkennung ausländischer Weigerungsrechte erfolgt von US-amerikanischer Seite aus nur zögerlich.[658] Im Gegensatz zu den Anknüpfungsprinzipien des kontinentaleuropäischen internationalen Zuständigkeitsrechts entscheidet ein US-amerikanisches Gericht darüber mithilfe einer Abwägung.[659] Sofern die herausverlangten Daten europäischem Datenschutzrecht unterliegen, hängt das Ergebnis der Abwägung davon ab, ob die Vorschriften zum Schutz personenbezogener Daten gleichzeitig ein prozessuales Weigerungsrecht beinhalten. Verfahrensrecht ist innerhalb der Europäischen Union Sache der Mitgliedstaaten. Daher unterliegt die Frage mitgliedstaatlichem Recht. Innerhalb des deutschen Zivilverfahrensrechts leitet sich aus dem Schutz personenbezogener Daten nur dann ein Weigerungsrecht ab, wenn das Gericht den Datenschutz im konkreten Fall höher gewichtet als das Beweisführungsinteresse der Parteien.[660] Ein solcher

---

654 *Flägel/Georg*, RIW 2013, 439 (439); *Brisch/Laue*, RDV 2010, 1 (2).

655 Die restriktive Anerkennung ist auf den hohen Stellenwert der Wahrheitsfindung zurückzuführen, siehe *Posdziech*, US-amerikanische Discovery und deutsches Datenschutzrecht, 2017, S. 55.

656 *Kurtz* in: *Borges/Meents*, Cloud Computing, 2016, Rn. 33 ff.

657 *Posdziech*, US-amerikanische Discovery und deutsches Datenschutzrecht, 2017, S. 147.

658 Vgl. *Reiling*, Das US-amerikanische Discovery-Verfahren im Rahmen deutscher gerichtlicher Auseinandersetzungen, 2016, S. 127.

659 *Posdziech*, US-amerikanische Discovery und deutsches Datenschutzrecht, 2017, S. 146.

660 *Posdziech*, US-amerikanische Discovery und deutsches Datenschutzrecht, 2017, S. 147.

nationaler Spielraum führt im US-amerikanischen Zivilprozess eher nicht zu der Unzulässigkeit des angestrengten Beweises – zumal auch in den USA selbst der Privatsphärenschutz kein absolutes Weigerungsrecht darstellt.[661]

Insgesamt spielen sowohl nationale als auch ausländische Weigerungsrechte eine kleine Rolle und können die umfangreiche Kooperationspflicht im Rahmen der pre-trial discovery nur geringfügig begrenzen.

III. Einfluss der DSGVO sowie internationaler Abkommen über die Beweisbeschaffung im Ausland

Neben ausländischen prozessualen Weigerungsrechten kann ein Rechtskonflikt auch dann entstehen, wenn der pre-trial discovery Vorschriften fremder Rechtsordnungen oder internationaler Vereinbarungen entgegenstehen, die eine Anwendung der discovery verbieten.[662] Die Restatements of Law des American Law Institute[663] legen unverbindliche, aber viel beachtete Regeln für den Umgang eines U.S-amerikanischen Gerichts mit einer solchen Rechtskollision fest.

Während das Restatement Second (1965) und das Restatement Third (1987) zum Völkerrecht noch relativ offen gehaltene Abwägungskataloge präsentierten, die zwar teilweise aufgrund einiger Unklarheiten in der Anwendung kritisiert wurden,[664] aber grundsätzlich eine Entscheidung zugunsten der fremden Rechtsordnung zuließen, zeigt sich der Entwurf des Restatement Fourth deutlich zurückhaltender. Obgleich internationale Konflikte mit anderen Staaten vermieden werden sollen, so wird doch deutlich gemacht, dass kein internationales Prinzip existiere, welches in jeden Einzelfall eine Abwägung vorschreibe oder gar einem Staat vorschreibe, von der Ausübung seiner Regelungshoheit Abstand

---

661 *Posdziech*, US-amerikanische Discovery und deutsches Datenschutzrecht, 2017, S. 30; allerdings führt eine Nichtbeachtung der Herausgabeanordnung in der Regel nicht zu Zwangsmaßnahmen, sondern lediglich zu prozessualen Nachteilen für die beweisbelastete Partei, siehe *Meng*, Extraterritoriale Jurisdiktion im öffentlichen Wirtschaftsrecht, 1994, S. 258.

662 Einen Überblick über die Blockadegesetzgebung verschiedener Staaten gegen US-amerikansiche Discovery-Ansprüche bietet *Meng*, Extraterritoriale Jurisdiktion im öffentlichen Wirtschaftsrecht, 1994, S. 267 ff.

663 Die sog. "Restatements of the Law" sind nicht-bindende Abhandlungen des American Law Institute zu einzelnen Rechtsgebieten, die die Rechtsprechung systematisieren und deren Bedeutung im Wesentlichen vergleichbar ist mit der wichtiger Lehrbücher oder Kommentare.

664 Vgl. *Caylor*, B.U. Int'l L.J., 28 (2010), 341 (355 f.); *Ryngaert*, Jurisdiction in International Law, 2. Aufl., 2015, S. 167.

zu nehmen.[665] Dies lässt eine restriktive Haltung dahingehend erkennen, möglicherweise höher gewichtigere Interessen fremder Staaten in die Regulierung eines Sachverhalts in die Abwägung einfließen zu lassen.

1. *Mögliche Erlaubnistatbestände der DSGVO*

Eine pre-trial discovery-Verpflichtung umfasst oftmals auch personenbezogene Daten und erfordert eine Übermittlung dieser Daten in die USA. Dies löst die Anwendung des Kapitels V der DSGVO zur Übermittlung in Drittländer aus. Die Offenlegungspflicht ist daher an den europäischen Datenschutzregelungen zu messen. Grundsätzlich ist sie nur dann zulässig, wenn die Übermittlung der Daten sowohl nach den allgemeinen Erlaubnistatbeständen des Art. 6 DSGVO als auch nach den Vorgaben des Kapitels V zulässig ist. Als gesetzlicher Erlaubnistatbestand kommt eine Verarbeitung zur Erfüllung einer rechtlichen Verpflichtung gemäß Art. 6 Abs. 1 lit. c DSGVO in Betracht. Da sich Verantwortliche allerdings nur dann auf diese Vorschrift berufen können, wenn sich die rechtliche Verpflichtung aus mitgliedstaatlichem Recht oder EU-Recht ergibt, kann die US-amerikanische Ermächtigungsgrundlage allein die Datenverarbeitung nicht rechtfertigen.[666] Den meisten Mitgliedstaaten ist die US-amerikanische Form der Beweiserhebung fremd, sodass deren Befolgung für die Verantwortlichen unter der DSGVO nur zulässig ist, wenn mitgliedstaatliches Recht oder EU-Recht die pre-trial discovery mithilfe von völkerrechtlichen Abkommen anerkannt hat.[667] Anderenfalls widerspricht das Verfahren insbesondere dem datenschutzrechtlichen Verbotsprinzip, dem Zweckbindungsprinzip sowie den Löschungsverpflichtungen der DSGVO.[668] Art. 17 Abs. 3 lit. e DSGVO sieht zwar eine Ausnahme der strikten Löschungspflichten gemäß Abs. 1 vor, wenn dies zur „Geltendmachung, Ausübung oder Verteidigung von Rechtsansprüchen" erforderlich ist. Allerdings ist dieser Ausnahmetatbestand eng zu verstehen und kann daher erst dann vom Verantwortlichen herangezogen werden, wenn ein gerichtlicher oder außergerichtlicher Rechtsstreit mit an Sicherheit grenzender

665 Fourth Restatement (note 3) § 211, Reporters' Note 3: "state practice does not support a requirement of case-by-case balancing to establish reasonableness as a matter of international law."; sowie Fourth Restatement (note 3) § 211, Comment d: "There is no general international-law rule that requires one form of prescriptive jurisdiction to give way to another, even if one basis is less common or more controversial than another."

666 *Kühling/Buchner/Buchner/Petri*, DS-GVO, Art. 6 Rn. 102.

667 *Kühling/Buchner/Buchner/Petri*, DS-GVO, Art. 6 Rn. 102.

668 *Nink* in: *Taeger* DSRI, Internet der Dinge, 2015, S. 283 (285).

Wahrscheinlichkeit bevorsteht.[669] Eine rein hypothetische Aufbewahrung personenbezogener Daten würde das Zweckbindungsprinzip faktisch außer Kraft setzen, da ein Rechtsstreit nie gänzlich ausgeschlossen werden kann.

Selbst wenn die allgemeinen Erlaubnistatbestände des Art. 6 DSGVO eine Datenverarbeitung im Rahmen der pre-trial discovery zulassen, so darf eine tatsächliche Übermittlung in die USA nur dann stattfinden, wenn die Voraussetzung der Art. 44 ff. DSGVO eingehalten werden. Da die Kommission in Bezug auf die USA bislang lediglich sektorale Angemessenheitsentscheidungen erlassen hat, bleibt eine Übermittlung im Zuge eines pre-trial discovery-Verfahrens eine Übermittlung in ein unsicheres Drittland. Ohne vertragliche Absprachen, die nach Genehmigung durch die zuständige Aufsichtsbehörde als geeignete Garantien im Sinne von Art. 46 Abs. 3 lit. a DSGVO fungieren, ist eine Übermittlung nur möglich, sofern einer der Ausnahmetatbestände des Art. 49 DSGVO erfolgt.

Im Rahmen der pre-trial discovery haben die Prozessparteien nach US-amerikanischem Recht die Möglichkeit, beim zuständigen Gericht eine Schutzanordnung (*protective order*) zu erwirken. Diese begrenzt zum Beispiel den zulässigen Adressatenkreis der herausverlangten Dokumente und schützt somit vor einer Preisgabe der Dokumente durch die Gegenpartei oder das Gericht.[670] Unwahrscheinlich ist allerdings, dass eine *protective order* das notwendige Schutzniveau in dem Umfang herstellen kann, wie es die DSGVO verlangt. Das gilt zum einen deshalb, weil die Gerichte nur für wenige besonders schutzbedürftige Daten wie Gesundheitsdaten eine *protective order* zulassen, und zum anderen, weil Verstöße gegen erlassene Schutzanordnungen selten verfolgt und geahndet werden.[671]

2. Das Verhältnis von Art. 48 DSGVO zur pre-trial discovery

Während gerichtliche Anordnungen zweifelsfrei von Art. 48 DSGVO umfasst sind, ergibt sich eine Anwendbarkeit auf pre-trial discovery-Sachverhalte nicht unmittelbar aus dem Wortlaut der Norm.

Die pre-trial discovery ist dadurch gekennzeichnet, dass sie vorrangig durch die Parteien selbst vor dem eigentlichen Prozessbeginn durchgeführt wird, also eben keine hoheitliche Anordnung voraussetzt. Obwohl Art. 48 DSGVO unter

---

669 *Kühling/Buchner/Herbst*, DS-GVO, Art. 17 Rn. 83.

670 *Rosenthal/ Zeunert* in: *Hartmann*, Internationale E-Discovery und Information Governance, 2011, S. 23 (69 f.).

671 *Posdziech*, US-amerikanische Discovery und deutsches Datenschutzrecht, 2017, S. 102.

anderem wegen der pre-trial discovery-Problematik geschaffen wurde,[672] kann eine Anwendung der endgültigen Fassung für diese Situationen nicht überzeugen. Ausweislich des Wortlauts sowie des zugehörigen Erwägungsgrunds 115 dient die Vorschrift nur der Fälle, in denen personenbezogene Daten aufgrund einer hoheitlichen Entscheidung übermittelt werden sollen. Herausgabeverlangen von Privatpersonen fallen demnach nicht unter Art. 48 DSGVO, sondern sind allein an den übrigen Erlaubnistatbeständen des Kapitels V – insbesondere an Art. 49 DSGVO – zu messen.[673]

Relevanz erlangt die Vorschrift des Art. 48 DSGVO insbesondere in Fallkonstellationen, bei denen ein Verantwortlicher im Sinne der DSGVO aufgrund einer ausländischen Ermächtigungsgrundlage aufgefordert wird, personenbezogene Daten an ein Drittland zu übermitteln. Wie bereits dargelegt, trifft den Verantwortlichen eine Pflicht, die behördliche Anordnung auf das Vorliegen einer wirksamen völkerrechtlichen Grundlage zu überprüfen. Ein zwischenstaatliches Abkommen, welches Privaten die Übermittlung personenbezogener Daten an ausländische Behörden im Rahmen von gerichtlichen Verfahren gestattet, existiert derzeit nicht. Die völkerrechtlichen Verträge, die aktuell in Kraft sind, beschränken sich auf Terrorabwehrmaßnahmen – zum Beispiel den Abgleich von Fluggastdaten – oder betreffen lediglich den Datenaustausch zwischen (Ermittlungs-)Behörden untereinander.[674] Daher muss eine staatliche Behörde in Anwendung der bestehenden Regelungen die Datenerhebung an dem Belegenheitsort der Daten selbst durchführen oder den Verantwortlichen dazu veranlassen.

3. *Keine Lösung über das Haager Beweisaufnahmeübereinkommen*

Um die zwischenstaatliche justizielle Kooperation zu vereinfachen und Vertrauen zwischen den Vertragsstaaten im Hinblick auf die Anerkennung fremder Souveränitätsrechte zu schaffen, einigten sich die Mitgliedstaaten der Haager Konferenz für Internationales Privatrecht auf ein Übereinkommen, welches ihnen in bestimmten Angelegenheiten das Ersuchen um Rechtshilfe erlaubt und erleichtert.[675] Nach diesem Abkommen stellen Vertragsstaaten ein

---

672 *Gola/Klug*, DS-GVO, Art. 48 Rn. 1.

673 *Kühling/Buchner/Schröder*, DS-GVO, Art. 48 Rn. 13.

674 Darauf hinweisend *Daskal*, Vand. L. Rev. 2018, 179 (197).

675 Übereinkommen über die Beweisaufnahme im Ausland in Zivil- und Handelssachen vom 18.03.1970.

Beweisaufnahmeersuchen mithilfe eines „Letter of Request“ bei einer eigens dafür eingerichteten Behörde des adressierten ausländischen Staates.[676]

a. *Regelung des Art. 23 HBÜ*

Die Bedeutung des HBÜ im Zusammenhang mit der pre-trial discovery wird insbesondere durch die Vorbehaltsklausel in Art. 23 HBÜ geschmälert. Vertragsstaaten können gemäß dieser als Kompromiss[677] gedachten Bestimmung eine Erklärung abgeben, dass sie einem Rechtshilfeersuchen als Teil einer „pre-trial discovery of documents“ nicht nachkommen werden. Von dieser Möglichkeit haben fast alle Vertragsstaaten Gebrauch gemacht. Allerdings vermag es diese Vorbehaltsklausel auch nicht, den Konflikt zwischen den Rechtsordnungen zu lösen. Aus US-amerikanischer Sicht ist die pre-trial discovery durch das US-amerikanische Zivilprozessrecht (*Federal Rules of Civil Procedure*) legitimiert, welches mittels eines weit erstreckten Personalitätsprinzips die Prozessparteien sowie Dritte miteinschließt.[678]

Sofern nun angenommen wird, dass das HBÜ die alleinige Legitimationsgrundlage für die Beweisbeschaffung im Ausland darstellt, führt die Regelung des Art. 23 HBÜ aus Sicht der USA aufgrund des hohen Stellenwertes der pre-trial discovery zu einem geringen Akzeptanz des Abkommens.[679] Dies spiegelt auch die US-amerikanische Rechtsprechung zu dem Verhältnis zwischen pre-trial discovery-Anfragen und dem HBÜ wider.[680]

Auch wenn diejenigen Staaten, die von Art. 23 HBÜ Gebrauch gemacht haben, ihre Haltung änderten und discovery-Gesuche nicht von vornherein ablehnten, sondern zunächst einer Prüfung unterzögen, würde sich in der Praxis wohl wenig ändern. Der Weg über das Abkommen wird als langwierig und ungeeignet empfunden und entspricht nicht dem Gedanken des US-amerikanischen Zivilprozessrechts, die Beweisbeschaffung zunächst allein den Privaten zu überlassen.[681]

---

676 Art. 1 HBÜ; *Rippert*, RIW 1993, 626 (630).

677 Dazu *Beckmann*, IPRax 1990, 201 (202).

678 *Schack*, Einführung in das US-amerikanische Zivilprozessrecht, 4. Aufl., 2011, Rn. 137.

679 *Bertele*, Souveränität und Verfahrensrecht, 1998, S. 422.

680 Einen Überblick über die jüngere Rechtsprechung bietet *Forgó/Helfrich/Schneider/Spies*, Betrieblicher Datenschutz, Teil XII Kap. 2 E-Discovery Rn. 46 ff.

681 Vgl. *Posdziech*, US-amerikanische Discovery und deutsches Datenschutzrecht, 2017, S. 142.

b. Keine Anerkennung durch US-amerikanische Gerichte

Darüber hinaus kommt der ständigen US-amerikanischen Rechtsprechung zufolge dem HBÜ keine absolut bindende Wirkung zu.[682] Als Leitentscheidung gilt in diesem Zusammenhang die sogenannte *Aerospatiale*-Entscheidung aus dem Jahr 1987.

Der US Supreme Court erklärte in diesem Urteil die Vorschriften des amerikanischen Zivilprozessrechts und diejenigen des Abkommens für nebeneinander anwendbar.[683] Nur wenn eine Abwägung der unterschiedlichen staatlichen Interessen zu dem Ergebnis führe, dass das HBÜ für das in Frage stehende Ersuchen die am besten geeigneten Mechanismen bereitstelle, sei darauf vorrangig zurückzugreifen. Ansonsten könnten - sofern die Parteien der US-amerikanischen Gerichtsgewalt unterfallen - auch die inländischen Beweiserhebungsvorschriften angewandt werden.[684] Diese Haltung wird unter anderem damit begründet, dass - unter Berücksichtigung des Art. 23 HBÜ - eine Zustimmung zum HBÜ derjenigen Staaten, die eine Art pre-trial discovery durchführen, sehr unwahrscheinlich gewesen wäre.[685] Außerdem sei es nicht die Intention des Abkommens, das US-amerikanische Gericht als Überwachungsinstanz des pre-trial-Verfahrens einer fremden Justizbehörde zu unterstellen.[686] Auch in einem jüngeren Urteil äußerte ein US-Bezirksgericht Zweifel daran, dass das HBÜ eine angemessene Alternative zur *discovery* darstellen könnte.[687]

---

682 Societe Nationale Industrielle Aerospatiale and Societe de Construction d'Avions de Tourisme v. United States District Court for the Southern District of Iowa, 482 US 522, 539 (1987).

683 Societe Nationale Industrielle Aerospatiale and Societe de Construction d'Avions de Tourisme v. United States District Court for the Southern District of Iowa, 482 US 522, 539 (1987).

684 Societe Nationale Industrielle Aerospatiale and Societe de Construction d'Avions de Tourisme v. United States District Court for the Southern District of Iowa, 482 US 522, 539 (1987).

685 Societe Nationale Industrielle Aerospatiale and Societe de Construction d'Avions de Tourisme v. United States District Court for the Southern District of Iowa, 482 US 522, 539 (1987).

686 Societe Nationale Industrielle Aerospatiale and Societe de Construction d'Avions de Tourisme v. United States District Court for the Southern District of Iowa, 482 US 522, 539 (1987).

687 Tiffany (NJ) LLC v. Forbse, No. 11 Civ. 4976(NRB), 2012 US Dist. LEXIS 72148, 2012 WL 1918866 (S.D.N.Y. May 23, 2012).

Hergeleitet wird dieses Abwägungsgebot aus dem *comity*-Prinzip[688], nach welchem die Berücksichtigung und Respektierung ausländischer Legislativakte die räumliche Reichweite der eigenen Gesetze begrenzen können, um eine unangemessene Einmischung in die Angelegenheiten anderer Staaten zu vermeiden.[689] Allerdings stellt das *comity*-Prinzip ein nationales Abgrenzungskriterium dar und ist keine Rechtsquelle des Völkerrechts im Sinne des IGH-Statuts.[690] Es dient als nationale Auslegung und Konkretisierung des *genuine link*-Erfordernisses.[691] US-amerikanische Gerichte wenden das *comity*-Prinzip einerseits selbst als Kollisionsregel an, andererseits dient es auf gesetzgeberischer Seite als Grundlage für die Schaffung geschriebener Kollisionsnormen.[692]

Die sogenannten Aerospatiale-Kriterien bilden die Grundlage für die Abwägung durch das Gericht. Dieses hat sowohl die Wichtigkeit der herausverlangten Dokumente für das Verfahren als auch die Bestimmtheit des gestellten Herausgabeverlangens sowie die Herkunft der Daten in ihre Entscheidung miteinzubeziehen. Darüber hinaus ist einerseits zu berücksichtigen, ob es alternative Möglichkeiten gibt, um an die Informationen zu gelangen sowie andererseits, ob durch die Nichtbefolgung des Verlangens wichtige staatliche Interessen der USA bzw. des Belegenheitsstaates beeinträchtigt werden.[693]

Dem Haager Beweisaufnahmeübereinkommen kommt innerhalb der US-amerikanischen Rechtsprechen folglich nur eine untergeordnete Bedeutung zu. Zu prüfen ist daher, ob die DSGVO eine direkte Übermittlung der herausverlangten Daten erlaubt.

---

688 Hier ist nur der Aspekt der sog. "prescriptive comity" gemeint. Das Prinzip ist aber auch auf die Anerkennung von ausländischen Gerichtsentscheidungen bzw. Vornahme von Hoheitsakten durch ausländische Staaten übertragbar; siehe hierzu u. a. *Dodge*, Colum. L. Rev., 115 (2015), 2071 (2099).

689 *Hartford Fire Insurance Co. v. California, 509 US* 764, 817 (1993); F. Hoffman-La Roche Ltd. v. Empagran S. A., 542 US 155, 164 (2004); *Dlouhy*, Extraterritoriale Anwendung des Kartellrechts, 2003, S. 142.

690 *Menzel*, Internationales Öffentliches Recht, 2011, S. 238 f.; *Verdross/Simma*, Universelles Völkerrecht, 3. Aufl., 1984, § 565.

691 *Stein/Buttlar/Kotzur*, Völkerrecht, 14. Aufl., 2017, Rn. 629.

692 *Dodge*, Colum. L. Rev., 115 (2015), 2071 (2100 f.).

693 *Forgó/Helfrich/Schneider/Spies*, Betrieblicher Datenschutz, Teil XII Kap. 2 E-Discovery, Rn. 9.

4. *Übermittlung auf Grundlage von Art. 49 DSGVO*

Nur in eingeschränktem Maße ist es möglich, eine Übermittlung der gespeicherten personenbezogenen Daten im Rahmen der pre-trial discovery über die DSGVO zu legitimieren. In Betracht kommen zum einen die Übermittlung zur Geltendmachung, Ausübung oder Verteidigung von Rechtsansprüchen gemäß Art. 49 Abs. 1 UAbs. 1 lit. c DSGVO und zum anderen der Auffangtatbestand des Art. 49 Abs. 1 UAbs. 2 DSGVO. Außerdem sind im Anwendungsbereich des Art. 48 DSGVO Übermittlung, die von einem anderen Übermittlungsgrund des Kapitels V DSGVO gedeckt sind, weiterhin zulässig. Damit öffnet sich die Norm insbesondere für die Ausnahmetatbestände des Art. 49 DSGVO.[694] Um durch die begrifflich eher weitgefassten Legitimationsgrundlagen des Art. 49 DSGVO den Schutz personenbezogener Daten im Datenverkehr mit Drittländern nicht über Gebühr abzusenken, gebietet sich ein enges Normverständnis.[695]

a. *Übermittlung zur Geltendmachung, Ausübung oder Verteidigung von Rechtsansprüchen*

Eine Übermittlung personenbezogener Daten an einen drittstaatlichen Empfänger ist dann zulässig, wenn dies eigenen Rechtsansprüchen des Verantwortlichen dient. Im Rahmen eines pre-trial discovery-Verfahrens ist das lediglich dann der Fall, wenn der Verantwortliche an dem gerichtlichen Verfahren unmittelbar beteiligt ist. Die Art. 29-Datenschutzgruppe hatte allerdings in Bezug auf die DSRL noch vertreten, dass bei der Übermittlung zusätzlich die Vorgaben internationaler Übereinkommen eingehalten werden müssten.[696] In Betracht käme hier das Haager Beweisaufnahmeübereinkommen. Diese Zusatzanforderung ist jedoch aus zwei Gründen abzulehnen: Zum einen ist das HBÜ als Grundlage für eine behördliche Kooperation geschaffen worden, wohingegen das Konzept der pre-trial discovery in erster Linie auf dem Prinzip der Beweisbeschaffung durch Private fußt und die berechtigten Parteien nur zu Durchsetzungszwecken eine gerichtliche Anordnung einholen können. Insofern widerspricht es dem

694 Die Legitimationstatbestände der Art. 45–47 DSGVO machen ihre Anwendbarkeit von dem Vorliegen eines Angemessenheitsbeschlusses abhängig. Dass dieses Kriterium in den Konstellationen des Art. 48 DSGVO aber keine Rolle spielt, erläutert *Kühling/Buchner/Schröder*, DS-GVO, Art. 48 Rn. 22 f.

695 So auch *Forgó/Helfrich/Schneider/Spies*, Betrieblicher Datenschutz, Teil V Kap. 2 Internationaler Datenverkehr Rn. 7.

696 *Art.-29-Datenschutzgruppe*, Working document on a common interpretation of Article 26(1) of Directive 95/46/EC of 24 October 1995, 2005, WP 114, S. 18.

Grundgedanken der discovery, diese nur dann zuzulassen, wenn die Kommunikation auf behördlichem Wege erfolgt. Zum anderen erscheint ein Rückgriff auf die Vorschriften des HBÜ in den Fällen verfehlt, in denen Vertragsstaaten auf Grundlage von Art. 23 HBÜ erklärt haben, pre-trial discovery-Ersuchen nicht zu bearbeiten. In Bezug auf Art. 49 Abs. 1 UAbs. 1 lit. e DSGVO verzichtet die Art. 29-Datenschutzgruppe offenbar auf dieses Zusatzerfordernis und benennt Datenübermittlungen im Rahmen einer pre-trial discovery explizit als einen möglichen Anwendungsbereich des Ausnahmetatbestands.

Ohnehin ist die Übermittlung auf diejenigen Daten beschränkt, die zur Ausübung der rechtlichen Ansprüche erforderlich sind. Für darüber hinausgehende Herausgabeverlangen bietet Art. 49 Abs. 1 UAbs. 1 lit. e DSGVO keine Rechtsgrundlage.[697] In diesem Umfang sowie unter Wahrung einer strikten Zweckbindung ist eine Übermittlung im Rahmen von pre-trial discovery-Ersuchen dennoch zulässig.[698]

b. Übermittlung zur Wahrung zwingender berechtigter Interessen

Für ein Herausgabeverlangen im Zuge eines pre-trial discovery-Verfahrens kommt grundsätzlich der Auffangtatbestand des Art. 49 Abs. 1 UAbs. 2 DSGVO in Betracht. Dieser erlaubt Verantwortlichen im nichtöffentlichen Bereich eine Übermittlung personenbezogener Daten im Einzelfall, wenn diese für die Wahrung zwingender berechtigter Interessen des Verantwortlichen erforderlich ist und die schutzwürdigen Interessen sowie Rechte und Freiheiten der betroffenen Person nicht höher zu gewichten sind. Es sind durchaus Situationen vorstellbar, in denen der Verantwortliche selbst ein berechtigtes Interesse an der Datenübermittlung hat. Das wird insbesondere der Fall sein, wenn dieser selbst Partei in dem Verfahren ist und sich durch die zu übermittelnden Daten entlasten kann. Gleichwohl beschränkt sich die Zulässigkeit auf diejenigen Daten, die zur Wahrung des berechtigten Interesses erforderlich sind und umfasst – ebenso wie der Erlaubnistatbestand des Art. 49 Abs. 1 UAbs. 1 lit. e DSGVO – keine *fishing expeditions*. Letztere stehen jedoch mitunter regelmäßig im Interesse der US-amerikanischen Berechtigten.

---

697 *Art.-29-Datenschutzgruppe*, Guidelines on Article 49 of Regulation 2016/679, 2018, WP 262, S. 12 f.

698 So auch *Sydow/Towfigh/Ulrich*, EU-DSGVO, Art. 49 Rn. 10; *Kühling/Buchner/Schröder*, DSGVO, Art. 49 Rn. 31; a. A. *Ambrock/Karg*, ZD 2017, 154 (159).

IV. Vorschlag einer Kollisionsregel

Damit das anzuwendende Recht im konkreten Fall bereits bei Vorliegen eines discovery-Ersuchens bestimmt werden kann und eine Anerkennung nicht von der Gewichtung der Interessen durch das Gericht abhängt, sollte sich auf bi- oder multilateralem Wege auf Verweisungsnormen geeinigt werden, welche die unterschiedlichen Interessenlagen berücksichtigen.

1. Zur Systematik der Kollisionsregel

Zur Systematik der zu entwerfenden Kollisionsregel kann auf die Ausführungen in Bezug auf eine Verweisungsnorm im Rahmen des Verlangens einer drittstaatlichen Behörde zur Übermittlung personenbezogener Daten verwiesen werden. Auch im Falle eines Rechtskonfliktes zwischen prozessualen Herausgabepflichten und Datenschutzverpflichtungen muss eine zwischenstaatliche Lösung auf einer zweiseiten Kollisionsregel basieren.

2. Inhaltliche Anforderungen an die Kollisionsregel

Im Gegensatz zu einem Herausgabeverlangen im Zuge eines staatlichen Ermittlungsverfahrens dient das pre-trial discovery-Verfahren der Sachverhaltsaufklärung in einem Zivilprozess und damit in erster Linie den Privatparteien. Es ist somit denkbar, dass auch die betroffene Person, deren Daten herausverlangt werden, ein Interesse an der Datenübermittlung hat, beispielsweise wenn sie selbst an dem Verfahren beteiligt ist. Eine Kollisionsregel, die das anzuwendende Recht für einen Konflikt zwischen pre-trial discovery-Ansprüchen und Datenschutzvorschriften bestimmen soll, muss dieses potenzielle Interesse berücksichtigen. Selbiges gilt für die Fälle, in denen der Verantwortliche prozessbeteiligt ist. Diese Stellung kann ein eigenes berechtigtes Interesse begründen, welches das schutzwürdige Interesse der betroffenen Person übersteigt.

Im Gegensatz zu behördlichen Herausgabeanordnungen knüpft die pre-trial discovery ausschließlich an die Verpflichtungen Prozessbeteiligter und Dritter an, relevante Daten herauszugeben. Der Belegenheitsort der Daten ist dabei irrelevant. Daher ist dieser auch nicht entscheidend für die Bestimmung des anzuwendenden Rechts. Die Verweisungsnorm sollte vielmehr danach differenzieren, ob eine Verfahrensbeteiligung gegeben ist, welche Einfluss auf die Abwägung zwischen Datenschutz- und Beweisbeschaffungsinteresse hat.

Darüber hinaus muss die Kollisionsregel für die gesamte Beweisbeschaffung anwendbar sein, sodass die berechtigte Partei die Norm nicht dadurch umgehen kann, dass sie bei dem zuständigen Gericht eine sanktionsbewehrte Anordnung erwirkt, die Daten herauszugeben.

a. Variante 1: Betroffene Person ist keine Verfahrensbeteiligte

Sofern die betroffene Person nicht an dem zivilrechtlichen Verfahren beteiligt ist, im Zuge dessen die pre-trial discovery stattfindet, ist an ihre personenbezogenen Daten der höchste Schutzstandard anzulegen. Dieser kann nur dann gewährleistet werden, wenn die zu erstellende Kollisionsregel an den gewöhnlichen Aufenthaltsort der betroffenen Person anknüpft. Der gewöhnliche Aufenthalt einer Person ist anhand einer „biographischen Gesamtbetrachtung“[699] zu ermitteln. Auf diese Weise ist gewährleistet, dass der von der betroffenen Person gewählte „tatsächliche Lebensmittelpunkt“[700] ausschlaggebend für das an sie geknüpfte Datenschutzinteresse ist. Der Selbstbestimmungsgedanke des Datenschutzrechts lässt sich auf diese Weise auf die kollisionsrechtliche Ebene übertragen. Sofern es sich um eine Vielzahl von betroffenen Personen mit unterschiedlichen Aufenthaltsorten handelt und der Aufwand, diese zu ermitteln, unverhältnismäßig groß ist, ist eine Übermittlung zulässig, wenn die Daten zuvor anonymisiert wurden.

Sofern der Verantwortliche, der zur Herausgabe der personenbezogenen Daten aufgefordert ist, selbst an dem Gerichtsverfahren beteiligt ist, entscheidet die ermittelte Rechtsordnung darüber, ob dies einen datenschutzrechtlichen Erlaubnistatbestand begründet. Führt die Anwendung der Kollisionsregel beispielsweise zur Anwendung der europäischen Rechtsordnung, so ist dem Verantwortlich unter den Voraussetzungen des Art. 49 Abs. 1 UAbs. 1 lit. e DSGVO gestattet, die für die Ausübung oder Verteidung seines Rechtsanspruchs erforderlichen Daten an eine drittstaatliche Stelle zu übermitteln.

b. Variante 2: Betroffene Person ist Verfahrensbeteiligte

Eine andere Interessenlage liegt vor, wenn die betroffene Person selbst an dem gerichtlichen Verfahren beteiligt ist. In diesem Fall liegt eine derart enge Verbindung zwischen der betroffenen Person und dem Prozess vor, dass die sachnächste Rechtsordnung diejenige ist, welche die Verfahrensregeln vorgibt. Sowohl die herausverlangende als auch die betroffene Person haben aufgrund ihrer prozessualen Stellung ein Interesse an dem Verfahren, sei es zur Durchsetzung oder zur Verteidigung ihrer eigenen Rechtspositionen. Das Interesse

---

699 *Schulze*, IPRax 2012, 526 (528).

700 *Baetge*, Der gewöhnliche Aufenthalt im Internationalen Privatrecht, 1994, S. 75 f.

am Schutz der personenbezogenen Daten tritt somit zumindest soweit zurück, wie dies der Datenübermittlung nicht entgegensteht. Es ist also in jedem Fall eine Interessenabwägung vorzunehmen. Insbesondere der Herausgabe solcher Daten, welche nicht unmittelbar prozessrelevant sind und lediglich ein Ausforschungsinteresse bedienen, stehen in der Regel schutzwürdige Interessen der betroffenen Person entgegen. In diesem Fall ist dann erneut das Recht desjenigen Staates anwendbar, in dem die betroffene Person ihren gewöhnlichen Aufenthalt hat.

3. *Formulierung der Kollisionsregel*

(1) Die Herausgabe personenbezogener Daten auf Verlangen einer Privatperson, die aus dem Prozessrecht ihrer Heimatrechtsordnung dazu berechtigt ist, unterliegt dem Recht des gewöhnlichen Aufenthalts der betroffenen Person.

(2) Sofern die betroffene Person eine Verfahrensbeteiligte ist, richtet sich die Herausgabe nach dem auf das Verfahren anzuwendende Prozessrecht, sofern nicht schutzwürdige Interessen der betroffenen Person einer Herausgabe entgegenstehen.

(3) Die Anwendung einer Vorschrift des nach diesem Gesetz bezeichneten Rechts gilt nur insoweit, als sie nicht dem Wesengehalt eines international anerkannten Grund- oder Menschenrechts entgegensteht.

4. *Abwägungskriterien*

Neben den allgemeinen Abwägungskriterien im Rahmen einer Reasonableness-Prüfung können für eine Interessenabwägung in einer pre-trial discovery-Fallkonstellation zudem die Leitlinien der Sedona Conference herangezogen werden. Die Sedona Conference ist eine gemeinnützige US-amerikanische Organisation, die seit vielen Jahren versucht, eine vermittelnde Lösung zwischen den europäischen Datenschutzanforderungen und den US-amerikanischen Herausgabeerfordernissen zu finden.[701] Die von ihr veröffentlichten Leitlinien umfassen einerseits allgemeine Grundsätze zur Begrenzung der Datenübermittlung im Rahmen einer pre-trial discovery, die in Konflikt mit Datenschutzvorschriften gerät, und enthalten andererseits eine Art Stufenprüfung, welche sich insbesondere an bekannten Abwägungsprinzipien wie dem Verhältnismäßigkeitsprinzip oder der

701 Vgl. *Spies/Schröder*, MMR 2008, 275 (281); *Spies*, ZD-Aktuell, 2701.

Reasonableness-Prüfung orientiert.[702] Das Konzept setzt auf gegenseitige Rücksichtnahme sowie auf einen maßvollen Einsatz derjenigen Rechtsinstrumente, die bei den Regelungsadressaten ein Befolgungsdilemma auslösen. Dementsprechend appeliert die Sedona Conference an die beteiligten Parteien, mithilfe der Leitlinien einen Interessensausgleich herbeiführen. Die Leitlinien orientieren sich – ähnlich dem europäischen Datenschutzrecht – am Erforderlichkeitsprinzip, nach welchem die Datenübermittlung auf das erforderliche Maß zu begrenzen ist.[703] Zudem empfiehlt die Sedona Conference den Rückgriff auf *protective orders*, sofern die Parteien keine vertragliche Lösung zum Schutz der personenbezogenen Daten in Form einer Vertraulichkeitsvereinbahrung finden.[704]

Wird das anzuwendende Recht mittels der oben vorgestellten Kollisionsregel ermittelt, stellen die Leitlinien der Sedona Conference eine nützliche Ergänzung für die Konstellation des Abs. 2 dar, in welcher der Adressat einer discovery-Anordnung nicht selbst am zugrunde liegenden Verfahren beteiligt ist. Auf diese Weise kann einerseits die Rechtssicherheit auf Seiten der Regelungsadressaten erhöht und andererseits der Stellung des Datenschutzrechts als Grundrecht angemessen Rechnung getragen werden.

E. Ergebnis zu Teil 3

Die US-amerikanische Rechtsordnung spricht sowohl öffentlichen Stellen als auch Privaten Rechte zu, die aufgrund ihrer extraterritorialen Wirkung mit der DSGVO kollidieren. Zum einen können Gerichte auf Grundlage des SCA die Herausgabe von Kommunikationsdaten anordnen. Sicherheitsbehörden haben zusätzlich aus dem Patriot Act umfangreiche Zugriffsbefugnisse auf personenbezogene Daten. Zum anderen erlaubt das US-amerikanische Zivilprozessrecht auch Privatpersonen – unter Umständen mithilfe eines Gerichtsbeschlusses –,

702 *The Sedona Conference*, International Principles on Discovery, Disclosure & Data Protection in Civil Litigation (Transitional Edi-tion), 2017.

703 Vgl. *The Sedona Conference*, International Principles on Discovery, Disclosure & Data Protection in Civil Litigation (Transitional Edi-tion), 2017, principle 3: *"Preservation, disclosure, and discovery of Protected Data should be limited in scope to that which is relevant and necessary to support any party's claim or defense in order to minimize conflicts of law and impact on the Data Subject"*.

704 Vgl. *The Sedona Conference*, International Principles on Discovery, Disclosure & Data Protection in Civil Litigation (Transitional Edi-tion), 2017, principle 4: *"Where a conflict exists between Data Protection Laws and preservation, disclosure, or discovery obligations, a stipulation or court order should be employed to protect Protected Data and minimize the conflict"*.

Daten herauszuverlangen, die unter dem Schutz der DSGVO stehen. Da europäische Datenschutzgesetze nur selten als Blockadegesetze anerkannt werden, behauptet sich die DSGVO mit eigenen Mitteln. Diese beruhen auf unilateralen Maßnahmen, die den Verantwortlichen, welche mit einem drittstaatlichen Herausgabeverlangen konfrontiert sind, bis auf wenige Ausnahmen verbieten, der Aufforderung nachzukommen. Die DSGVO ist zwar bestrebt, ihren extraterritorialen Regelungsanspruch auch weitestgehend außerhalb der EU durchzusetzen, eine zufriedenstellende Lösung für den Umgang mit drittstaatlichen Schutzbeeinträchtigungen hält sie indes nicht bereit. Allein der Verweis auf die Ubiquität von Menschenrechten und daraus abgeleiteten Schutzverpflichtungen kann als Argument nicht genügen, um drittstaatliche Verantwortliche ohne Rücksicht auf deren Heimatrechtsordnung der europäischen Jurisdiktion zu unterwerfen.[705] Darüber hinaus stehen auch die Anknüpfungspunkte in keinem hierarchischen Rangverhältnis,[706] sodass sich auch von der Verwendung eines bestimmten Anknüpfungspunktes noch nicht auf den Vorrang einer Rechtsordnung schließen lässt. Den Verantwortlichen, die den sich widersprechenden Verpflichtungen ausgesetzt sind, ist damit wenig geholfen.

Vorgeschlagen wird daher, die Interessen der Beteiligten gegeneinander abzuwägen und die Zulässigkeit eines extraterritorialen Regelungsaktes von einem überwiegenden Interesse des Staates abhängig zu machen, welcher außerhalb seiner territorialen Grenzen handelt.[707] Allerdings riskiert ein Ansatz, der die Anwendung eines extraterritorialen Regelungsaktes hauptsächlich auf eine Interessenabwägung stützt, die Rechtssicherheit der Parteien übermäßig zu beeinträchtigen. Die herangezogenen Kriterien sind häufig vage formuliert und die Entscheidung würde wohl oftmals zugunsten des extraterritorial Handelnden ausfallen – zumal dieser nach überwiegender Auffassung zur Abwägung verpflichtet ist.[708]

Der präsentierte Lösungsansatz in Form einer Verweisungsregel stützt sich daher weder allein auf die Verwendung eines Anknüpfungskriteriums noch auf eine reine Interessenabwägung, sondern basiert auf einer Kombination dieser anerkannten Verfahren.

---

705 So auch *Papp,* Extraterritoriale Schutzpflichten, 2013, S. 249.

706 *Papp,* Extraterritoriale Schutzpflichten, 2013, S. 249; a. A. *Meng,* Extraterritoriale Jurisdiktion im öffentlichen Wirtschaftsrecht, 1994, S. 576 ff.; *Crawford,* Brownlie's principles of public international law, 8. Aufl., 2012, S. 477.

707 So z. B. *Hector,* Das völkerrechtliche Abwägungsgebot, 1992, S. 198 ff.; *Ryngaert,* Jurisdiction in International Law, 2. Aufl., 2015, S. 145 ff.; *Svantesson,* Extraterritoriality in Data Privacy Law, 2013, S. 194 ff.; *Taylor,* EDPL 2017, 195 (206 ff.).

708 *Hector,* Das völkerrechtliche Abwägungsgebot, 1992, S. 238.

Zusammenfassung in Thesen

Die vorliegende Arbeit widmet sich dem Jurisdiktionenkonflikt zwischen der europäischen und der US-amerikanischen Rechtsordnung auf dem Gebiet der grenzüberschreitenden Übermittlung personenbezogener Daten. Das Ziel der Untersuchung bestand darin, Lösungen zu entwickeln, welche einerseits Rechtssicherheit sowohl für die adressierten Verantwortlichen als auch für die betroffenen Personen schaffen, und andererseits keinem der beteiligten Staaten die Regelungsbefugnis absprechen, die ihnen das Völkerrecht zuspricht. Da sich eine Kompromissfindung bei grundsätzlich unterschiedlichen Rechtsverständnissen als schwierig erwiesen hat, kann ein Ausgleich, der verschiedene staatliche Interessen berücksichtigt, derzeit nur in der zwischenstaatlichen Einigung auf Kollisionsregeln basieren.

- Bestehende zwischenstaatliche Übereinkünfte vermögen es nicht, das Interesse an internationalem Datenaustausch mit dem Schutz der betroffenen Personen in dem Maße in Einklang zu bringen, dass es den nationalen Anforderungen der beteiligten Staaten entspricht.
- Eine Erstreckung der Rechtsordnung über die eigenen staatlichen Grenzen hinaus ist grundsätzlich völkerrechtlich zulässig, sofern ein sinnvolles Anknüpfungskriterium gewählt wird.
- Eine effektives Datenschutzrecht im Sinne eines Grundrechtsschutzes muss auch grenzüberschreitende Sachverhalte berücksichtigen. Extraterritoriale Regelungen sind daher unausweichlich. Die DSGVO hat hierzu mit der Marktortregel auf ein wirtschaftsrechtliches Anknüpfungskriterium zurückgegriffen. Obwohl die Zulässigkeit dieses Kriteriums – anders als im Wettbewerbsrecht – nicht allgemein anerkannt ist, so rechtfertigt der Grundrechtsstatus des Schutzes personenbezogener Daten doch die Wahl eines derart weiten Anknüpfungskriteriums.
- Das US-amerikanische Recht hält insbesondere im behördlichen Zugriffsrecht und im Prozessrecht extraterritoriale Ansprüche bereit, welche mit den extraterritorialen Regelungen der DSGVO kollidieren. Die Maßnahmen beider Rechtsordnungen zum Umgang mit den entstehenden Konfliktsituationen sind unzureichend, da diese letztendlich die Entscheidung des Konflikts lediglich auf das datenverarbeitende Unternehmen übertragen. Eine Auflösung halten sie indes nicht bereit.
- Eine Lösung der Konfliktsituationen sollte dasjenige Recht zur Anwendung gelangen lassen, welches der konkreten Fallgestaltung am sachnächsten ist.

Dies ist de lege ferenda durch Kollisionsregeln zu ermitteln. Insbesondere diejenigen Staaten, deren Grundverständnis zum Beispiel im Datenschutzrecht fundamental gegensätzlich ist, sollten bi- oder multilaterale Vereinbarungen auf der Ebene eines Metarechts schaffen, mittels derer im Konfliktfall das anzuwendende Recht gefunden werden kann.
- Um den Grundrechtsschutz nicht zu unterlaufen, müssen die Kollisionsregeln zuvorderst an dem gewöhnlichen Aufenthaltsort der betroffenen Person anknüpfen, da nur dieses Kriterium dem universellen Schutz der GRCh und EMRK Rechnung tragen kann. Der Belegenheitsort der Daten kann aufgrund technischer Entwicklungen wie Cloud Computing willkürlich sein und spielt daher für die Anknüpfung nur eine nachrangige Rolle.

Für die Anwendung US-amerikanischer Zugriffsrechte ergibt sich damit Folgendes:

Ordnet eine US-amerikanische Behörde einem US-amerikanischem Unternehmen, das wirtschaftlich auch in Europäischen Union tätig ist, die Herausgabe von Nutzerdaten an, welche in der EU belegen sind, ist

- EU-Recht anwendbar, sofern die betroffene Person sich gewöhnlich in der EU aufhält;
- das US-amerikanische Recht anwendbar, sofern die betroffene Person die US-amerikanische Staatsangehörigkeit hat und keine ihrer schutzwürdigen Interessen das Interesse an der Herausgabe der Daten überwiegt.

Verlangt eine Privatperson im Rahmen ihrer prozessualen Rechte die Herausgabe personenbezogener Daten, ist

- EU-Recht anwendbar, sofern die betroffene Person sich gewöhnlich in der EU aufhält;
- das US-amerikanische Recht anwendbar, sofern die betroffene Person an dem Prozess beteiligt ist und der Herausgabe keine schutzwürdigen Interessen entgegenstehen.

Literaturverzeichnis

Ahrens, Hans-Jürgen, Der Beweis im Zivilprozess, Köln 2015.

Albrecht, Jan Philipp, Das neue EU-Datenschutzrecht – von der Richtlinie zur Verordnung, Überblick und Hintergründe zum finalen Text für die Datenschutz-Grundverordnung, CR (2016), 88.

Alich, Stefan/Nolte, Georg, Zur datenschutzrechtlichen Verantwortlichkeit (außereuropäischer) Hostprovider für Drittinhalte, CR (2011), 741.

Alo, Edward R., EU Privacy Protection: A Step Towards Global Privacy, Mich. St. Int'l L. Rev., 22 (2013–2014), 1095.

Ambrock, Jens/Karg, Moritz, Ausnahmetatbestände der DS-GVO als Rettungsanker des internationalen Datenverkehrs?, Analyse der Neuerungen zur Angemessenheit des Datenschutzniveaus, ZD (2017), 154.

Arnauld, Andreas von, Freiheit und Regulierung in der Cyberwelt, Transnationaler Schutz der Privatsphäre aus Sicht des Völkerrechts, Berichte der Deutschen Gesellschaft für Völkerrecht (2016), 1.

Arnauld, Andreas von, Völkerrecht, 3., neu bearb. Aufl., Heidelberg 2016.

Arnold, Stefan, Gründe und Grenzen der Parteiautonomie im Europäischen Kollisionsrecht, in: *Arnold (Hrsg.)*, Grundfragen des Europäischen Kollisionsrechts, Tübingen 2016, S. 23–53.

Art.-29-Datenschutzgruppe, Stellungnahme 6/2002 zur Übermittlung von Informationen aus Passagierlisten und anderen Daten von Fluggesellschaften an die Vereinigten Staaten 24.10.2002.

Art.-29-Datenschutzgruppe, Working document on a common interpretation of Article 26(1) of Directive 95/46/EC of 24 October 1995, 2005.

Art.-29-Datenschutzgruppe, Stellungnahme 10/2006 zur Verarbeitung von personenbezogenen Daten durch die *Society for Worldwide Interbank Financial Telcommunication (SWIFT)*, 2006.

Art.-29-Datenschutzgruppe, Arbeitsunterlage 1/2009 über Offenlegungspflichten im Rahmen der vorprozessualen Beweiserhebung bei grenzübergreifenden zivilrechtlichen Verfahren (pre-trial discovery), 2009.

Art.-29-Datenschutzgruppe, Joint Statement of the European Data Protection Authorities Assembled in the Article 29 Working Party, 2014.

Art.-29-Datenschutzgruppe, EU-U.S. Privacy Shield - First annual Joint Review, 2017.

Art.-29-Datenschutzgruppe, Guidelines on Article 49 of Regulation 2016/679, 2018.

Auer-Reinsdorff, Astrid/Conrad, Isabell, Handbuch IT- und Datenschutzrecht, 2. Aufl., München 2016 (zitiert: *Auer-Reinsdorff/Conrad/Bearbeiter*).

Aust, Helmut Philipp, Spionage im Zeitalter von Big Data – Globale Überwachung und der Schutz der Privatsphäre im Völkerrecht, AdV (2014), 375.

Baetge, Dietmar, Der gewöhnliche Aufenthalt im Internationalen Privatrecht, Tübingen 1994.

Bamberger, Georg/Roth, Herbert, Beck'scher Online-Kommentar BGB, 53. Edition, München 2020 (zitiert: *Bamberger/Roth/Bearbeiter*).

Bar, Christian von, Menschenrechte im Kollisionsrecht, in: Berichte der Deutschen Gesellschaft für Völkerrecht (BerDGVR) (Hrsg.), Aktuelle Probleme des Menschenrechtsschutzes, Heidelberg 1994, S. 191–211.

Bar, Christian von/*Mankowski, Peter*, Internationales Privatrecht, 2. Aufl., München 2003.

Barack, Boaz, The Application of the Competition Rules (Antitrust Law) of the European Economic Community to Enterprises and Arrangements External to the Common Market, Dordrecht 1981.

Barczak, Tristan, Normenkonkurrenz und Normenkollision, JuS (2015), 969.

Bareiss, Andreas, Pflichtenkollisionen im transnationalen Beweisverkehr 2014.

Basedow, Jürgen, Wirtschaftskollisionsrecht, Theoretischer Versuch über die ordnungspolitischen Normen des Forumstaates, RabelsZ (1988), 8.

Basedow, Jürgen, Europäisches Internationales Privatrecht, NJW (1996), 1921.

Baumann, Bastian, Datenschutzkonflikte zwischen der EU und den USA, Angemessenheit des Datenschutzniveaus am Beispiel der PNR-Abkommen, Berlin 2016.

Becker, Philipp/Nikolaeva, Julia, Das Dilemma der Cloud-Anbieter zwischen US Patriot Act und BDSG, Zur Unmöglichkeit rechtskonformer Datenübermittlung für gleichzeitig in USA und Deutschland operierende Cloud-Anbieter, CR (2012), 170.

Beckmann, Ralph, Das Haager Beweisübereinkommen und seine Bedeutung für die Pre-Trial-Discovery, IPRax (1990), 201.

Bedi, Monu, Facebook and Interpersonal Privacy: Why the Third Party Doctrine Should Not Apply, B.C.L.Rev., 54 (2013), 1.

Bender, David, Having mishandled Safe Harbor, will the CJEU do better with Privacy Shield? A US perspective, IDPL (2016), 117.

Berentelg, Maria, Die *Act of State*-Doktrin als Zukunftsmodell für Deutschland?, Tübingen 2010.

Bergmann, Jan, Unmittelbare Wirkung des Europarechts, in: *Bergmann (Hrsg.)*, Handlexikon der Europäischen Union, 5. neu bearb. und erw. Aufl. 2015.

Berichte der Deutschen Gesellschaft für Völkerrecht (Hrsg.), Aktuelle Probleme des Menschenrechtsschutzes, Heidelberg 1994.

Bertele, Joachim, Souveränität und Verfahrensrecht, Eine Untersuchung der aus dem Völkerrecht ableitbaren Grenzen staatlicher extraterritorialer Jurisdiktion im Verfahrensrecht, Tübingen 1998.

Bodenschatz, Nadine, Der europäische Datenschutzstandard, Frankfurt a.M. 2010.

Böhm, Franziska/Cole, Mark D., Studie zu den Folgen des EuGH-Urteils zur Vorratsdatenspeicherung, Auswirkungen auf Mitgliedstaaten, EU-Rechtsakte und internationale Abkommen, ZD (2014), 553.

Böhm, Ulrike, Amerikanisches Zivilprozessrecht, Berlin, Köln 2005.

Börding, Andreas, Ein neues Datenschutzschild für Europa, Warum auch das überarbeitete Privacy Shield den Vorgaben des Safe Harbor-Urteils des EuGH nicht gerecht werden kann, CR (2016), 431.

Borges, Georg, Datentransfer in die USA nach Safe Harbor, NJW (2015), 3617.

Bradford, Anu, The Brussels Effect, NULR, 107 (2012), 1.

Bradley, Curtis/Goldsmith, Jack, Presidential Control Over International Law, HLR, 131 (2018), 1203.

Bratvogel, Katharina, Rechtswahlfreiheit, Jena 2016.

Brennscheidt, Kirstin, Cloud Computing und Datenschutz, Baden-Baden 2013.

Brisch, Klaus/Laue, Philip, E-Discovery und Datenschutz, RDV (2010), 1.

Brkan, Maja, Data Protection and Conflict-of-laws: A Challenging Relationship, EDPL, 2 (2016), 324.

Brühann, Ulf, Die Veröffentlichung personenbezogener Daten im Internet als Datenschutzproblem, Zur Rechtsprechung des Europäischen Gerichtshofs, DuD (2004), 201.

Bruns, Alexander, Der anerkennungsrechtliche ordre public in Europa und den USA, JZ (1999), 278.

Buchner, Benedikt, Informationelle Selbstbestimmung im Privatrecht, Tübingen 2006.

Bungert, Hartwin, Das Recht ausländischer Kapitalgesellschaften auf Gleichbehandlung im deutschen und US-amerikanischen Recht, Zugleich ein Beitrag zu einem internationalen Grundrechtskollisionsrecht, München 1994.

Burgkardt, Felix, Grundrechtlicher Datenschutz zwischen Grundgesetz und Europarecht, Hamburg 2013.

Buxbaum, Hannah L., The Scope and Limitations of the Presumption against Extraterritoriality, AJIL Unbound, 110 (2016), 62.

Buxbaum, Hannah, L., Territory, Territoriality, and the Resolution of Jurisdictional Conflict, Am. J. Comp. L., 57 (2009), 631.

Calliess, Christian/Ruffert, Matthias, EUV/AEUV, Das Verfassungsrecht der Europäischen Union mit Europäischer Grundrechtecharta, 5. Aufl., München 2016 (zitiert: *Calliess/Ruffert/Bearbeiter*).

Caylor, Marissa L. P., Modernizing the Hague Evidence Convention, A proposed solution to cross-border discovery conflicts during civil and commercial litigation, B.U. Int'l L.J., 28 (2010), 341.

Chang, Henry, Data protection regulation and cloud computing, in: *Cheung/ Weber (Hrsg.)*, Privacy and Legal Issues in Cloud Computing, Cheltenham (UK), Northampton (USA) 2016, S. 26–42.

Chen, Jiahong, How the best-laid plans go awry: the (unsolved) issues of applicable law in the General Data Protection Regulation, IDPL (2016), 310.

Colonna, Liane, PRISM and the European Union's Data Protection Directive, JITPL, 30 (2013), 227.

Crawford, James, Brownlie's principles of public international law, 8. Aufl., Oxford, United Kingdom 2012.

Cunningham, McKay, Diminishing Sovereignty: How European Privacy Law Became International Norm, Santa Clara Int'l L., 11 (2013), 421.

Czerniawski, Michal, Extraterritoriality in the Age of the Equipment-Based Society, Do We Need the 'Use of Equipment' as a Factor for the Territorial Applicability of the EU Data Protection Regime?, in: *Svantesson/Kloza (Hrsg.)*, Trans-Atlantic Data Privacy Relations as a Challenge for Democracy, Bd. 4, Cambridge 2017, S. 221–240.

Czosseck, C./Ottis, R., Ziolkowski, K (Hrsg.), 4th International Conference on Cyber Conflict 2012.

Dahm, Georg/Delbrück, Jost/Wolfrum, Rüdiger, Völkerrecht, 2. Aufl., Berlin 1989.

Dahm, Joachim/Hamacher, Rolfjosef, Finanztransaktionssteuern anderer Länder – (taugliche) Muster für die grenzüberschreitende Steuererhebung?, IStR (2013), 123.

Daskal, Jennifer, The Un-Territoriality of Data, Yale L. J. (2015), 326.

Daskal, Jennifer, Borders and Bits, Vand. L. Rev. (2018), 179.

Däubler, Wolfgang, Die Übermittlung von Arbeitnehmerdaten ins Ausland, CR (1999), 49.

Däubler, Wolfgang, Das Kollisionsrecht des neuen Datenschutzes, RIW (2018), 405.

Däubler, Wolfgang/Wedde, Peter/Weichert, Thilo/Sommer, Imke, EU-Datenschutz-Grundverordnung und BDSG-neu, Kompaktkommentar, Frankfurt a.M. 2018 (zitiert: *DWWS/Bearbeiter*).

Deren, Deniz Halil, Internationales Enteignungsrecht, Kollisionsrechtliche Grundlagen und Investitionsschutzfragen, Tübingen 2015.

Determannn, Lothar/Nebel geb. Weigl, Michaela, U.S. CLOUD Act – Wolken über der Datenschutz-Grundverordnung?, Neuigkeiten im Konflikt zwischen US-Recht und EU-Datenschutzrecht, CR (2018), 408.

Deutlmoser, Ralf/Filip, Alexander, Europäischer Datenschutz und US-amerikanische (e-)Discovery-Pflichten, Ein Praxisleitfaden für Unternehmen, ZD-Beilage (2012), 1.

Diemar, Undine von, § 17 Zugriff auf Daten durch hoheitliche Befugnisse, in: *Borges/Meents (Hrsg.),* Cloud Computing, Rechtshandbuch, München 2016.

Dietlein, Johannes, Die Lehre von den grundrechtlichen Schutzpflichten, Berlin 1992.

Dlouhy, Alexander, Extraterritoriale Anwendung des Kartellrechts im europäischen und US-amerikanischen Recht, Baden-Baden 2003.

Dodge, William, Understanding the Presumption Against Extraterritoriality, BJIL (1998), 85.

Dodge, William, International Comity in American Law, Colum. L. Rev., 115 (2015), 2071.

Dodge, William, Jurisdiction in the Forth Restatement of Foreign Relations Law, in: *Bonomi/Romano (Hrsg.),* Yearbook of Private International Law Vol. XVIII - 2016/2017, Köln 2017, S. 143–170.

Dolzer, Rudolf, Extraterritoriale Anwendung von nationalem Recht aus der Sicht des Völkerrechts, in: Gesellschaft für Rechtspolitik (Hrsg.), Bitburger Gespräche, [globale Wirtschaft – nationales Recht; Chancen, Risiken, Konflikte], München 2003, S. 71.

Draf, Oliver, Die Regelung der Übermittlung personenbezogener Daten in Drittländer nach Art. 25, 26 der EG-Datenschutzrichtlinie, Frankfurt a.M. 1999.

Dröge, Cordula, Positive Verpflichtungen der Staaten in der Europäischen Menschenrechtskonvention, Berlin [u.a.] 2003.

Düsseldorfer Kreis, Orientierungshilfe – Cloud Computing, der Arbeitskreise Technik und Medien der Konferenz der Datenschutzbeauftragten des Bundes und der Länder sowie der Arbeitsgruppe Internationaler Datenverkehr des Düsseldorfer Kreises, Version 2.0 09.10.2014.

Ehmann, Eugen/Selmayr, Martin, Datenschutz-Grundverordnung, 2. Aufl., München 2018 (zitiert: *Ehmann/Selmayr/Bearbeiter*).

Eichenhofer, Johannes, „e-Privacy“ im europäischen Grundrechtsschutz: Das „Schrems“-Urteil des EuGH, EuR (2016), 76.

Elixmann, Robert, Datenschutz und Suchmaschinen, Neue Impulse für einen Datenschutz im Internet, Berlin 2012.

Ellger, Reinhard, Der Datenschutz im grenzüberschreitenden Datenverkehr, Eine rechtsvergleichende und kollisionsrechtliche Untersuchung 1990, Dissertation Hamburg.

Emmenegger, Susan, Extraterritorial Economic Sanctions and Their Foundation in International Law, Ariz. J. Int'l & Comp. L. (2016), 631.

Engel, Alexandra, Reichweite und Umsetzung des Datenschutzes gemäß der Richtlinie 95/46/EG für aus der Europäischen Union in Drittländer exportierte Daten am Beispiel der USA, Berlin 2003.

Englisch, Joachim/Krüger, Christiane, Zur Völkerrechtswidrigkeit extraterritorialer Effekte der französischen Finzanztransaktionssektors, IStR (2013), 513.

Epping, Volker, § 7 Der Staat als die „Normalperson" des Völkerrechts, in: *Ipsen (Hrsg.)*, Völkerrecht, Ein Studienbuch, 7. völlig neu bearb. Aufl., München 2018.

Eßer, Martin/Kramer, Philipp/Lewinski, Kai von, Datenschutz-Grundverordnung, Bundesdatenschutzgesetz und Nebengesetze, 6. Aufl., Köln 2018 (zitiert: *Auernhammer/Bearbeiter*).

Fechner, Frank, Anmerkung zu EuGH, Urteil v. 6.11.2003 – Rs. C-101/01 Bodil Lindqvist, JZ (2004), 246.

Feiler, Lukas/Forgó, Nikolaus, EU-DSGVO, EU-Datenschutz-Grundverordnung, Wien 2017 (zitiert: Feiler/Forgó/*Bearbeiter)*.

Ferrari, Franco/Kieninger, Eva-Maria/Mankowski, Peter, Internationales Vertragsrecht, Rom I-VO, CISG, CMR, FactÜ, München 2012 (zitiert: *Ferrari/Bearbeiter*).

Fiedler, Tanja N., Die Einführung eines europäischen Fluggastdatensystems, Konflikt zwischen Datenschutz und Innerer Sicherheit, Baden-Baden 2016.

Fikentscher, Wolfgang, Wirtschaftsrecht, München 1983.

Flägel, Peter/Georg, Jasper von, E-Discovery nach US-Zivilverfahrensrecht und deutsches Datenschutzrecht, RIW (2013), 439.

Forgó, Nikolaus/Helfrich, Marcus/Schneider, Jochen, Betrieblicher Datenschutz, Rechtshandbuch, 2. Aufl., München 2017 (zitiert: *Forgó/Helfrich/Schneider/Bearbeiter*).

Francq, Stéphanie, The Scope of Secondary Community Law In The Light Of The Methods Of Private International Law – Or The Other Way Around?, in: *Šarčević/Volken/Bonomi (Hrsg.)*, Yearbook of Private International Law, Volume VIII 2006, S. 333–374.

Frantziou, Eleni, The Horizontal Effect of the Charter of Fundmental Rights of the EU: Rediscovering the Reasons for Horizontality, ELJ (2015), 657.

Frenz, Walter, Handbuch Europarecht, Europäische Grundrechte, Berlin Heidelberg 2009.

Gasteyer, Thomas, Gedanken zur extraterritorialen Anwendung von Recht, in: *Dieners/Dietzel/Gasteyer (Hrsg.)*, Liber Amicorum Dolf Weber, Baden-Baden 2016, S. 89–123.

Gausling, Tina, Offenlegung von Daten auf Basis des CLOUD Act, CLOUD Act und DS-GVO im Spannungsverhältnis, MMR (2018), 578.

Geercken, Karl/Holden, Kelly/Rath, Michael/Surguy, Mark/Stretton, Tracey, Irreconvilable Differences? Navigating Cross-Border E-Discovery, How best to understand and deal with the conflict between e-discovery and data protection principles, CRi (2013), 44.

Genz, Alexander, Datenschutz in Europa und den USA, Eine rechtsvergleichende Untersuchung unter besonderer Berücksichtigung der Safe-Harbor-Lösung, Wiesbaden 2004.

Georgieff, Alexander, Kollisionen durch extraterritoriale staatliche Regelungen im internationalen Wirtschaftsrecht, Eine Untersuchung zu jüngsten Entwicklungen auf den Gebieten des Exportkontrollrechts und des Kartellrechts, Köln, Berlin, Bonn, München 1989.

Germelmann, Claas Friedrich, Grenzüberschreitende Rechtsdurchsetzung im Datenschutz – Anwendbares Recht, in: *Schmidt-Kessel/Langhanke (Hrsg.)*, Datenschutz als Verbraucherschutz, Jena 2016, S. 93–110.

Gersdorf, Hubertus/Paal, Boris, BeckOK Informations- und Medienrecht, 27. Ed., München 2020 (zitiert: *Gersdorf/Paal/Bearbeiter*).

Gesellschaft für Rechtspolitik (Hrsg.), Bitburger Gespräche [globale Wirtschaft – nationales Recht; Chancen, Risiken, Konflikte], München 2003.

Gierschmann, sibylle/Schlender, Katharina/Stentzel, Rainer/Veil, Winfried, Datenschutz-Grundverordnung, Köln 2018 (zitiert: *GSSV/Bearbeiter*).

Gola, Peter, DS-GVO, München 2017 (zitiert: *Gola/Bearbeiter*).

Gola, Peter, Datenschutz-Grundverordnung, VO (EU) 2016/679, 2. Aufl., München 2018 (zitiert: *Gola/Bearbeiter*).

Gömann, Merlin, The new territorial scope of EU Data Protection Law: Deconstructing a revolutionary achievement, CLMR (2017), 567.

Gounalakis, Georgios/Radke, Wolfram, Das Verhältnis des Internationalen Privatrechts zum Europäischen Gemeinschaftsrechts am Beispiel des Diskriminierungsverbots (Art. 6 EGV), der Niederlassungsfreiheit (Art. 52, 58 EGV) und des Kollisionsrechts der EG-Datenschutzrichtlinie, ZVglRWiss, 98 (1999), 1.

Grabenwarter, Christoph/Pabel, Katharina, Europäische Menschenrechtskonvention, Ein Studienbuch, 6. Aufl., München 2016.

Grabitz, Eberhard/Hilf, Meinhard/Nettesheim, Martin, Das Recht der Europäischen Union 2016 (zitiert: *Grabnitz/Hilf/Nettesheim/Bearbeiter*).

Grimm, Dieter, Der Datenschutz vor einer Neuorientierung, JZ (2013), 585.

Groeben, Hans von der/*Schwarze, Jürgen/Hartje, Armin*, Europäisches Unionsrecht, Vertrag über die Europäische Union, Vertrag über die Arbeitsweise der Europäischen Unions, Chara der Grundrechte der Europäischen Union, 7. Aufl. 2015 (zitiert: *Groeben/Schwarze/Hartje/Bearbeiter*).

Grosswald Curran, Vivian, United States Discovery and Foreign Blocking Statutes, La. L. Rev. (2016), 1141.

Gunasekara, Gehan, The 'final' privacy frontier? Regulating trans-border data flows, Int'l J.L. & Info. Tech. (2007), 363.

Habscheid, Walther J. (Hrsg.), Der Justizkonflikt mit den Vereinigten Staaten von Amerika, Bielefeld 1985.

Halfmeier, Axel, Die neue Datenschutzverbandsklage, NJW (2016), 1126.

Hamacher, Rolfjosef, Datenschutz und internationaler Informationsaustausch, IStR (2016), 171.

Hartl, Korbinian, Suchmaschinen, Algorithmen und Meinungsmacht, Wiesbaden 2017.

Hausmann, Rainer/Odersky, Felix, Internationales Privatrecht in der Notar- und Gestaltungspraxis, Personenrecht und Rechtsgeschäfte, Familienrecht, Erbrecht, Schuldvertrags- und Sachenrecht, Gesellschaftsrecht, 3., neu bearb. und erw. Aufl. 2017 (zitiert: *Hausmann/Odersky/Bearbeiter*).

Hay, Peter, Law of the United States, An overview, 4. Aufl., München 2016.

Heberlein, Johanna, Datenschutz im Social Web, Materiell-rechtliche Aspekte der Verarbeitung personenbezogener Daten durch Private in sozialen Netzwerken, Baden-Baden 2017.

Heckmann, Dirk, Geltungskraft und Geltungsverlust von Rechtsnormen, Tübingen 1997.

Hector, Pascal, Das völkerrechtliche Abwägungsgebot, Abgrenzung der Souveränitätssphären durch Verfahren, Berlin 1992.

Heiderhoff, Bettina, Transnationaler Schutz der Privatspäre im internationalen Privatrecht, Berichte der Deutschen Gesellschaft für Völkerrecht (Heidelberg 2016), 35.

Heijer, Maarten/Lawson, Rick, Extraterritorial Human Rights and the Concept of 'Jurisdiction', in: *Langford (Hrsg.)*, Global justice, state duties, the extraterritorial scope of economic, social and cultural rights in international law, New York [u.a.] 2013, S. 153–191.

Heil, Helmut/Greve, Holger, Datenschutzkonformes Steuerrecht?, Spannungsfeld zwischen Pflichten des Steuerbürgers und Informationsbefugnissen der Finanzbehörden, ZD (2013), 481.

Heintschel von Heinegg, Wolff, Legal Implications of Territorial Sovereignty in Cyberspace, in: *Czosseck*/Ottis, R., Ziolkowski, K (Hrsg.), 4th International Conference on Cyber Conflict 2012, S. 7–19.

Hennrich, Thorsten, Cloud Computing, Herausforderungen an den Rechtsrahmen für Datenschutz, Berlin 2016.

Herdegen, Matthias, Internationales Wirtschaftsrecht, Ein Studienbuch, 10., überarb. und erw. Aufl., München 2014.

Hert, Paul de/*Czerniawski, Michal*, Expanding the European data protection scope beyond territory: Article 3 of the General Data Protection Regulation in its wider context, IDPL (2016), 230.

Hert, Paul de/*Gutwirth, Serge*, Data Protection in the Case Law of Strasbourg and Luxemburg: Constitutionalisation in Action, in: *Gutwirth/Poullet/Hert u. a. (Hrsg.)*, Reinventing Data Protection?, Berlin 2009, S. 3–44.

Herzog, Roman/Scholz, Rupert/Herdegen, Matthias/Klein, Hans, Grundgesetz, Kommentar, München 2015 (zitiert: *Maunz/Dürig/Bearbeiter*).

Hijmans, Hielke, The European Union as Guardian of Internet Privacy, The Story of Art 16 TFEU, Switzerland 2016.

Hobe, Stephan, § 231 Cyberspace – der virtuelle Raum, in: *Isensee/Kirchhof (Hrsg.)*, Handbuch des Staatsrechts der Bundesrepublik Deutschland, Heidelberg 2013.

Hobe, Stephan, Einführung in das Völkerrecht, 10. Aufl., Tübingen 2014.

Hofmann, Rainer/Boldt, Nicki, Internationaler Bürgerrechtepakt 2005 (zitiert: *Hofmann/Boldt/Bearbeiter*).

Holstein, Miriam, Act of State im U.S.-amerikanischen Recht: Eine Doktrin vor dem Zerfall?, Münster 1998.

Holzer, Norbert, Die geplante europäische Datenschutz-Verordnung: Fortschritt oder Rückschritt?, in: *Holzer/Ory/Engel (Hrsg.)*, Evolution der Medien – das Ringen um Kontinuität, FS Thaenert, Baden-Baden 2013, S. 297–319.

Huck, Winfried, Extraterritorialität US-amerikanischen Rechts im Spannungsverhältnis zu nationalen, supranationalen und internationalen Rechtsordnungen, NJOZ (2015), 993.

Immenga, Ulrich/Mestmäcker, Ernst-Joachim, EU-Wettbewerbsrecht, 2. Aufl. Bd. 1, München 2012 (zitiert: *Immenga/Mestmäcker/Bearbeiter*).

Jansen, Dennis, Krieg der Daten, Kollision von EU DSGVO und US CLOUD Act, https://www.cr-online.de/blog/2018/03/28/krieg-der-daten-kollision-von-eu-dsgvo-und-us-cloud-act/ (Stand: 06.09.2018).

Jarass, Hans D., Charta der Grundrechte der Europäischen Union, unter Einbeziehung der vom EuGH entwickelten Grundrechtsregelungen der Verträge und der EMRK, 2. Aufl. 2013 (zitiert: *Jarass/Bearbeiter*).

Jennings, R. Y., Extraterritorial Jurisdiction and the United States Antitrust Law, Brit. Y.B. Int'l L., 33 (1957), 146.

Jotzo, Florian, Gilt deutsches Datenschutzrecht auch für Google, Facebook & Co. bei grenzüberschreitendem Datenverkehr?, MMR (2009), 232.

Jotzo, Florian, Der Schutz personenbezogener Daten in der Cloud, Baden-Baden 2013.

Junker, Abbo, Discovery im deutsch-amerikanischen Rechtsverkehr 1987.

Kaffanke, Joachim, Nationales Wirtschaftsrecht und internationale Wirtschaftsordnung, Anwendungsgrenzen nationalen Rechts bei internationalen Sachverhalten, Baden-Baden 1990.

Kartheuser, Ingemar/Klar, Manuel, Wirksamkeitskontrolle von Einwilligungen auf Webseiten, Anwendbares Recht und inhaltliche Anforderungen im Rahmen gerichtlicher Überprüfungen, ZD (2014), 500.

Kartheuser, Ingemar/Schmitt, Florian, Der Niederlassungsbegriff und seine praktischen Auswirkungen, Anwendbarkeit des Datenschuztrecu eines Mitgliedstaas auf ausländische EU-Gesellschafteb, ZD (2016), 155.

Kastler, Holger, Föderaler Rechtsschutz, Personenbezogene Daten in einem Raum der Freiheit, der Sicherheit und des Rechts 2017.

Kattan, Ilana, Cloudy Privacy Protections: Why the Stored Communications Act Fails to Protect the Privacy of Communications Stored in the Cloud, Vand. J. Ent. & Tech. L. (2011), 617.

Kegel, Gerhard/Schurig, Klaus, Internationales Privatrecht, 9. neubearbeitete Aufl., München 2004.

Kerr, Orin, What legal protections apply to e-mail stored outside the U.S.?, The Volokh Conspiracy, The Washington Post (7.7.2014).

Kirby, Michael, Privacy protection, a new beginning: OECD principles 20 years on, http://www.austlii.edu.au/au/journals/PrivLawPRpr/1999/41.html#fn9.

Klar, Manuel, Räumliche Anwendbarkeit des (europäischen) Datenschutzrechts, Ein Vergleich am Beispiel von Satelliten-, Luft- und Panoramastraßenaufnahmen, ZD (2013), 109.

Klar, Manuel, Die extraterritoriale Wirkung des neuen europäischen Datenschutzrechts, DuD (2017), 533.

Klar, Manuel/Kühling, Jürgen, Privatheit und Datenschutz in der EU und den USA – Kollision zweier Welten?, AöR (2016), 165.

Klein, Eckart, Grundrechtliche Schutzpflicht des Staates, NJW (1989), 1633.

Knox, John H., A Presumption against Extrajurisdictionality, AJIL, 104 (2010), 351.

Kobrin, Stephen J., Safe harbors are hard to find: the trans-Atlantic data privacy dispute, territorial jurisdiction and global governance, Review of International Studies, 30 (2004), 111.

Köhler, Helmut/Bornkamm, Joachim, Gesetz gegen den unlauteren Wettbewerb, 34., neu bearb. Aufl. 13a, München 2016 (zitiert: *Köhler/Bornkamm/Bearbeiter*).

Kokott, Juliane/Sobotta, Christoph, The distinction between privacy and data protection in the jurisprudence of the CJEU and the ECtHR, IDPL (2013), 222.

Kramer, Ernst A., Juristische Methodenlehre, 5. Aufl., Bern 2016.

Kremer, Sascha, Datenschutzerklärungen von Social Media Diensten: Anwendbares Recht und AGB-Kontroll, RDV (2014), 73.

Kropholler, Jan, Internationales Privatrecht, einschließlich der Grundbegriffe des Internationalen Zivilverfahrensrechts, 6., neubearb. Aufl., Tübingen 2006.

Kroschwald, Steffen, Informationelle Selbstbestimmung in der Cloud, Wiesbaden 2016.

Kuczerawy, Aleksandra, Facebook and its EU Users – Applicability of the EU Data Protection Law to US Based SNS, in: *Bezzi/Duquenoy/Fischer-Hübner (Hrsg.)*, Privacy and Identity Management for Life, 5th IFIP WG 9.2, 9.6/11.4, 11.6, 11.7/PrimeLife International Summer School, Nice, France, September 7–11, 2009, Revised Selected Papers, Bd. 320, Berlin Heidelberg 2010, S. 75–85.

Kühling, Jürgen/Buchner, Benedikt, Datenschutz-Grundverordnung/BDSG, Kommentar, 2. Aufl., München 2018 (zitiert: *Kühling/Buchner/Bearbeiter*).

Kühling, Jürgen/Heberlein, Johanna, EuGH „reloaded“: „unsafe harbor“ USA vs. „Datenfestung“ EU, NVwZ (2016), 7.

Kühling, Jürgen/Martini, Mario/Heberlein, Johanna/Kühl, Benjamin/Nink, David/Weinzierl, Quirin/Wenzel, Michael, Die Datenschutz-Grundverordnung, Erste Überlegungen zum innerstaatlichen Regelungsbedarf, Münster 2016.

Kuipers, Jan-Jaap, EU law and private international law, The interrelationship in contractual obligations, Leiden [u.a.] 2012.

Kuner, Christopher, Developing an Adequate Legal Framework for International Data Transfers, in: *Gutwirth/Poullet/Hert u. a. (Hrsg.)*, Reinventing Data Protection?, Berlin 2009, S. 263–273.

Kuner, Christopher, Data Protection Law and International Jurisdiction on the Internet (Part 1), Int'l J.L. & Info. Tech., 18 (2010), 176.

Kuner, Christopher, Transborder Data Flows and Data Privacy Law, Oxford 2013.

Kuner, Christopher, Extraterritoriality and regulation of international data transfers in EU data protection law, IDPL (2015), 235.

Kuner, Christopher, Reality and Illusion in EU Data Transfer Regulation Post Schrems, German Law Journal, 18 (2017), 881.

Kurtz, Birgit, § 16 Internationaler Zugriff auf Daten, in: *Borges/Meents (Hrsg.)*, Cloud Computing, Rechtshandbuch, München 2016.

Lantwin, Tobias, Kann ein Briefkasten haften? – Rolle des Vertreters nach DSGVO, Eine Analyse der Aufgaben und Sanktionsrisiken, ZD (2019), 14.

Leible, Stefan, Wege zu einem Europäischen Privatrecht, Anwendungsprobleme und Entwicklungsperspektiven des Gemeinschaftsprivatrecht, Tübingen 2003.

Leible, Stefan/Lehmann, Matthias, Die Verordnung über das auf vertragliche Schuldverhältnisse anzuwendende Recht („Rom I"), RIW (2008), 528.

Lejeune, Mathias, USA: No Authorization for Warrant Enforcement as to Customer Contend Stored in Ireland, CRi (2016), 118.

LeSieur, François, Regulating cross-border data flows and privacy in the networked digital environment and global knowledge economy, IDPL (2012), 93.

Leuschner, Sebastian, EuGH und Vorratsdatenspeicherung: Erfindet Europa ein Unionsgrundrecht auf Sicherheit?, EuR (2016), 431.

Lewinski, Kai von, Privacy Shield – Notdeich nach dem Pearl Harbor für die transatlantischen Datentransfers, EuR (2016), 405.

Lewinski, Kai von/*Hermann, Christoph*, Cloud vs. Cloud – Datenschutz im Binnenmarkt, Verantwortlichkeit und Zuständigkeit bei grenzüberschreitender Datenverarbeitung, ZD (2016), 467.

Lin, Tom, The Evolution of American Discovery in Light of Constitutional Challenges, The Role of the 2015 Rule Amendments to the Federal Rules of Civil Procedure, Hastings Const. L.Q., 44 (2016–2017), 225.

Lindhorst, Matthias, Sanktionsdefizite im Datenschutzrecht, Frankfurt a.M. 2010.

Louis, Hans Walter, Datenschutz und Informationsrecht in den USA, Eine Darstellung der Gesetzgebung des Bundes, München 1984.

Lüttringhaus, Jan D., Das internationale Datenprivatrecht: Baustein des Wirtschaftskollisionsrechts des 21. Jahrhunderts, Das IPR der Haftung für Verstöße gegen die EU-Datenschutzgrundverordnung, ZVglRWiss (2018), 50.

Lynskey, Orla, Deconstructing Data Protection, The 'Added-Value' of a Right to Data Protection in the EU Legal Order, I.C.L.Q., 63 (2014), 569.

Lynskey, Orla, The Foundations of EU Data Protection Law, Oxford 2015.

Maier, Harold G., Jurisdictional Rules in Customary International Law, in: *Meessen (Hrsg.)*, Extraterritorial Jurisdiction in Theory and Practice, London 1996, S. 64–102.

Maier, Helena Isabel, Marktortanknüpfung im internationalen Kartelldeliktsrecht 2011, Dissertation.

Mann, Frederick A., The Doctrine of Jurisdiction in International Law, RdC, 111 (1964 I), 9.

Mann, Frederick A., Further studies in international law, Oxford 1990.

Marsch, Nikolaus, Das europäische Datenschutzgrundrecht, Grundlagen – Dimensionen – Verflechtungen, Tübingen 2018.

McMahon, Kathryn, Tell the Smart House to Mind Its Own Business: Maintaining Privacy and Security in the Era of Smart Devices, Fordham Law Review, 86 (2018), 2511.

Meessen, Karl, Völkerrechtliche Grundsätze des internationalen Kartellrechts, Baden-Baden 1975.

Meessen, Karl (Hrsg.), Extraterritorial Jurisdiction in Theory and Practice, London 1996.

Meng, Werner, Völkerrechtliche Zulässigkeit und Grenzen wirtschaftsverwaltungsrechtlicher Hoheitsakte mit Auslandswirkung, ZaöRV (1984), 675.

Meng, Werner, Extraterritoriale Jurisdiktion im öffentlichen Wirtschaftsrecht, Berlin 1994.

Menzel, Jörg, Internationales Öffentliches Recht, Verfassungs- und Verwaltungsrecht in Zeiten offener Staatlichkeit, Tübingen 2011.

Merten, Detlef, Räumlicher Geltungsbereich von Grundrechtsbestimmungen, in: *Dörr/Fink/Hillgruber u. a. (Hrsg.)*, Die Macht des Geistes, FS Schiedermair, Heidelberg 2001, S. 331–345.

Mestmäcker, Ernst-Joachim, Rechtsfragen einer Ordnung der Weltwirtschaft, in: *Börner/Jahrreiß/Stern (Hrsg.)*, Einigkeit und Recht und Freiheit, Festschrift für Karl Carstens zum 70. Geburtstag am 14. Dezember 1984, Bd. 1 Europarecht Völkerrecht, Köln 1984, 417.

Metz, Martin, US-Menschenrechtsklagen und Neoterritorialismus, Frankfurt a.M 2017.

Metz, Martin/Spittka, Jan, Datenweitergabe im transatlantischn Rechtsraum – Konflikt oder Konsistenz, Eine Betrachtung unter Berücksichtigung der „Microsoft-Entscheidung“ und der DS-GVO, ZD (2017), 361.

Meyer, Jürgen/Bernsdorff, Norbert, Charta der Grundrechte der Europaì^ischen Union, 4. Aufl., Baden-Baden 2014 (zitiert: *EU-GRCh/Bearbeiter*).

Meyer-Ladewig, Jens/Nettesheim, Martin/Raumer, Stefan von, Europäische Menschenrechtskonvention, Handkommentar, 4. Aufl. (zitiert: *Meyer-Ladewig/Nettesheim/Raumer/Bearbeiter*).

Mills, Alex, The Confluence of Public and Private International Law, Justice, Pluralism and Subsidiarity in the International Constitutional Ordering of Private Law, Cambridge 2009.

Mills, Alex, Private international law and EU external relations: think local act global, or think global act local?, I.C.L.Q., 65 (2016), 541.

Moerel, Lokke, Back to basics: when does EU data protection law apply, IDPL, 1 (2011), 92.

Moerel, Lokke, The long arm of EU data protection law: Does the Data Protection Directive apply to processing of personal data of EU citizens by websites worldwide?, IDPL, 1 (2011), 28.

Moos, Flemming, Die Vorschriften der Datenschutzgrundverordnung zu internationalen Datenflüssen im Lichte der Safe-Harbor-Entscheidung des EuGH, jurisPR-DSR (3/2015), Anm. 5.

Moos, Flemming/Schefzig, Jens/Arning, Marian, Die neue Datenschutz-Grundverordnung, Mit Bundesdatenschutzgesetz 2018, Berlin/Boston 2018 (zitiert: *FSA/Bearbeiter*).

Morrison, Fred, Executive Agreements – MPEPIL, http://opil.ouplaw.com/view/10.1093/law:epil/9780199231690/law-9780199231690-e1403?rskey=2XYeV7&result=2&prd=EPIL (Stand: 3.7.2018).

Müller-Graff, Peter-Christian, Das „Soft Law" der europäischen Organisationen, EuR (2012), 18.

Münchener Kommentar zum Bürgerlichen Gesetzbuch, 6. Aufl., München 2015 (zitiert: *MüKo/Bearbeiter*).

Münchener Kommentar zur Zivilprozessordnung, 5. Aufl., München 2016 (zitiert: *Müko-ZPO/Bearbeiter*).

Nawparwar, Manazha, Die Außenbeziehung der Europäischen Union zu internationalen Organisationen nach dem Vertrag von Lissabon 2009 Halle-Wittenberg.

Neuhaus, Paul Heinricht, Die Grundbegriffe des Internationalen Privatrechts, 2. Aufl., Tübingen 1976.

Nink, Judith, Datenweitergabe im Rahmen von E-Discovery, in: *Taeger (Hrsg.)*, Internet der Dinge, Digitalisierung von Wirtschaft und Gesellschaft, Tagungsband Herbstakademie 2015 2015, S. 283–297.

Nordmeier, Carl Friedrich, Cloud Computing und Internationales Privatrecht, Anwendbares Recht bei der Schädigung von in Datenwolken gespeicherten Daten, MMR (2010), 151.

Ohler, Christoph, Die Kollisionsordnung des Allgemeinen Verwaltungsrechts, Strukturen des deutschen Internationalen Verwaltungsrechts, Tübingen 2005.

Ohler, Christoph, Internationales Verwaltungsrecht – ein Kollisionsrecht eigener Art?, in: *Leible/Ruffert (Hrsg.)*, Völkerrecht und IPR, Jena 2006, S. 131–151.

Orthwein, Matthias/Rücker, Katrin Anna, Kann Europa von Kalifornien Datenschutz lernen?, Data Breach, Do Not Track und das Recht auf Vergessen im Gesetzgebungsvergleich, DuD (2014), 613.

Osula, Anna-Maria, Transborder access and territorial soverignty, CLSR (2015), 719.

Oxman, Bernard, Jurisdiction of States – MPEPIL, http://opil.ouplaw.com/view/10.1093/law:epil/9780199231690/law-9780199231690-e1436?rskey=hCtWrV&result=1&q=&prd=OPIL (Stand: 15.9.2018).

Paal, Boris/Pauly, Daniel, Datenschutz-Grundverordnung, 2. Aufl., München 2018 (zitiert: *Paal/Pauly/Bearbeiter*).

Padova, Yann, The Safe Harbor is invalid: what tools remain for data transfers and what comes next?, IDPL (2016), 139.

Palekar, Nikhil, Privacy Protection: When is "Adequate" actually adequate?, Duke J. Comp. & Int'l L., 18 (2007–2008), 549.

Papier, Hans-Jürgen, Rechtsstaatlichkeit und Grundrechtsschutz in der digitalen Gesellschaft, NJW (2017), 3025.

Papp, Andreas, Extraterritoriale Schutzpflichten, Völkerrechtlicher Menschenrechtsschutz und die deutsche Außenwirtschaftsförderung, Berlin 2013.

Pauly, Daniel/Dieckhoff, Anke, Dunkle Wolken über den transatlantischen Beziehungen, CCZ (2017), 270.

Pechstein, Matthias/Nowak, Carsten/Häde, Ulrich, Frankfurter Kommentar EUV, GRC und AEUV, Tübingen 2017 (zitiert: *Pechstein/Nowak/Häde/Bearbeiter*).

Pichler, Rufus, Internationale Zuständigkeit im Zeitalter globaler Vernetzung, München 2008.

Piltz, Carlo, Rechtswahlfreiheit im Datenschutzrecht?, „Diese Erklärung unterliegt deutschem Recht", K&R (2012), 640.

Piltz, Carlo, Soziale Netzwerke im Internet, Eine Gefahr für das Persönlichkeitsrecht?, Frankfurt a.M. 2013.

Piltz, Carlo, Die Datenschutz-Grundverordnung, Teil 3: Rechte und Pflichten des Verantwortlichen und Auftragsverarbeiters, K&R (2016), 709.

Plath, Kai-Uwe, DSGVO/BDSG, Kommentar zu DSGVO, BDSG und den Datenschutzbestimmungen von TMG und TKG, 3. Aufl., Köln 2018 (zitiert: *Plath/Bearbeiter*).

Pohle, Jan, § 9. Unterlagen-, Daten- und E-Mailauswertung unter Berücksichtigung datenschutzrechtlicher Aspekte, in: *Wessing/Dann (Hrsg.)*, Deutsch-Amerikanische Korruptionsverfahren, Ermittlungen in Unternehmen – SEC, DOJ, FCPA, SOX und die Folgen, München 2013, S. 309–333.

Pollmann, Maren, Weltweites Vergessen? Zur räumlichen Reichweite des Rechts auf Auslistung bei Suchmaschinen, DuD (2020), 365.

Posdziech, Marion, US-amerikanische Discovery und deutsches Datenschutzrecht, Der Konflikt im Falle der Dokumentenvorlage, Wiesbaden 2017.

Potacs, Michael, Effet utile als Auslegungsgrundsatz, EuR (2009), 465.

Pötters, Stephan, § 21 Rechtsfolgen unerlaubter Datenverarbeitung, in: *Thüsing (Hrsg.)*, Beschäftigtendatenschutz und Compliance, Effektive Compliance im Spannungsfeld von BDSG, Persönlichkeitsschutz und betrieblicher Mitbestimmung, 2. Aufl., München 2014, S. 399–416.

Poullet, Yves, Transborder Data Flows and Extraterritoriality: The European Position, JICLT (2007), 141.

Priebe, Reinhard, EuGH beanstandet Fluggastdatenabkommen zwischen der EU und Kanada, EuZW (2017), 762.

Rauscher, Thomas, Internationales Privatrecht, Mit internationalem Verfahrensrecht, Heidelberg 2012.

Rauscher, Thomas, Europäisches Zivilprozess- und Kollisionsrecht, Brüssel Ia-VO, 4. Aufl. Bd. 1, Köln 2016 (zitiert: *Rauscher/Bearbeiter*).

Rauscher, Thomas, Europäisches Zivilprozess- und Kollisionsrecht, Rom I-VO, Rom II-VO, 4. Aufl. Bd. 3, Köln 2016 (zitiert: *Rauscher/Bearbeiter*).

Reiling, Florian, Das US-amerikanische Discovery-Verfahren im Rahmen deutscher gerichtlicher Auseinandersetzungen, Eine Untersuchung unter rechtsvergleichenden Gesichtspunkten sowie unter besonderer Berücksichtigung des Verfahrens nach 28 U.S.C. § 1782 (a) als Beweisbeschaffungsmöglichkeit für Patentstreitigkeiten vor deutschen Gerichten, Tübingen 2016.

Reimann, Mathias, Conflict of laws in Western Europe, A guide through the jungle, Irvington 1995.

Reimann, Mathias, Rückzug der „Rechtsweltmacht“?, Neo-Territorialismus im US-Supreme Court, in: *Bruns*/Kern, Christoph, Münch, Joachim/*Piekenbrock u. a. (Hrsg.)*, Festschrift für Rolf Stürner zum 70. Geburtstag, Tübingen 2013, S. 1779–1800.

Reimer, Franz, Juristische Methodenlehre, Baden-Baden 2016.

Reinisch, August, Jurisdiction: Grenzen der Staatsgewalt, in: *Schwind/Hoyer/Ofner (Hrsg.)*, Festschrift 50 Jahre ZfRV, Wien 2013, S. 171–185.

Revolidis, Ioannis, The Long Arm of the European Data Protection Law, ZD-Aktuell (2015), 4756.

Richards, Neil, The Third-Party Doctrine and the future of the cloud, Washington University Law Review, 94 (2017), 1441.

Riemer, Martin, Der Datenauskunftsanspruch gem. Art. 15 DSGVO als pre-trial-discovery und prima lex des Auskunftsrechts, DSB (2019), 223.

Rippert, Stephan, Das Beweisverfahren im amerikanischen Recht, RIW (1993), 626.

Rosenthal, David/Zeunert, Christian, E-Discovery und Datenschutz: Herausforderungen und Lösungsansätze für multinationale Unternehmen, in: *Hartmann (Hrsg.)*, Internationale E-Discovery und Information Governance, Praxislösungen für Juristen, Unternehmer und IT-Manager, Berlin 2011, S. 23–72.

Rossi, Matthias, Extraterritorial geschlossene Verwaltungsverträge, AdV (2007), 115.

Roßnagel, Alexander, Handbuch Datenschutzrecht, Die neuen Grundlagen für Wirtschaft und Verwaltung, München 2003 (zitiert: *Roßnagel/Bearbeiter*).

Roßnagel, Alexander, § 2 Grundlagen, in: *Roßnagel (Hrsg.)*, Europäische Datenschutz-Grundverordnung, Vorrang des Unionsrechts – Anwendbarkeit des nationalen Rechts, Baden-Baden 2017, S. 67–77.

Rudolf, Walter, Territoriale Grenzen der staatlichen Rechtsetzung, Berichte der Deutschen Gesellschaft für Völkerrecht (Tübingen 1987), 7.

Rüpke, Giselher/Lewinski, Kai von/*Eckhardt, Jens*, Datenschutzrecht, Grundlagen und europarechtliche Neugestaltung, München 2018.

Ryngaert, Cedric, Jurisdiction in International Law, 2. Aufl., Oxford 2015.

Sädtler, Stephan, Rechtskonformes Identitätsmanagement im Cloud Computing, Anforderung an den Einsatz elektronischer Ausweise, Wiesbaden 2017a.

Sädtler, Stephan, Rechtskonformes Identitätsmanagement im Cloud Computing, Anforderungen an den Einsatz elektronischer Ausweise, Wiesbaden 2017b.

Sandfuchs, Barbara, Privatheit wider Willen?, Verhinderung informationeller Privatheit im Internet nach deutschem und US-amerikanischem Verfassungsrecht, Tübingen 2015.

Sandrock, Otto, Völkerrechtliche Grenzen staatlicher Gesetzgebung – Eine Skizze, ZVglRWiss (2016), 1.

Savigny, Friedrich Carl von, System des heutigen Römischen Rechts, Berlin 1840.

Schack, Haimo, Einführung in das US-amerikanische Zivilprozessrecht, 4. Aufl., München 2011.

Schantz, Peter, Die Datenschutz-Grundverordnung – Beginn einer neuen Zeitrechnung im Datenschutzrecht, NJW (2016), 1841.

Schiedermair, Stephanie, Der Schutz des Privaten als internationales Grundrecht, Tübingen 2012.

Schilling, Johannes, Materielles Einheitsrecht und Europäisches Schuldvertrags-IPR, Das Verhältnis der Rom I-Verordnung zu internationalen Sachrechtsakten, EuZW (2011), 776.

Schilling, Theodor, Internationaler Menschenrechtsschutz, 3. Aufl., Tübingen 2016.

Schleipfer, Stefan, Datenschutzkonformer Umgang mit Nutzungsprofilen, Sind IP-Adressen, Cookies und Fingerprints die entscheidenen Details beim Webtracking?, ZD (2015), 399.

Schrempp, Joseph, In re Warrant to Search a Certain Email Account: A Victory for Privacy in the Face of a New Technology World, Tul. J. Tech. & Intell. Prop. (2016), 223.

Schwartmann, Rolf/Jaspers, Andreas/Thüsing, Gregor/Kugelmann, Dieter, DS-GVO/BDSG, Heidelberg 2018 (zitiert: *SJTK/Bearbeiter*).

Schwartz, Paul M., The EU-U.S. Privacy Collision: A Turn To Institutions And Procedures, HLR, 126 (2013), 1966.

Schwartz, Paul M., Legal Access to the Global Cloud, Colum. L. Rev. (2018), 2.

Schweisfurth, Theodor, Völkerrecht, Tübingen 2006.

Scott, Joanne, The New EU „Extraterritoriality", CLMR, 51 (2014), 1343.

Shaw, Malcolm, International Law, 7. Aufl., Cambridge 2017.

Siemen, Birte, Datenschutz als europäisches Grundrecht, Berlin 2006.

Simitis, Spiros, Übermittlung der Daten von Flugpassagieren in die USA: Dispens vom Datenschutz?, NJW (2006), 2011.

Simitis, Spiros, Bundesdatenschutzgesetz, 8. neu bearbeitete Aufl., Baden-Baden 2014 (zitiert: *Simitis/Bearbeiter*).

Simitis, Spiros/Hornung, Gerrit/Spieker gen. Döhmann, Indra, Datenschutzrecht, DSGVO mit BDSG, Baden-Baden 2019 (zitiert: *Simitis/Hornung/Spiecker/Bearbeiter*).

Solmecke, Christian/Wahlers, Jakob, Rechtliche Situation von Social Media Monitoring-Diensten, Rechtskonforme Lösungen nach dem Datenschutz- und dem Urheberrecht, ZD (2012), 550.

Sonnenberger, Hans, Anerkennung der Staatsangehörigkeit und effektive Staatsangehörigkeit natürlicher Personen im Völkerrecht und im Internationalen Privatrecht, in: *Sonnenberger/Mangoldt (Hrsg.)*, Anerkennung der Staatsangehörigkeit und effektive Staatsangehörigkeit natürlicher Personen im Völkerrecht und im internationalen Privatrecht, Heidelberg 1988, S. 9–36.

Sonnenberger, Hans, Europarecht und Internationales Privatrecht, ZVglRWiss (1996), 3.

Sonnenberger, Hans, Randbemerkungen zum Allgemeinen Teil eines europäisierten IPR, in: *Baetge/Hein/Hinden (Hrsg.)*, Die richtige Ordnung, Festschrift für Jan Kropholler zum 70. Geburtstag, FS Kropholler, Tübingen 2008, S. 227–246.

Sonnenberger, Hans/Mangoldt, Hans von (Hrsg.), *Deutsche Gesellschaft für Völkerrecht*, Anerkennung der Staatsangehörigkeit und effektive Staatsangehörigkeit natürlicher Personen im Völkerrecht und im internationalen Privatrecht, Heidelberg 1988.

Spieker gen. Döhmann, Indra, Kommt das „Volkszählungsurteil" nun durch den EuGH?, Der Europäische Datenschutz nach Inkrafttreten des Vertrags von Lissabon, JZ (2011), 169.

Spies, Axel, Internationaler Datenschutz: Sedona Conference veröffentlicht ihre „International Principles" zur Kommentierung, ZD-Aktuell, 2701.

Spies, Axel, USA: US Supreme Court gewährt bei Standortdaten Datenschutz, ZD-Aktuell (2018), 6183.

Spies, Axel/Schröder, Christian, Auswirkungen der elektronischen Beweiserhebung (eDiscovery) in den USA auf deutsche Unternehmen, MMR (2008), 275.

Spindler, Gerald/Schuster, Fabian, Recht der elektronischen Medien, 3. Aufl., München 2015 (zitiert: *Spindler/Schuster/Bearbeiter*).

Stahl, Sandra, Schutzpflichten im Völkerrecht – Ansatz einer Dogmatik, Heidelberg 2012.

Staker, Christopher, Jurisdiction, in: *Evans (Hrsg.)*, International Law, 5th ed., Oxford 2018, S. 289–315.

Stein, Torsten/Buttlar, Christian von/*Kotzur, Markus*, Völkerrecht, 14. Aufl., München 2017.

Steinrötter, Björn, Kollisionsrechtliche Bewertung der Datenschutzrichtlinien von IT-Dienstleistern, Uneinheitliche Spruchpraxis oder bloßes Scheingefecht?, MMR (2013), 691.

Steinrötter, Björn, Auf Onlineportale anwendbares Datenschutzrecht, EWS (2015), 83.

Streinz, Rudolf, EuGH: Europarecht: Unionsgrundrechte (Privatleben, Datenschutz), JuS (2011), 278.

Streinz, Rudolf, EUV/AEUV, Vertrag über die Europäische Union und Vertrag über die Arbeitsweise der Europäischen Union, 3. Aufl., München 2018 (zitiert: *Streinz/Bearbeiter*).

Streinz, Rudolf/Michl, Walther, Die Drittwirkung des europäischen Datenschutzgrundrechts (Artikel 8 GRCh) im deutschen Privatrecht, EuZW (2011), 384.

Stürner, Rolf, Der Justizkonflikt zwischen U.S.A. und Europa, in: *Habscheid (Hrsg.)*, Der Justizkonflikt mit den Vereinigten Staaten von Amerika, Bielefeld 1985, S. 5–63.

Svantesson, Dan Jerker, A "layered" approach to the extraterritoriality of data privacy laws, IDPL (2013), 278.

Svantesson, Dan Jerker, Extraterritoriality in Data Privacy Law, Kopenhagen 2013.

Svantesson, Dan Jerker, The Extraterritorial Application of EU Data Privacy Law – Its Theoretical Justification And Its Practical Effect on U.S. Businesses, Stan. J. Int'l L., 50 (2014), 53.

Svantesson, Dan Jerker, Extraterritoriality and targeting in EU data privacy law: the weak spot undermining the regulation, IDPL, 5 (2015), 226.

Svantesson, Dan Jerker, Enter the quagmire – the complicated relationship between data protection law and consumer protection law, CLSR (2018), 25.

Sydow, Gernot, Europäische Datenschutzgrundverordnung, Handkommentar, 2. Aufl., Baden-Baden 2018 (zitiert: *Sydow/Bearbeiter*).

Szczekalla, Peter, Die sogenannten grundrechtlichen Schutzpflichten im deutschen und europäischen Recht, Inhalt und Reichweite einer „gemeineuropäischen Grundrechtsfunktion", Berlin 2002.

Taeger, Jürgen (Hrsg.), *Deutsche Stiftung für Recht und Informatik*, Internet der Dinge, Digitalisierung von Wirtschaft und Gesellschaft 2015.

Tamm, Marina, Rückwirkungen des gescheiterten SWIFT-Abkommens auf das Abkommen über Fluggastdaten, VuR (2010), 215.

Taraschka, Klaus, „Auslandsübermittlung" personenbezogener Daten im Internet, Auswirkungen des Urteils des EuGH v. 6.11.2003 – Rs. C-101/01 – Bodil Lindqvist auf die Auslegung des deutschen Rechts, CR (2004), 280.

Taylor, Mistale, The EU's human rights obligations in relation to its data protection law with extraterritorial effect, IDPL, 5 (2015), 246.

Taylor, Mistale, Google Spain Revisited, The Misunderstood Implementation of a Landmark Decision and How Public International Law Could Offer Guidance, EDPL (2017), 195.

The Sedona Conference, International Principles on Discovery, Disclosure & Data Protection in Civil Litigation (Transitional Edi-tion), 2017.

Tietje, Christian/Bering, Jürgen/Zuber, Tobias, Völker- und europarechtliche Zulässigkeit extraterritorialer Anknüpfung einer Finanztransaktionssteuer 2014.

Tinnefeld, Marie-Theres/Buchner, Benedikt/Petri, Thomas, Einführung in das Datenschutzrecht, Datenschutz und Informationsfreiheit in europäischer Sicht, 6., vollst. überarb. u. akt., Aufl. 2018.

Treitel, Guenther, Remedies for Breach of Contract (Courses of Action Open to a Party Aggrieved), in: *Mehren (Hrsg.)*, International Encyclopedia of Comparative Law, Contracts in General, Bd. 2, Tübingen 2008.

Tretter, Hannes, Die EU aus datenschutzrechtlicher Sicht – Ein Raum der Freiheit, der Sicherheit und des Rechts?, in: *Bielefeldt/Deile/Hamm u. a. (Hrsg.)*, Nothing to hide – nothing to fear?, Datenschutz-Transparenz-Solidarität, Jahrbuch Menschenrechte 2011, Köln 2011, S. 34–50.

Trittmann, Rolf, Extraterritoriale Beweisaufnahme und Souveränitätsverletzungen im deutsch-amerikanischen Rechtsverkehr, AdV (1989), 195.

Tzanou, Maria, European Union Regulation of Transatlantic Data Transfers and Online Surveillance, Hum. Right Law Rev., 17 (2017), 545.

Uecker, Philip, Extraterritoriale Regelungshoheit im Datenschutzrecht, Baden-Baden 2017.

Ukrow, Jörg, Löschungspflicht von Suchmaschinenbetreibern nur innerhalb der EU, ZD (2020), 31.

Ustaran, Eduardo, The Scope of Application of EU Data Protection Law and Its Extraterritorial Reach, in: *Ismail/Yong Cieh (Hrsg.)*, Beyond Data Protection, Strategic Case Studies and Practical Guidance, Berlin Heidelberg 2013, S. 135–156.

Verdross, Alfred/Simma, Bruno, Universelles Völkerrecht, Theorie und Praxis, 3. Aufl., Berlin 1984.

Vogel, Klaus, Der räumliche Anwendungsbereich der Verwaltungsrechtsnorm, Eine Untersuchung über die Grundfragen des sog. International Verwaltungs- und Steuerrechts, Frankfurt a.M., Berlin 1965.

Voigt, Paul, Internationale Anwendbarkeit des deutschen Datenschutzrechts, Eine Darstellung anhand verschiedener Fallgruppen, ZD (2014), 15–21.

Voigt, Paul/Klein, David, Deutsches Datenschutzrecht als „blocking statute"?, Auftragsdatenverarbeitung unter dem USA PATRIOT Act, ZD (2013), 16.

Volz, Markus, Extraterritoriale Terrorismusbekämpfung, Berlin 2007.

Voskamp, Friederike, Transnationaler Datenschutz, Globale Datenschutzstandards durch Selbstregulierung, Baden-Baden 2015.

Wagner, Julian, The transfer of personal data to third countries under the GDPR, When does a recipient country provide an adequate level of protection?, IDPL (2018), 318.

Wagner, Lorin-Johannes, Der Datenschutz in der Europäischen Union, Wien 2015.

Walter, Christian, Cyber Security als Herausforderung für das Völkerrecht, JZ (2015), 685.

Walter, Jean-Philippe, Modernisierung des Übereinkommens zum Schutz des Menschen bei der automatischen Verarbeitung personenbezogener Daten (Übereinkommen 108), Wien 24.01.2014.

Ward, James E., Is That Your Final Answer – The Patchwork Jurisprudence Surrounding the Presumption agains Extraterritoriality, University of Cincinnati Law Review, 70 (2002), 715.

Weber, Rolf, Transnational Data Privacy in the EU Digital Single Market Strategy, in: *Svantesson/Kloza (Hrsg.)*, Trans-Atlantic Data Privacy Relations as a Challenge for Democracy, Bd. 4, Cambridge 2017, S. 5–26.

Weichert, Thilo, Datenschutzstrafrecht – ein zahnloser Tiger?, NStZ (1999), 490.

Wendehorst, Christiane/Westphalen, Friedrich Graf von, Das Verhältnis zwischen Datenschutz-Grundverordnung und AGB-Recht, NJW (2016), 3745.

Wendt, Kai/Rasche, Theresia, Fluggastdatenspeicherung im Lichte der EuGH-Rechtsprechung, ZD-Aktuell (2016), 5205.

Weniger, Robert, Grenzüberschreitende Datenübermittlungen international tätiger Unternehmen, Nach Maßgabe der Europäischen Datenschutzrichtlinie 95/46/EG, Hamburg 2005.

Westphalen, Friedrich Graf von, Digitale Charta – Erweiterung der europäischen Grundrechte für das digitale Zeitalter, BB (2018), 899.

Wieczorek, Mirko, Der räumliche Anwendungsbereich der EU-Datenschutz-Grundverordnung, Ein Vergleich von § 1 Abs. 5 BDSG mit Art. 3 DS-GVO-E, DuD (2013), 644.

Wiesbrock, Katja, Internationaler Schutz der Menschenrechte vor Verletzungen durch Private, Berlin 1999.

Wittmann, Philipp, Der Schutz der Privatsphäre vor staatlichen Überwachungsmaßnahmen durch die US-amerikanische Bundesverfassung, Eine Untersuchung unter besonderer Berücksichtigung des Schutzes der Privatsphäre in der Öffentlichkeit, Baden-Baden 2014.

Wolff, Heinrich Amadeus/Brink, Stefan, Beck'scher Online-Kommentar Datenschutzrecht, 30. Ed., München 2015 (zitiert: *Wolff/Brink/Bearbeiter*).

Wolff, Heinrich Amadeus/Brink, Stefan, Beck'scher Online-Kommentar Datenschutzrecht, 23. Edition, München 2016 (zitiert: *Wolff/Brink/Bearbeiter*).

Wolff, Heinrich Amadeus/Brink, Stefan, Beck'scher Online-Kommentar Datenschutzrecht, 31. Edition, München 2019 (zitiert: *Wolff/Brink/Bearbeiter*).

Wybitul, Tim, EU-Datenschutz-Grundverordnung, Frankfurt a.M. 2017 (zitiert: *Wybitul/Bearbeiter*).

Young, Steward M., Verdugo in Cyberspace: Boundaries of Fourth Amendment Rights for Foreign Nationls in Cybercrime Cases, MTTLR (2003), 140.

Zeppenfeld, Meiko, Die allseitige Anknüpfung von Eingriffsnormen im Internationalen Wirtschaftsrecht, Berlin 2001.

Ziebarth, Wolfgang, Das Datum als Geisel, Klarnamenspflicht und Nutzeraussperrung bei Facebook, ZD (2013), 375.

Ziegenhain, Hans-Jörg, Extraterritoriale Rechtsanwendung und die Bedeutung des Genuine-Link-Erfordernisses, Eine Darstellung der deutschen und amerikanischen Staatenpraxis 1992 München.

Ziegenhain, Hans-Jörg, Extraterritoriale Reichweite des US-amerikanischen und des reformierten deutschen Exportkontrollrechts, RIW (1993), 897.

Zielonka, Jan, Europe as a global actor: empire by example?, International Affairs, 84 (2008), 471.

www.ingramcontent.com/pod-product-compliance
Ingram Content Group UK Ltd.
Pitfield, Milton Keynes, MK11 3LW, UK
UKHW021937290926
8980IPUK00016B/1677

9 783631 826409